MAÍSA RAMOS

SILENCIAMENTO E TOMADA DE PALAVRA

DISCURSOS DE EVO MORALES E LULA DA SILVA

Copyright © 2020 by Editora Letramento
Copyright © 2020 by Maísa Ramos

DIRETOR EDITORIAL | Gustavo Abreu
DIRETOR ADMINISTRATIVO | Júnior Gaudereto
DIRETOR FINANCEIRO | Cláudio Macedo
LOGÍSTICA | Vinícius Santiago
COMUNICAÇÃO E MARKETING | Giulia Staar
EDITORA | Laura Brand
ASSISTENTE EDITORIAL | Carolina Fonseca
DESIGNER EDITORIAL | Gustavo Zeferino e Luís Otávio Ferreira
CAPA | Sérgio Ricardo
REVISÃO | Daniel Rodrigues Aurélio (BARN Editorial)
DIAGRAMAÇÃO | Renata Oliveira
FOTO | Márcia Kalume – Cerimônia de posse do presidente Luiz Inácio Lula da Silva, em janeiro de 2003. Disponível em: < https://www.flickr.com/photos/49143546@N06/4977574508 >
FOTO | Evo Morales – Wikimedia Commons / Domínio Público

Todos os direitos reservados.
Não é permitida a reprodução desta obra sem
aprovação do Grupo Editorial Letramento.

Dados Internacionais de Catalogação na Publicação (CIP) de acordo com ISBD

P436s   Pereira, Maísa Ramos

Silenciamento e tomada de palavra: discursos de Evo Morales e Lula da Silva / Maísa Ramos Pereira. - Belo Horizonte, MG : Letramento, 2020.
274 p. ; 15,5cm x 22,5cm.

Inclui bibliografia e anexo.
ISBN: 978-65-86025-62-0

1. Análise do Discurso. 2. Linguística. 3. Processos discursivos. 4. Evo Morales. 5. Lula da Silva. I. Título.

CDD 401.41
2020-2278   CDU 81'42

Elaborado por Vagner Rodolfo da Silva - CRB-8/9410

Índice para catálogo sistemático:
1. Análise do Discurso : Linguística 401.41
2. Análise do Discurso : Linguística 81'42

Belo Horizonte - MG
Rua Magnólia, 1086
Bairro Caiçara
CEP 30770-020
Fone 31 3327-5771
contato@editoraletramento.com.br
editoraletramento.com.br
casadodireito.com

Grupo Editorial
LETRAMENTO

Eu sou a flor que o vento jogou no chão
Mas ficou um galho
Pra outra flor brotar
A minha flor o vento pode levar
Mas o meu perfume fica boiando no ar

"A voz do povo"
João do Vale

A História é um carro alegre
Cheio de um povo contente
Que atropela indiferente
Todo aquele que a negue

"Canción por la unidad de Latinoamérica"
Chico Buarque de Holanda

A minha avó Maria do Livramento Silva (*in memoriam*),
Pelas histórias de rebeldia índia de nossas *ancestras*.
A minha mãe Gercina Ramos,
Pela casa cheia de militantes, professores e artistas.
A meu pai José Edizildo A. Pereira (*in memoriam*),
Pelos seus livros queimados...
Para dissipar todos os silêncios que lhe foram impostos.

SUMÁRIO

9		PREFÁCIO
13		INTRODUÇÃO
27		CAPÍTULO 1. BOLÍVIA E BRASIL: HISTÓRIA, SOCIEDADE E SENTIDOS
29	1.1.	PROCESSOS HISTÓRICOS DE LUTAS EM UMA BOLÍVIA PLURINACIONAL
30	1.1.1.	O POVO AYMARA NA BOLÍVIA: HISTÓRIA, ORGANIZAÇÃO POLÍTICA E LÍNGUA
32	1.2.	EVO MORALES: AYMARA, COCALERO, KATARISTA, INDIGENISTA
43	1.2.1.	MOVIMENTOS SOCIAIS NA BOLÍVIA: ORGANIZAÇÃO, LUTA E RESISTÊNCIA
48	1.3.	MÁRTIRES ANÔNIMOS E HERÓIS INOMINÁVEIS NO BRASIL
49	1.3.1.	ORGANIZAÇÕES DE TRABALHADORES NO BRASIL: DO SINDICATO PARA O PALÁCIO DO PLANALTO
57	1.4.	SINDICALISMO BRASILEIRO E PARTIDO DOS TRABALHADORES: HISTÓRIAS ENTRELAÇADAS
65	1.4.1.	LULA DA SILVA: NORDESTINO, METALÚRGICO, SINDICALISTA, PETISTA
75		CAPÍTULO 2. DISCURSO, SILENCIAMENTO E TOMADA DE PALAVRA: DISPUTAS POR REPRESENTAÇÃO POLÍTICA
75	2.1.	DISCURSIVIDADES: HISTÓRIAS QUE RECLAMAM ENREDOS MAIS AMPLOS
81	2.2.	SOBRE OS SENTIDOS DO SILÊNCIO
86	2.3.	A (DES)ORDEM DO SILÊNCIO: SILENCIAMENTO E TOMADA DE PALAVRA
102	2.4.	RESISTÊNCIA E DESLOCAMENTOS: DISPUTAS POR LUGARES SOCIAIS
108	2.5.	SUJEITOS MARGINALIZADOS, SUJEITOS POLITIZADOS
116	2.6.	FALAR SOBRE SI: VIVÊNCIA E REPRESENTATIVIDADE
123		CAPÍTULO 3. EVO MORALES: *TODOS SOMOS PRESIDENTES*
124	3.1.	OS PRONUNCIAMENTOS DE POSSE DO PRESIDENTE JUAN EVO MORALES AYMA
124	3.1.1.	ALIADOS E ATENUAÇÃO DE CONFLITOS
140	3.1.2.	CONFLITOS SOCIAIS E PRODUÇÃO DE CONSENSOS
143	3.1.3.	LIDERANÇAS POLÍTICAS PELO CAMINHO
149	3.1.4.	MAIORIAS MARGINALIZADAS

158	3.1.5.	ADVERSÁRIOS
171	CAPÍTULO 4.	**LULA DA SILVA:** O REENCONTRO DO BRASIL CONSIGO MESMO
172	4.1.	OS PRONUNCIAMENTOS DE POSSE DO PRESIDENTE LUIZ INÁCIO LULA DA SILVA
172	4.1.1.	ATENUAÇÃO DE CONFLITOS E CONCILIAÇÃO
183	4.1.2.	LUTADORES PELO CAMINHO
191	4.1.3.	OLHAR PARA POVO MAIS POBRE, PARTE DO POVO
201	4.1.4.	SOBRE SI, SOBRE OS SEUS, SOBRE OS BRASILEIROS: EFEITOS DE PERTENCIMENTO, PROXIMIDADE E DE IDENTIDADE REPUBLICANA
211	4.1.5.	ADVERSÁRIOS
219	CONSIDERAÇÕES FINAIS	
224	AGRADECIMENTOS	
227	REFERÊNCIAS	
235	ANEXO I	
240	ANEXO II	
261	ANEXO III	
271	ANEXO IV	

PREFÁCIO

Como fazer ouvir os que tiveram sua voz calada ao longo de séculos? Como marginalizados e excluídos puderam conquistar algum direito de falar e de serem ouvidos ante uma longa história de opressões, perseguições e toda sorte de violências físicas e simbólicas?

Encontramos uma excelente resposta a essas e a outras tão duras e difíceis questões em *Silenciamento e tomada de palavra: discursos de Evo Morales e Lula da Silva*. Para fazê-lo, sua autora, Maísa Ramos, conjugou de modo consistente e harmonioso um amplo conjunto de saberes de diferentes áreas do conhecimento, tais como, a análise do discurso e a ciência política, a história e a sociologia.

É com base nesse sólido arcabouço que este livro, cuja leitura, mais do que oportuna, é essencial na atual conjuntura sul-americana, traça um valioso panorama histórico da Bolívia e do Brasil, focalizando em particular processos e agentes da formação, da transformação e da conservação das opressões perpetradas por eleitos e sofridas por rebaixados. O estabelecimento desse trajeto por fenômenos e fatores decisivos das histórias boliviana e brasileira consiste no ponto a partir do qual Ramos nos conduz a uma necessária e mais bem fundamentada compreensão destes dois prodígios derivados das dores e das lutas, do sangue e das lágrimas da gente incessantemente reduzida à pobreza e à miséria, da gente constantemente posta às margens da política e excluída do exercício da cidadania: as recentes conquistas populares representadas pela chegada à presidência da República de dois líderes da plebe nesses dois países da América Latina.

Os processos de exploração econômica, de alijamento político e de estigmatização identitária sofridos por sujeitos empobrecidos e marginalizados de sociedades injustas e desiguais são relativamente conhecidos, mas ainda insuficientemente denunciados e ainda menos compreendidos. A despeito de todos os esforços e avanços militantes na consolidação de práticas e princípios libertários e de toda a qualificada produção das ciências humanas, a sociedade brasileira tem ainda muito a saber sobre como foram gestados e conservados os perversos procedimentos de exclusão e de discriminação que marcaram e continuam a marcar sua história.

Além dos que já sentiram e ainda sentem em sua própria vida e em sua própria pele as dores e as consequências dessas exclusões e discriminações, além dos que testemunham e se sensibilizam com todas as profundas e cotidianas injustiças e desigualdades sofridas pelos desvalidos, há uma considerável parcela da população brasileira que praticamente desconhece ou naturaliza as terríveis condições de vida dos excluídos e discriminados. Tomar consciência dos mecanismos políticos e sociais que produzem e reproduzem exclusões e discriminações e conhecer sua complexa dinâmica histórica é condição necessária para instaurar ou consolidar processos de resistência para sua superação. Por essa e outras razões, a publicação e a leitura de *Silenciamento e tomada de palavra* são não apenas bem-vindas, mas absolutamente necessárias. Eis aqui um passo decisivo e um guia crítico e mais do que bem informado para trilhar um difícil, mas incontornável caminho rumo a transformações que já tanto tardam a acontecer ou a se avolumar.

Conforme dissemos, o livro de Maísa Ramos expõe importantes fenômenos e aspectos da história e das sociedades boliviana e brasileira, indicando tanto os procedimentos e práticas de exploração, estigmatização e silenciamento padecidos por sujeitos de amplas camadas de sua população, quanto os processos e ações de tomada de consciência, de lutas e resistências, de denúncias e revoltas desses sujeitos ao mesmo tempo tão sofridos e tão valentes. Foram esses processos e ações, produzidos e desenvolvidos de diversos modos em tempos e lugares distintos da história da Bolívia e do Brasil, que abriram e pavimentaram os caminhos trilhados pelos atuais porta-vozes populares. Entre estes, Evo Morales e Lula da Silva são seus principais protagonistas. Esta é a razão pela qual se justifica a certeira e proveitosa escolha aqui feita dos pronunciamentos de posse desses dois presidentes da República como objeto de reflexão e análise.

Poder falar e se fazer ouvir foram direitos negados durante séculos aos negros e aos indígenas, às mulheres e aos sujeitos LGBTQIA+, aos empobrecidos e aos sem maior instrução formal. Diante de toda essa exclusão e de todo esse silenciamento, foi e ainda é preciso lutar, se rebelar e tomar a palavra. Nas ainda relativamente raras circunstâncias em que se torna possível à gente marginalizada e empobrecida do povo boliviano e brasileiro tomar a palavra e falar, isso não ocorre sem o acompanhamento de um perverso lastro histórico, sem suas coerções sobre a fala dos porta-vozes do povo e sem escutas adversas e reações reacionárias das elites e de boa parte das classes médias, dos mais ou menos bem estabelecidos e instruídos e de não poucos pobres e menosprezados que se identificam com ideologias conservadoras.

As acuradas e precisas análises dos pronunciamentos de Evo e de Lula que se desdobram em *Silenciamento e tomada de palavra* demonstram que, nas falas de ambos, os sujeitos mais vulneráveis e quase invisíveis, os excluídos, perseguidos e humilhados na história da Bolívia e do Brasil passam a gozar de posição central nos discursos e nas práticas políticas, sob a forma de uma espécie de reparação histórica. As argutas reflexões e os agudos exames que lhes dedica sua autora indicam ainda que há não poucas ambivalências nos discursos de Evo e de Lula: neles se estabelecem conflitos com os adversários responsáveis direta e indiretamente pelas explorações, discriminações e exclusões a que foram submetidas as maiorias marginalizadas de cada país, mas também se processam conciliações desses porta-vozes populares com setores de suas elites econômicas, sociais e culturais.

Assim, esta preciosa obra ressalta a história de sofrimentos e lutas, de perseguições e revoltas, que se materializam no próprio âmago do que se diz em cada enunciado das falas dos dois presidentes. Seus méritos progressistas são ali reconhecidos, mas não se deixa de apontar também seus compreensíveis, mas lamentáveis, limites... Entre tantos outros valores, o texto de Maísa Ramos tem o de interpretar minuciosamente os discursos de Evo e de Lula não como idiossincrasias subjetivas; antes, o faz *comme il faut*, ou seja, a partir de uma perspectiva histórica e crítica, à luz das relações de força e de sentido que se processam na singular formação e nas específicas transformações sociais que ocorreram na história da Bolívia e do Brasil.

Em tempos de recrudescimento do ódio de classe e ao debate político, em tempos da crescente onda de ataques às maiorias minorizadas, depois de uma tardia e insuficiente lufada de ar de que elas gozaram corajosa e escassamente, em tempos de aumento das ofensivas à educação emancipatória e às verdades factuais, em tempos, enfim, em que cada vez mais pobres, negros, indígenas, mulheres e LGBTQIA+ morrem tanto pela presença quanto pela omissão do Estado e ainda pelo egoísmo e perversão do capitalismo selvagem de nossos dias, é mais do que urgente compreender em que Evo, Lula e cada um(a) de nós, que anseia por transformações igualitárias, acertamos, mas também onde eles, nossos companheiros e nós mesmos erramos no enfrentamento das oligarquias políticas, das elites econômicas e dos censores comportamentais. Evo e Lula, mas também Dilma Rousseff, recentemente sofreram duros golpes das forças oligárquicas, e os projetos mais ou menos progressistas e conciliatórios que eles representavam praticamente entraram em colapso. Só com a profunda compreensão histórica e com mais suor, com mais sangue e com mais lágrimas é que vamos enfrentar e vencer as forças reacionárias mais nefastas. Para nos encaminharmos nessa direção, a leitura de *Silenciamento e tomada de palavra* contribuirá decisivamente.

***

Mestre não é quem sempre ensina, mas quem de repente aprende.

Que o leitor me possa perdoar o acréscimo desta nota, na qual relato concisamente uma experiência vivida disso que nos diz Guimarães Rosa, nessa que é mais uma de suas iluminadas formulações.

Na quarta-feira, 2 de novembro de 2011, Maísa me enviou uma mensagem em que, entre outras coisas, dizia: "Prof. Carlos, veja esta matéria, há um temor de perda da voz de Lula, algo assim... Tenho começado a perceber muitas falas nesse sentido, de que agora o pouco que ele falar vai ter mais valor...".

Eu era, então, seu orientador no curso de Mestrado em Linguística na Universidade Federal de São Carlos (UFSCar). Segundo o *script* tradicional, cabia a mim lhe ensinar o que ela ainda não sabia e consolidar o que sua formação em Letras na Universidade Federal do Maranhão (UFMA) já lhe havia oferecido. Naquela quarta-feira, assim como em muitas outras ocasiões, fui eu que aprendi com o que Maísa tinha a me ensinar. Aquela mensagem e as conversas com a orientanda maranhense e futura amiga foram e continuaram a ser absolutamente decisivas para que eu promovesse uma profunda inflexão em minhas pesquisas e passasse a me dedicar mais diretamente aos discursos da discriminação contra a fala e a escuta populares.

Sinto-me mais completo como mestre, porque não desperdicei a oportunidade ímpar de aprender com o que Maísa podia me ensinar. Por isso, pela excelência deste seu livro e pela força de compromisso social que sempre a marcou, me cabe não somente reiterar com ênfase e entusiasmo a recomendação da leitura de *Silenciamento de tomada de palavra*, mas também registrar aqui toda minha gratidão à sua autora.

Carlos Piovezani[1]

São Carlos-SP, março de 2020.

---

[1] Carlos Piovezani é professor associado do Departamento de Letras e do Programa de Pós-Graduação em Linguística da Universidade Federal de São Carlos (UFSCar) e pesquisador do CNPq. É autor de *Verbo, Corpo e Voz* (Editora UNESP, 2009) e de *A voz do povo* (Vozes, 2020), dentre outros trabalhos.

INTRODUÇÃO

Brasília, Distrito Federal, Brasil. Dia 1º de janeiro de 2003. Tomava posse, como presidente da República Federativa do Brasil, Luiz Inácio Lula da Silva (Partido dos Trabalhadores), em duas cerimônias envoltas por uma atmosfera de bastante comoção popular. Tanto no Palácio do Planalto quanto no Congresso Nacional, as falas do presidente Lula da Silva convergiam para um mesmo lugar. Parecia que o sonho de uma maioria brasileira havia partido do Nordeste em um pau-de-arara para trabalhar nas fábricas de São Paulo, liderar greves, subir em palanques e alcançar finalmente o Palácio do Planalto. Tal sonho estava encarnado na figura daquele homem, que, como grande parte da nação, falava sobre uma história de vida sacrificada e de resistência: uma trajetória de sobrevivência.

"A esperança venceu o medo". O enunciado petista reverberava em comemorações de norte a sul do país. Enquanto a maior parte da população brasileira celebrava, as imprensas nacional e internacional concorriam pela melhor narrativa daquele acontecimento, mas recitavam quase em uníssono: um operário havia chegado à presidência no Brasil. Não podemos mensurar a quantidade de vezes em que os termos *operário*, *metalúrgico*, *torneiro mecânico* foram empregados para marcar a origem social do presidente Lula da Silva. Afinal, por que tanta surpresa com o fato de que um brasileiro como tantos outros havia sido eleito à presidência da República? A democracia não é para todos e todas?

Após aquela eleição, observamos, com o passar dos anos, pelo menos dois fenômenos bem marcantes. De um lado, de modo eufórico, o presidente eleito e seus partidários se valiam de suas origens como um dos procedimentos de legitimação do exercício de seu mandato. De outro lado, de modo disfórico, boa parte de opositores deslocava os sentidos daquela conquista para outro lugar: um operário/metalúrgico/torneiro mecânico "sem instrução", "analfabeto", "ignorante", governava.

Além de todo tipo de crítica política que se faz a presidentes em exercício, cabe observar o modo singular como Lula da Silva sempre fora atacado durante toda sua vida pública. Podemos destacar alguns modos de desqualificar o ex-presidente que circularam e circulam amplamente em terras brasileiras, referindo-se frequentemente a um suposto consumo abusivo de álcool e à própria perda de um dedo em um acidente de trabalho. A valoração moral de hábitos e fatos estritamente relacionados a componentes de origem e classe social sempre esteve em um horizonte de críticas que tinham e têm como pano de fundo um arraigado preconceito na sociedade brasileira que se manifesta contra a imagem do ex-presidente.

Após lhe termos dedicado um exame de sua condição de *porta-voz* (RAMOS, 2013), voltamos nosso olhar a esse sujeito, na tentativa de aprofundar essas e outras questões. De onde vem o ódio (e, quem sabe, o amor, a plena identificação) dirigido a esse político que poderia ser apenas mais um, dentre tantos outros homens públicos? Para constatar que os ataques dirigidos ao ex-presidente estão intrinsecamente relacionados a um componente de classe, basta refletirmos sobre quais são os termos associados ao político e o valor de tais usos nas redes de sentido que os antecedem e constituem. Destacamos alcunhas de uso corrente como "cachaceiro", "analfabeto" e "nove dedos", dentre outras. Geralmente, as ofensas estão relacionadas ao modo de falar e ao modo de se comportar do ex-presidente, sobretudo com sentidos relacionados ao (não) trabalho (CURCINO, 2017, 2018; PIOVEZANI, 2020; NORONHA, 2008).

Para um breve exercício, propomos algumas reflexões. Na sociedade brasileira, quem é dito *cachaceiro, que bebe cachaça*? Que tipos humanos sempre estiveram postos nas emissoras de televisão como padrão de beleza para todos (as)? Quem tem "cara de empregada doméstica"?[2] Quais foram as circunstâncias em que Lula da Silva perdeu um dedo e por qual razão tal acontecimento provoca riso? A partir da menção à perda de seu dedo, circulam enunciados de que ele deixou de trabalhar em função disso ou que havia deixado de trabalhar "somente por isso". As pessoas de que região são ditas "preguiçosas"? Quem sempre trabalha em funções ditas "inferiores" no Brasil, em trabalhos braçais, que exigem pouca escolaridade? Por que a relação de grande parte dos brasileiros (as) com esse tipo de trabalho é de menosprezo?[3] Conflitos

---

[2] Referimo-nos aqui ao episódio da jornalista que publicou em redes sociais ofensas racistas a médicas cubanas recém-chegadas ao Brasil. Segundo a autora das postagens, as médicas tinham "cara de empregada doméstica". Para adentrar essa discussão, ver: ZOPPI-FONTANA, Mónica; CESTARI, Mariana. "Cara de empregada doméstica": Discursos sobre os corpos de mulheres negras no Brasil. *RUA*, 20, 167-185, 2015. Disponível em: <https://doi.org/10.20396/rua.v20i0.8638265>. Acesso em: 27 ago. 2020.

[3] "Na verdade dividimos todo o mundo social em hierarquias invisíveis, ou seja, sem jamais atentarmos para isso, comandadas pela oposição corpo/espírito. Senão vejamos: na vida social, separamos o tempo todo, quer tenhamos consciência disso

sociais desta ordem ocorrem apenas entre brasileiros? Vejamos um caso similar em um país vizinho.

Três anos após a posse de Lula da Silva, em 21 de janeiro de 2006, uma outra virada histórica se passa na América Latina. Centro da antiga civilização tiwanacota, que se estendeu pela maior parte da América do Sul antes do domínio do Império Inca e da invasão espanhola, Tiwanaku recebia em ato solene Juan Evo Morales Ayma (Partido Movimiento al Socialismo – Instrumento Político por la Soberanía de los Pueblos), recém-eleito presidente da Bolívia. Anunciado pela imprensa nacional e internacional como o "primeiro presidente indígena" eleito naquele país, Morales realiza dois pronunciamentos de posse presidencial: um em Tiwanaku,[4] no dia 21 de janeiro de 2006, e outro no Palácio Quemado,[5] no dia seguinte. A ascensão política de um homem público que se autodeclara aymara deixava de ser mais uma mera transição de governo e passava a ser uma reviravolta histórica. Majoritariamente "indígena",[6] o (agora) Estado Plurinacional da Bolívia[7] conhecia seu primeiro presidente eleito à *imagem e semelhança* de suas maiorias.

---

ou não, as classes do espírito e do conhecimento, que são as classes superiores, das classes do corpo, do trabalho manual, que são as classes inferiores. O espírito diviniza homens e mulheres, e o corpo os animaliza. A solidariedade entre as classes do privilégio se dá pela legitimação dessa aura de superioridade conferida pelo espírito e pelo conhecimento. Assim, consumir vinhos caros, roupas bem-cortadas, ter acesso a bens culturais e poder usufruí-los passa a ser uma espécie de justificação do privilégio como merecimento de espíritos sensíveis. Do mesmo modo, o preconceito com as classes populares se funda na sua pretensa animalidade na forma de comer e se comportar" (SOUZA, 2016, p.33).

4 Não por acaso o parque arqueológico de Tiwanaku fora escolhido para a primeira declaração de Evo Morales como governante. Conforme uma tradição historiográfica, antropológica e arqueológica, trata-se de um território sagrado para muitos povos originários de toda a América, por onde passaram lideranças ancestrais "indígenas" que, em um passado remoto, foram recebidas e aclamadas com as mesmas honrarias dadas então ao novo mandatário boliviano.

5 Palácio Quemado, palácio presidencial boliviano, que recebe este nome por já ter sido duas vezes incendiado em revoltas populares contra governos da Bolívia.

6 Ver MOLINA B., Ramiro; ALBÓ, Xavier. *Gama étnica y lingüística de la población boliviana*. La Paz: Sistema de las Naciones Unidas en Bolivia, 2006.

7 Em 22 de janeiro de 2010, a Bolívia foi declarada como Estado Plurinacional. Para uma discussão mais aprofundada sobre as diferenças entre Estado-nação e Estado Plurinacional, ver: LACERDA, Rosane Freire. "Volveré, y Seré Millones": Contribuições descoloniais dos movimentos indígenas latino-americanos para a

De modo análogo ao que se passara com a ascensão de Lula da Silva à presidência, uma série de enunciados eufóricos e disfóricos disputavam a narrativa da chegada de Evo Morales ao cargo eletivo mais importante da Bolívia. Se, por um lado, partidários orgulhavam-se da representatividade alcançada em decorrência da conquista do mandato presidencial por um homem público aymara, que falava aymara e quéchua, que usava trajes tradicionais em cerimoniais políticos, que havia sido gestado pelos movimentos sociais bolivianos; por outro lado, boa parte de opositores destratavam-no, referindo-se ao presidente boliviano como "índio" (com efeito disforizante), "analfabeto", que "não sabia falar" e que "não sabia se vestir adequadamente".

Mais uma vez, não podemos abranger a dimensão das disputas de sentidos sobre a ocupação da cadeira presidencial por parte de um sujeito político como Evo Morales. Sem sombra de dúvida, é notória a efervescência de debates públicos em torno de sua figura, em função, sobretudo, de sua condição humana, de suas origens e de sua formação política. Nesse sentido, notamos que muitas das críticas que lhe são dirigidas questionam a legitimidade, a credibilidade e a autoridade de um sujeito oriundo das camadas sociais populares em razão de sua própria subjetividade humana. Aqui reside a semelhança entre o que se passa com Evo Morales e com Lula da Silva em espaços públicos de poder.

As questões levantadas não constituem o foco privilegiado do nosso trabalho. Entretanto, as análises que faremos consideram de certa forma toda essa problemática. O que nos faz crer que vivemos sob um regime democrático? Todo (a) e qualquer cidadão (ã), em pleno gozo de seus direitos e em consonância com o cumprimento de seus deveres, poderia disputar as eleições presidenciais de um país? A chegada de um operário à presidência do Brasil e de um indígena à presidência da Bolívia, de certo modo ou de modo bastante contundente, reforçou um sentimento partilhado de que, nesses países, se vive em um Estado democrático de direito. Todo (a) cidadão (ã) teria o direito de concorrer ao cargo de presidente e poderia ser eleito (a)? Supostamente, sim. Mas quantas vezes tivemos presidentes de origem social pobre no poder na América Latina?

Para reafirmarmos o caráter raro e excepcional do que aconteceu nos últimos anos no Brasil e na Bolívia, a saber, a eleição de um operário seguida da eleição de uma mulher para a presidência da República, e a eleição de um indígena, rememoramos que algumas referências tomam

---

superação do mito do Estado-nação. 2 v. (Tese de Doutorado), Universidade de Brasília, Brasília, 2014.

o efeito de ruptura provocado pela eleição de Lula, por exemplo, como um *acontecimento discursivo* (INDURSKY, 2003; CAZARIN, 2006). Ainda que não tenha se passado um processo revolucionário, posto que o modo de produção e o regime de governo permaneceram os mesmos, houve um efeito de forte agitação, um rearranjo bastante significativo de sujeitos políticos na estrutura do sistema, em tais Estados.

No jogo de xadrez, sabemos que se pode modificar o material de que são construídas as peças, sem que se alterem as regras do jogo e as funções que elas desempenham. Já os sistemas de representação política impõem regras e funcionamentos distintos. Nos casos em questão, de democracia representativa, mais que mudar o material das peças, um "peão" passou a desempenhar a função de "rei". Se pensarmos a própria forma das peças de xadrez, observamos diferentes construções na representação do que seja um "rei" ou um "peão". Para além da representação, destacamos uma questão central: peões possuem menos possibilidades de manobras no jogo. No xadrez democrático, quando um "peão" assume o lugar do "rei", mesmo que nenhuma das regras do jogo seja efetivamente alterada, diversos são os efeitos de deslocamento provocados.

Neste livro, conjugamos a análise do discurso derivada dos trabalhos de Michel Pêcheux e seu grupo, com contribuições da história, das ciências políticas e da antropologia. Isso porque a compreensão do fenômeno, a representação reivindicada e projetada por governantes no campo discursivo político que estudamos, exige abordagem teórica e procedimentos metodológicos enriquecidos por esses diversos campos do conhecimento. Apontamos como Evo Morales e Lula da Silva constroem discursivamente uma legitimação enquanto líderes/governantes que se fundamenta e sustenta em suas próprias *identidades*, concebidas como proveniências de condições e processos históricos. Por conseguinte, interessamo-nos propriamente por efeitos de uma relação de quebra de hierarquia e de estabelecimento de proximidade, de trato por igual, de apaziguamento e de resolução de conflitos entre representante e representados que funcionam em *processos discursivos* e que caracterizam um certo modo de desempenhar liderança, autoridade e representatividade, tal como ocorrem em falas públicas dos presidentes brasileiro e boliviano, no âmago da História desses dois países da América Latina.

Tomando por base seus pronunciamentos de primeira posse, debatemos questões referentes à construção histórico-discursiva de uma liderança *à imagem e semelhança* de seus representados. Por razões de foco e de exequibilidade, nosso exame consiste em análises de formulações linguísticas de Evo Morales e Lula da Silva nos referidos cerimoniais. Com o andamento da investigação, refletimos sobre *processos discursivos* que implicam *silenciamento* de maiorias *minorizadas*[8] e *tomada de palavra* por parte de seus *porta-vozes*.

Nossa opção por pronunciamentos de posse se deve ao fato de considerarmos a importância e a representatividade desses cerimoniais em cenários políticos nacionais e internacionais. Tratando-se de eventos de magnitude tão importante para a história de qualquer país, as posses presidenciais desencadeiam uma série de debates e discussões nas sociedades. Fala-se sobre o que diz o presidente, o que já fez, o que fará. O presidente, por sua vez, trata de reafirmar seus compromissos perante a nação. Como podemos observar, Lula da Silva e Evo Morales seguiram os ritos cerimoniais de posse, assim como seus antecessores. Sendo assim, por que tanto estranhamento, admiração, comemoração ou aversão, dentre outras reações, quando das suas tomadas de posse como presidentes? Debruçamo-nos sobre ditas peculiaridades de seus pronunciamentos, que os tornam sujeitos que disputam os rumos das narrativas históricas contadas sobre seus respectivos países.

A emergência de governantes representativos de maiorias *minorizadas* permite-nos observar o quão excludente é o regime "democrático": atravessaram-se séculos até que pudessem chegar à presidência representantes com características de segmentos sociais historicamente marginalizados, que encarnassem a **língua**, o **corpo** e a **voz** daqueles que supostamente poderiam exercer sua soberania sob a democracia. Nesse sentido, buscamos compreender o processo histórico e discursivo de construção dos presidentes Lula da Silva e Evo Morales, como representantes políticos, analisando, em seus pronunciamentos, as marcas de historicidade das lutas de movimentos sociais e de lideranças que os precederam e que alicerçaram seus respectivos percursos à presidência da República.

No bojo da reflexão sobre esse processo histórico e discursivo que retardou e possibilitou uma representação política horizontal, realizamos direta e indiretamente algumas discussões sobre as modalidades de representação política, em particular, aquela exercida pelo corpo masculino, branco, heterossexual, cisgênero, supostamente neutro, e os meios e modos pelos quais essa modalidade acaba por revelar um segmento social historicamente privilegiado, segmento esse que parece

---

8 Adotamos o sintagma "maiorias *minorizadas*" de palestras do Prof. Marcos Bagno, uma de nossas primeiras referências em linguística.

sempre ter tido o monopólio da representatividade.⁹ Aqueles que até pouco tempo monopolizavam e centralizavam as decisões políticas dos Estados passam a ter suas autoridades questionadas, o que não significa que não haja refluxos na direção desse processo histórico.

Na esteira dessa discussão, levantamos problemáticas envolvidas nessas modalidades de liderança e representação política, observando, na dimensão discursiva, suas propriedades e seus modos de funcionamento. Assim, investigamos um processo de exercício e de disputas por representatividade e legitimidade políticas, que tem forjado um protagonismo de setores sociais socialmente excluídos das mais altas esferas de poder. Nos pronunciamentos de Lula da Silva e Evo Morales, destacamos, sobretudo, o modo como os enunciadores falam a respeito de si e de seus interlocutores, identificando-se com alguns segmentos sociais e delimitando-se e/ou opondo-se a outros. A partir da construção discursiva de quais seriam seus respectivos modos de fazer política, suas práticas, suas vivências, suas histórias, ocorre uma alusão recorrente a uma história de vida que deixa de ser um relato pessoal para expandir-se em direção a uma história coletiva. Nesse aspecto, o indivíduo que dá materialidade a essa história de vida comum pode ser visto como a encarnação de uma história vivida por um grupo social.

A *tomada de palavra* por sujeitos sociais historicamente marginalizados, já concebida e examinada pelas ciências sociais e políticas,¹⁰ constitui-se de elementos discursivos que ainda não foram suficientemente descritos e interpretados pelos estudos da linguagem, em geral, e pela análise do discurso, em particular. De antemão, acreditamos que as disputas sociais e políticas operam mudanças no próprio direcionamento do que vem a ser uma fala pública "ideal" sob regimes democráticos, ou seja, representativa daqueles que veem no voto seu principal modo de fazer política. Nesta pesquisa, nosso empreendimento não é

---

9 Referimo-nos ao período democrático, considerando que, de outras temporalidades históricas, que antecedem o período colonial, tem-se registros de que havia outras modalidades de representação política, como é o caso da Dama de Chornancap, sacerdotisa pré-hispânica que, segundo arqueólogos, ocupava uma posição de poder na cultura Lambayeque, entre os séculos XII e XIII d.C., no norte do Peru. Ver: LA TORRE, Carlos Wester. Chornancap: historia, género y ancestralidad en la cultura Lambayeque. *Quingnam*, 1, 2015. Disponível em: < journal.upao.edu.pe/Quingnam/article/download/216/199.> Acesso em: 28 ago. 2020.

10 Ver mais: DE CERTEAU, Michel. *La prise de parole*. Paris: Éditions de Seuil, 1994 [1968]; RIBEIRO, Djamila. *O que é lugar de fala?*. Belo Horizonte: Grupo Editorial Letramento, 2017.

valorativo, visto que não nos propomos mensurar o que fora cumprido ou descumprido por Lula da Silva ou Evo Morales durante seus governos. Diferentemente dos tratados de ciências políticas, história, antropologia e ciências sociais, ainda que nos valendo destes campos de conhecimento, operamos com uma abordagem da ordem do discurso.

Em *Sociedade dos iguais*, Pierre Rosanvallon sustenta que o sufrágio universal é um modo de colocar todos de acordo em uma nação, é dado como modo de pacificação universalizante, já que todos podem decidir (ROSANVALLON, 2013). Supostamente, todos podem decidir por meio do voto. Supostamente, a democracia representativa permite que qualquer indivíduo possa chegar à presidência de um país. Mesmo em sociedades em que o regime democrático parece mais consolidado, possibilitando pretensamente a livre disputa entre diferentes programas de governos, representados por diferentes indivíduos, é notória a exclusão de amplos setores sociais dos mais altos cargos do regime. Mulheres, *indígenas*, negros, pobres, LGBTQIA+ têm as mesmas condições de chegar à presidência de que usufrui um homem-branco-rico-heterossexual-cisgênero? De fato, concordamos com que o voto seja um elemento apaziguador, posto que leva a crer que todos e todas têm a possibilidade de escolha, ainda que o poder de decisão política fique "subliminarmente" concentrado nas mãos de quem determina as regras do jogo democrático.

Na discussão engendrada sobre o desafio de eleger uma mulher à presidência na França, Marlène Coulomb-Gully (2012), em *Présidente: Le grand défi*, traça um percurso histórico de candidaturas de mulheres, destacando interpelações a que elas respondiam, sobretudo a respeito de seu gênero, tratado como elemento desestabilizador da norma da vida pública. Na França, o fato de que uma mulher se candidate é de tal modo perturbador de uma ordem política masculinista cristalizada, que questões estritamente político-administrativas são negligenciadas nos debates de que elas participam. Um dos primeiros questionamentos a uma candidata à presidência na França se dá em virtude de que seja uma mulher a disputar o pleito presidencial, de modo que outros temas, de interesse nacional, ficam em segundo plano. Nessa obra, a autora defende que uma *norma social masculina* impera na política, campo restrito ao universo dos homens. Assim como em outros trabalhos, Coulomb-Gully (2011; 2012) descreve mais detidamente o que seria um corpo padrão na vida pública: macho-branco-heterossexual. Segundo a pesquisadora, políticos que atendam aos requisitos da pertença a esse corpo padrão correspondem a um *sujeito-norma*. Este sujeito está de antemão autorizado socialmente ao comando de outros, pois goza de privilégios sociais que possibilitam o acesso às esferas mais restritas da sociedade. Acrescente-se que, nos altos escalões de poder, além de uma hegemonia do sujeito branco homem cis-heteronormativizado,[11] impõe-se uma questão de classe social, para o exercício da plena cidadania republicana, aquela que autoriza um sujeito não somente a votar, mas ser votado.

Em *Le siècle des chefs*, Yves Cohen descreve práticas operacionais de liderança que se relacionam a práticas discursivas que se dão no espaço público, analisando as sociedades francesa, estadunidense, alemã e soviética (COHEN, 2013, p. 22). A partir do final do século XIX, segundo Cohen (2013), existe uma tendência de necessidade de líderes, naquelas sociedades estudadas por ele. Uma marca de tais sociedades, ainda que sob diferentes prismas, é a necessidade e a naturalização das hierarquias – traço que contrasta com o que ele denomina de sociedades mais *arcaicas*, que rejeitam a perenidade de um líder no poder. Nesse sentido, em que medida podemos refletir acerca de práticas de liderança na Bolívia e no Brasil? Guardamos as diferenças entre tais sociedades, notando seus diferentes processos históricos. Ademais, a reflexão e a análise de particularidades da construção discursiva de líderes/governantes latino-americanos contribuem para a compreensão do funcionamento dessas sociedades.

No Brasil e na Bolívia, países que passaram por um processo de colonização, seguido de um processo de mestiçagem forçado, observamos que as relações de conflito que se deram com as imposições colonialistas permanecem sob diferentes aspectos nessas sociedades. Politicamente, elites brancas e 'mestiças' sempre governaram estes países, sob a égide da meritocracia, como se somente pessoas ditas "mais inteligentes" e "preparadas", isto é, os sujeitos das "classes do espírito", pudessem chegar a cargos e funções políticas importantes na sociedade, quando efetivamente não se tem entre todos (as) as mesmas oportunidades e condições de acesso a todos os lugares sociais que se poderia ocupar na condição de cidadão (ã).

Os processos de exclusão continuam cristalizados em diferentes práticas da nossa vida cotidiana. Em certa medida, a chegada difícil, tardia e excepcional de presidentes mais representativos de segmentos so-

---

11 Homens brancos que se identifiquem com o gênero com o qual foram designados em documentação quando nasceram, que não sejam femininos, que não sejam homoafetivos, enfim, que em absolutamente nada sejam assemelhados ao que se diz de uma mulher em sociedade. É bastante raro que uma pessoa transgênero chegue a ocupar um cargo eletivo, por exemplo.

ciais historicamente massacrados e silenciados politicamente revela a natureza elitista do regime político que rege nossas sociedades. Ainda que sob fortes marcas de contradição, devido a alianças políticas com setores mais conservadores, o presidente Lula da Silva e o presidente Evo Morales são produtos de um processo histórico de lutas sociais que desembocaram em suas respectivas eleições.

Como afirma Cohen (2013), a classe predestinada a dirigir sempre foi a aristocracia. A aristocracia latino-americana é a própria fidalguia (hidalguia – filhos de algo, hijos de algo), elite direta ou indiretamente herdeira dos antigos reinos coloniais. Não por acaso, sempre fomos governados (as) por homens brancos e ricos, e a ocupação destes lugares de poder por esses sujeitos nunca foi questionada em função de sua classe social, de sua escolaridade, de seus modos de se portar, ou ainda, de sua etnia, de sua orientação sexual e de sua identidade de gênero. Se Coulomb-Gully (2011; 2012) afirma que uma mulher na política desestabiliza esse lugar *destinado a homens brancos*, no que se refere à ausência de mulheres na presidência da República francesa, não podemos pensar que se passa um processo análogo com um operário ou um "índio"? Assim como mulheres que "ousaram" se candidatar à presidência na França (COULOMB-GULLY, 2012), esses homens (um operário e um "índio"), que fogem ao padrão de quem deve comandar politicamente os destinos de seus respectivos países, ousaram se candidatar e ousaram vencer eleições. A reflexão e a análise de pronunciamentos de Evo Morales e Lula da Silva conduzem a uma melhor compreensão de um processo muito mais amplo de lutas e enfrentamentos entre aqueles que sempre governaram e aqueles que sempre foram/são governados após a fundação dos Estados coloniais.

Supomos que o recente fenômeno latino-americano de eleição de líderes oriundos das camadas mais empobrecidas da população esteja em consonância com processos históricos de lutas por emancipação e independência organizativa de povos secularmente oprimidos. Tal fenômeno não ocorreu de modo aleatório, individualizado ou como mero produto de propagandas calculadamente "populistas", mas como parte de uma história em curso, de setores majoritários das sociedades brasileira e boliviana. Temos presente que, efetivamente, os regimes de governo não foram transformados em razão dessas eleições; contudo, entendemos que se trata de uma disputa por espaços de poder que giram em torno de um processo de busca coletiva por representatividade e/ou, quem sabe, por um autogoverno.

Mediante a tomada de palavra por sujeitos provenientes de uma maioria socialmente silenciada, excluída e regularmente estigmatizada, que logra alçar um dos seus, nossa tese é a de que ocorrem funcionamentos discursivos ambivalentes nos pronunciamentos de posse de tais sujeitos, Lula da Silva e de Evo Morales, derivados da oscilação entre os *acontecimentos* de suas respectivas ascensões políticas e a história política de seus respectivos países, entre a conquista popular e a concessão aristocrática, entre a necessidade de falar de lutas e mazelas históricas e a de não nomear adversários. Do silenciamento à tomada de palavra, as marcas de uma história pregressa de lutas ressoam bem como os atravessamentos de silêncios impostos concorrem pelos modos de dizer de tais sujeitos. De tal maneira, Evo Morales e Lula da Silva protagonizam as narrativas históricas de seus povos, ao passo que sofrem coerções discursivas históricas sobre suas falas.

Para a realização da discussão proposta, dispusemos este livro em quatro capítulos. No Capítulo I, antes de adentrar questões de análise mais específicas, delineamos um panorama de lutas e movimentos sociais na Bolívia e no Brasil, tanto para compreendermos como se dá o processo histórico que culmina com a ascensão de Lula da Silva e Evo Morales como líderes quanto para observarmos como as memórias desses percursos emergem em seus pronunciamentos. No Capítulo II, apresentamos alguns postulados básicos e algumas noções fundamentais da análise de discurso, sobretudo aquelas filiadas aos trabalhos de Michel Pêcheux e seu grupo. Além disso, discutimos a constituição de sujeitos discursivos que advêm de processos históricos de lutas por representação e emancipação políticas, discorrendo principalmente sobre as noções de *silêncio*, *silenciamento*, *tomada de palavra*, *lugar de fala* e *corpo*. Nesse capítulo, ilustraremos a complexidade desses processos históricos e discursivos que compreendem a ascensão de sujeitos "fora da ordem" mediante a alusão a algumas situações de disputa política, com personagens, que, em alguma medida, se inscrevem em *processos discursivos* que visamos destacar nas análises empreendidas neste trabalho.

No Capítulo III, analisamos algumas formulações dos pronunciamentos de posse do presidente Evo Morales, assim como, no Capítulo IV, analisamos formulações extraídas dos pronunciamentos de posse de Lula da Silva. Para a realização das análises, partimos de questões sobre o que e como tais presidentes dizem em seus pronunciamentos públicos de suas condições de afinidade, de proximidade e/ou de identidade com as classes populares e trabalhadoras e com segmentos sociais mais específicos, de que afirmam ser os legítimos representantes, em distintas condições de produção, em contextos de posse presidencial, focalizando em particular suas autorreferências identitárias. Em seguida, buscamos identificar as filiações discursivas desses dois sujeitos políticos a dizeres que tratam de um percurso histórico de maiorias marginalizadas em direção a um governo eleito. Sendo assim, levantamos, descrevemos e interpretamos quais são os *processos discursivos* na composição da representação política de Lula da Silva e de Evo Morales, como se filiam a discursividades de processos de resistência de povos historicamente segregados socialmente.

Por meio da observação de avanços, transformações, reforma, conservações, conflitos, conciliações instaurados na materialidade discursiva dos pronunciamentos analisados, refletimos sobre efeitos de legitimação nas falas públicas dos sujeitos políticos em questão, que, segundo nossa hipótese, estão em consonância com um processo histórico de lutas por representatividade política e emancipação popular – o que tem chegado nos mais altos cargos nas democracias representativas, não sem embates e confrontos pelos lugares de poder. Por fim, constatamos uma ambivalência entre a transformação por meio de disputas políticas e certas concessões a poderes históricos preestabelecidos, que se materializa nos processos discursivos destacados nas falas dos sujeitos desta pesquisa.

Seguindo os trabalhos de Michel Pêcheux (2009 [1975], p. 140), sustentamos que *a constituição dos sentidos* se dá com *a constituição dos sujeitos*, portanto as análises discursivas não necessariamente se detêm sobre recortes em que o sujeito dita certas palavras que *evidenciariam* o *processo* de que tratamos. Em função de uma história de constituição de sentidos, projetamos a constituição dos sujeitos em questão. Não cabe ao (à) analista a completude e exatidão das significações das palavras; assim, debruçamo-nos sobre a emergência de *pré-construídos, memórias, interdiscurso,*[12] que compõem as falas selecionadas para as análises. E, ainda que sejam nomeadas as circunstâncias enunciativas de posses de Evo Morales e de Lula da Silva como *acontecimentos*, tal designação não se refere a que teriam sido enunciadas pela primeira

---

12 Na esteira de J.J. Courtine (2009 [1981]), tomamos a noção de pré-*construído* como "uma construção anterior, exterior, independente por oposição ao que é construído na enunciação" (COURTINE, 2009 [1981], p. 74); *memória*, como a "existência histórica do enunciado no interior de práticas discursivas regradas por aparelhos ideológicos (COURTINE, 2009 [1981], p. 105-106); e *interdiscurso*, como "um tecido, a uma circulação de discursos, que se respondem uns aos outros ou fazem eco, se retomam, se inter-citam" (GADET, 2005, p. 64).

vez. Trata-se, sobretudo, de uma atualização de *memória*, de uma reconfiguração de certas formas linguísticas na História. Nas falas públicas dos *sujeitos discursivos* de que tratamos na pesquisa, a historicidade não se restringe a uma situação pontual, mas a uma teia de *já-ditos* que enredam o *acontecimento discursivo*,[13] enquanto "ponto de encontro de uma atualidade e uma memória" (PÊCHEUX, 2008[1983], p. 17), que irrompe quando de suas enunciações como presidentes eleitos.

Para a realização do trabalho, partimos de questões de análise sobre como Lula da Silva e Evo Morales proferem dizeres que tratam de um pertencimento a segmentos sociais marginalizados socialmente, com vistas a reconhecer em suas formulações linguísticas construções discursivas que os remetam a um *corpo social simbólico* que lhes confere autoridade e legitimidade como representantes das classes empobrecidas. Assim, observamos como Evo Morales e de Lula da Silva, em suas formulações linguísticas, constroem uma rede de *identificações* e *desidentificações* com setores da sociedade, de modo que constituem a si mesmos como parte de um setor marginalizado, nunca representado. Buscamos ainda apreender e examinar possíveis ocorrências de *processos metonímicos* de relação representante-representados durante as falas públicas, em que os dois políticos se referem às particularidades de suas próprias vidas, apresentando-as como índices de sua condição legítima de representantes políticos populares, como comentários sobre suas próprias trajetórias, igualmente apresentadas como marcas dessa representação.

Neste percurso, interessamo-nos pelo modo como esses sujeitos se constroem e são construídos historicamente como lideranças políticas, como se autorizam e são autorizados a falar em nome de determinados grupos sociais e com base em que sustentam suas legitimidades como atores políticos. Na medida em que apontamos *fenômenos discursivos*, circunscrevemos alguma *historicidade dos dizeres*, uma certa filiação histórica das palavras, o que constitui a rede de enunciados vindos de outros sujeitos, tempos ou lugares. Para a compreensão dos excertos destacados, cabe tomar a seguinte premissa da análise do discurso: não é qualquer um que pode dizer tudo, *de qualquer modo*, em qualquer lugar. As marcas de coerção do dizer manifestam-se sobretudo na sintaxe das formulações linguísticas selecionadas: *o modo como se diz*, tomado em cadeias parafrásticas, é considerado como possibilidade de dizer.

---

13 Noção forjada por Michel Pêcheux (2008[1983]) em *O discurso: estrutura ou acontecimento*.

A constituição desses sujeitos históricos constrói-se, então, nas relações de proximidade, nas nomeações, nas delimitações de quem são os seus e quem são os outros. Por essa razão, com o objetivo de sistematizar as análises, destacamos temas relativos a:

- Relação representante-representados, como a construção de uma identidade particular, que é engendrada em função daquilo que eles dizem a respeito de si mesmos e dos outros;
- Atenuações de conflitos e conciliações, com a construção de uma identidade genérica republicana, que se processa em função do cargo ocupado, de presidente da República;
- Lideranças/Lutadores pelo caminho, como filiação a um histórico de lutas, com decorrente produção de legitimidade e autoridade políticas;
- Relação com adversários, conflitos que escapam ao rígido controle do preparo da fala, posto que emergem como atravessamentos do *discurso-outro* presente no discurso sobre si mesmo e sobre seus pares;
- Olhar para os mais necessitados, maiorias marginalizadas, materializados nas discursividades destacadas.

Considerando que tomamos Evo Morales e Lula da Silva como expoentes de uma história pregressa bastante ramificada e complexa, apresentamos um breve panorama histórico sobre movimentos e segmentos sociais que constituem a historicidade de seus dizeres. Adiante, no Capítulo I, discorremos sobre histórias que se cruzaram, constituíram e deram possibilidade de emergência para tais sujeitos, na América Latina.

CAPÍTULO 1. BOLÍVIA E BRASIL: HISTÓRIA, SOCIEDADE E SENTIDOS

> "Quem poderia imaginar que um índio com cara de índio, com jeito de índio, com comportamento de índio poderia governar a Bolívia e dar certo? E quando falo de Evo – não falo de mim, porque, imagina, sou um metalúrgico, teria mais probabilidade, teoricamente, que um índio – quando Evo queria brigar comigo, logo no começo do seu governo (você participou), quantas vezes Evo queria brigar comigo, queria estatizar todas as empresas brasileiras que atuavam na Bolívia, e eu dizia "Evo, olha, eu não vou brigar com você", eu não consigo entender: a direita brasileira queria que eu brigasse com Evo, me chamava de covarde, "Lula é covarde, não briga com Evo", e eu dizia, "Meu Deus, eu não consigo entender como é que um metalúrgico de São Bernardo do Campo podia brigar com um índio boliviano?" Lula da Silva (2013)[14]

Na América Latina, no fim do século XX, embora os ideais de esquerda parecessem completamente devastados pelos crimes stalinistas, pelas propagandas massivas de desqualificação de pautas associadas ao socialismo ou ao comunismo e pelos crimes perpetrados pelas ditaduras militares no continente que silenciaram[15] toda uma geração de militantes, movimentos sociais de bases populares ganharam força e conseguiram emplacar novas lideranças com potencial para disputar eleições nos moldes da democracia representativa.

Uma verdadeira onda de líderes populares chegou à presidência, não sem duros embates entre seus próprios partidários e adversários. Afinal, de que se tratava aquela virada histórica da esquerda no fim dos anos 1990? De um lado, com distintas abordagens, historiadores e cientistas políticos disputam sentidos sobre a caracterização dos governos de Hugo Chávez, Nestor Kirchner, Lula da Silva, Evo Morales, Rafael Correa, Cristina Kirchner, Michele Bachelet, Dilma Rousseff,

---

14 Matéria "'Não existe mais nenhuma razão de se manter o bloqueio', diz Lula em Cuba", publicado no dia 30 de janeiro 2013. **Instituto Lula (on-line)**, sobre o Discurso de Luiz Inácio Lula da Silva na III Conferência pelo Equilíbrio do Mundo, em Havana, dia 30 de janeiro de 2013. Disponível em: < http://www.institutolula.org/nao-existe-mais-nenhuma-razao-de-se-manter-o-bloqueio-diz-lula/.> Acesso em: 5 abr. 2018.

15 Aqui, como práticas de *silenciamento*, entendemos sequestro, tortura e morte. No Capítulo II, falaremos mais sobre tais práticas.

Pepe Mujica, Manuel Zelaya, Fernando Lugo, Nicolás Maduro. De outro, mídias hegemônicas, controladas majoritariamente pelas oligarquias de seus respectivos países, construíram e seguem construindo fórmulas simplificadas para caracterizar a todos.

Ainda que reconheçamos que diversos sejam os trabalhos de assessorias políticas para (re)formar a imagem de representantes políticos, não acreditamos em pleno controle dos modos e das condutas dos sujeitos diante de câmeras, nos palanques, no *corpo a corpo* nas ruas com eleitores(as) ou nas redes sociais. De certo modo, todos os sujeitos políticos supracitados passaram por um processo de construção de imagem para que pudessem ser presidenciáveis, mas quais não passam? Assim, não nos interessamos por formular juízos de valor sobre usos e empregos de estratégias de marketing político. A análise discursiva que empreendemos visa a demonstrar como se materializa na fala dos sujeitos da pesquisa um processo histórico remoto de disputas sociais por espaços de poder, predominantemente ocupados por sujeitos conservadores, alheios e apartados da(s) vivência(s) e problemas de maiorias marginalizadas. Interessamo-nos pelos modos de dizer de sujeitos atravessados por ambivalências devidas à reconfiguração de ocupação de um lugar social, que, em alguma medida, produz legitimidade, desestabiliza padrões e responde a coerções discursivas históricas. Na discursividade das falas de tais sujeitos, observaremos transformações, mediações e recuos em razão de que *não é qualquer pessoa que pode falar de qualquer coisa, de qualquer modo, em qualquer circunstância.*

A fim de circunscrever contingências históricas de emergências dos sujeitos da pesquisa, pontuamos que Evo Morales e Lula da Silva têm em comum algum passado/presente de engajamento militante à esquerda, com certas similaridades, nuances de diferenças e algumas divergências. Embora imersos em um mesmo campo político, com histórias nacionais relativamente próximas, não compartilham uma história única. Em uma perspectiva conservadora e reacionária, de modo bastante genérico e simplista, circulam discursos sobre como esses sujeitos políticos estariam engajados em um mesmo suposto "projeto de poder" de dominação da América Latina por ideais de esquerda "radicais". Contudo, as diferenças entre os modos de fazer política de cada um são consideráveis. Privilegiamos Evo Morales e Lula da Silva como sujeitos dessa pesquisa por considerarmos que seus processos de emergência e ascensão à presidência da República são bastante similares, embora sejam dois políticos tão distintos um do outro. Ambos se constituem como sujeitos em movimentos históricos de lutas por emancipação política popular, o que os torna protagonistas de diferentes enredos sócio-históricos que, nesse sentido, convergem a uma mesma direção.

Neste capítulo, delineamos trajetórias de movimentos sociais na Bolívia e no Brasil que antecedem a ascensão de Evo Morales e Lula da Silva como lideranças políticas. Entendemos que certos processos históricos de lutas coletivas emergem nas materialidades discursivas que constituem as falas públicas dos referidos sujeitos políticos; portanto, consideramos pertinente tratar de determinados acontecimentos que ascendem sobre a formação política de cada um. Além de um breve panorama sobre lutas políticas no Brasil e na Bolívia, abordamos historiografias que discutem identidades sobre o *ser aymara* e *ser nordestino* nos imaginários de cada um desses países.

Sem pretensão de definição estanque ou exaustiva, esboçamos possíveis modos de constituição de sujeitos discursivos que podem ser vislumbrados nas falas públicas do presidente boliviano e do presidente brasileiro, que carregam histórias dos lugares de onde partiram. No tópico seguinte, começamos por acontecimentos históricos da Bolívia que interessam diretamente à compreensão de Evo Morales enquanto sujeito político.

1.1. PROCESSOS HISTÓRICOS DE LUTAS EM UMA BOLÍVIA PLURINACIONAL

Quando do trabalho de análise de quaisquer materialidades discursivas, para a compreensão dos efeitos de sentido que emergem do *corpus* selecionado, considera-se a(s) escrita(s) sobre a história de que se vai tratar. Nas análises discursivas, empreendemos um breve exercício de investigação histórica, já que trabalhamos com produção de efeitos de sentidos que respondem a uma historicidade que se materializa na linguagem, em geral, e na língua, em particular.

Para compreender o modo de funcionamento discursivo dos pronunciamentos do presidente Evo Morales, faz-se necessário apontar alguns dos movimentos sociais mais importantes e notórios na Bolívia. Não pretendemos detalhar exaustivamente acontecimentos históricos, mas delinear um panorama para que possamos mais bem entender de que fala o presidente Morales.

Temos presente que a própria escrita da História não se faz de modo neutro, não existe narrativa histórica sem atravessamentos ideológicos de distintas ordens. Contudo, não podemos negligenciar a retomada e a menção dos fatos históricos de distintas durações mais significativos para os movimentos sociais da Bolívia, devidamente ancorados teoricamente, em nossa abordagem discursiva, com atenção e destaque a autores(as) bolivianos(as) engajados(as) na (re)escrita de sua própria História.

1.1.1. O POVO AYMARA NA BOLÍVIA: HISTÓRIA, ORGANIZAÇÃO POLÍTICA E LÍNGUA

> "Hermanas y hermanos, gracias al voto de ustedes, primeros en la historia boliviana, aymaras, quéchuas, mojeños, somos presidentes, no solamente Evo es el presidente, hermanas y hermanos."
> Evo Morales (21 de janeiro de 2006)

Quando observamos pronunciamentos oficiais do presidente da Bolívia, Evo Morales, notamos o quão marcante é a interlocução do mandatário com povos que até pouco tempo estavam completamente marginalizados da cena política oficial naquele país. Antes da eleição de um dos seus, aymaras, quéchuas, mojeños, guaranis, dentre outros povos originários bolivianos, pareciam nunca ter experimentado o protagonismo na política de Estado. Entretanto, quando recorremos aos escritos sobre a História do país, constatamos que numerosas foram as lutas travadas por essas maiorias com as forças oficiais para que pudessem levantar um governo do calor de suas massas.[16]

Xavier Albó, em *Raíces de América: el mundo Aymara*, na esteira de Darcy Ribeiro, caracteriza o povo aymara como um *pueblo testimonio* (ALBÓ, 1988, p. 21). Inúmeras vezes desterrados de seus territórios, os aymaras aprenderam a sobreviver lidando com a cultura e a língua dos seus inimigos, fosse por meio do confronto direto, fosse por meio da negociação. Além da invasão espanhola, historiadores bolivianos relatam enfrentamentos anteriores, concernentes ao período de domínio do Império Inca sobre os tiwanacotas. A dominação inca é constatada através de marcas deixadas em Tiwanaku, como explana Rojo:

> El incario, que nació en la altiplanicie, dominándola, es perceptible en Tiwanaku, donde casi superficialmente se encuentran manifestaciones de la cultura inca*, pudiendo haberse dado el caso de que los primeros de-

---

16 Para adentrar essa discussão, ver MAMANI (2005, 2010, 2012), sobretudo MAMANI, Pablo. *El rugir de las multitudes*. Microgobiernos barriales. La Paz: La mirada salvaje, 2010; e MAMANI, Pablo. *Geopolíticas indígenas*. El Alto: CADES (Centro Andino de Estudios Estratégicos), 2005.

predadores que tuvo Tiwanaku fuesen los incas (*En Tiwanaku se han encontrado tumbas intrusivas de los incas) (ROJO, 1980, p. 34).

Trabalhando com os posicionamentos teóricos que adotamos, não poderíamos deixar de sustentar que o confronto entre povos não se passa de modo que se realize um completo apagamento da cultura dominada. Nas reflexões que incorporamos, percebemos o quanto a investida de um povo sobre outro gera uma hegemonia, sobretudo por meio de ações violentas e opressivas, mas não uma supressão total das práticas dos povos dominados. Acreditamos em rastros, traços e heranças sociais, históricas e culturais, que permanecem, transformam-se em outras tradições ou retornam, ainda que sob o véu opaco de esquecimentos de diversas sortes.

Dentre outros autores, Bouysse-Cassagne narra o confronto dos espanhóis com a concepção de mundo dos aymaras, e como se dava o processo de dominação:

> Al llegar al Qullasuyu, en la segunda mitad del siglo XVI, los europeos se enfrentaron a la vez con una tierra desconocida y con una concepción del mundo ajena y nueva. Como todos los vencedores – y antes de los españoles ya lo habían intentado los Inka – procuraron destruir las creencias del vencido para sustituirlas por su propia religión y forma de pensar. Así en un periodo relativamente breve, menos de un siglo, la figura del dios cristiano encubrió a la del Sol, la cual en tiempos anteriores ya había reemplazado a la del Viracocha [Wiraqucha] sucesor a su vez de Tunupa. Esta serie de sustituciones por parte de los distintos invasores – magistralmente estudiadas por Teresa Gisbert[1] - lejos de ser automáticas, procedió de **la combinación de dos lógicas: la del vencedor y la del vencido**. Este proceso afectó las categorías mentales del conjunto de la sociedad, tanto en sus versiones colectivas y casi inconscientes como en las resonancias más individuales que cada persona siente como propiamente suyas [1. Gisbert, 1980] (BOUYSSE-CASSAGNE, HARRIS, 1987, p. 11).

Tal como no enunciado que circula amplamente nos movimentos sociais dirigidos por aymaras, "oprimidos, pero no vencidos" (que se tornou título da obra de Silvia Rivera Cusicanqui), a tradição historiográfica boliviana registra que os aymaras nunca se consideraram derrotados. Segundo inúmeros relatos históricos, diante de tanto rechaço e agressões, resistiram a sucessivas invasões estrangeiras e não esqueceram as próprias origens. Quando nos deparamos com algumas de suas tradições seculares, que ainda hoje sobrevivem na Bolívia, podemos ter dimensão da capacidade de resistência desse povo. Táticas de organização política, ensinamentos filosóficos, cerimônias, tecidos, vestimentas, ornamentos, acessórios, dentre outros elementos, constituem um universo simbólico que sobreviveu a embates milenares.

Tomamos a eleição de um presidente aymara como parte de um trabalho comunitário de resistência, contestação, ressignificação e adaptação a uma cultura estrangeira invasora. Juan Evo Morales Ayma surge como liderança a partir de movimentos sociais que contestam políticas bolivianas de Estado. Mais especificamente, forma-se no movimento *cocalero*; em seguida, passa a disputar eleições para presidente; e, por fim, vence uma eleição. Ao passo que contesta, o sujeito histórico incorpora e dá legitimidade ao regime democrático, desencadeando um novo ciclo de conciliações e adaptações do universo "indígena" ao Estado de direito fundado e imposto pelas elites brancas e "mestiças".

Destacamos que, embora o presidente Evo Morales enuncie por vezes como representante de todos os povos indígenas da América Latina, são inúmeras as ramificações e correntes nos movimentos indígenas da Bolívia. Em hipótese alguma podemos tomar tais movimentos como um grupo homogêneo, já que são consideráveis os posicionamentos e as divergências existentes entre eles, em torno de questões étnicas, de concepção de Estado, de classe, de táticas políticas, dentre outros temas. Diante da ampla gama de posições políticas no interior dos movimentos indígenas na Bolívia, temos a necessidade de fazer uma exposição acerca de que lugar fala o presidente boliviano. Adiante, destacamos alguns pontos da formação sociopolítica de Evo Morales, para que possamos compreender os *processos discursivos* em que ele se inscreve enquanto sujeito de nossa investigação.

1.2. EVO MORALES: AYMARA, COCALERO, KATARISTA, INDIGENISTA[17]

Para a compreensão do funcionamento discursivo das falas públicas do presidente Evo Morales, consideramos que seja fundamental conhecer algumas das principais influências de formação sociopolítica do presidente boliviano. Inicialmente, percebemos a necessidade de que se discuta brevemente sobre a cultura do povo aymara. Entendemos que o processo de resistência dos aymaras aliado à ascensão de um de seus líderes à presidência tem relação com um modo histórico de fazer política, que congrega confrontos mais contundentes com as elites, mas em que se destaca também forte capacidade de negociação.

---

17 Agradecemos aqui ao Prof. Pablo Mamani (analista político e professor da Universidad del Alto/El Alto/Bolívia) por apontar o percurso por onde deveria compreender a formação política do presidente Evo Morales.

Regularmente, notamos que, quando participa de atos oficiais, o presidente Evo Morales guarda símbolos andinos junto a símbolos da república boliviana. Podemos observar um sincretismo simbólico que congrega elementos cuja significação pode ser reconhecida como parte de culturas que outrora estavam bastante ou até mesmo completamente alheias ao cenário da democracia representativa na Bolívia. A República, instituição política que se apresenta como una e indivisível desde sua instauração (Pêcheux, 1990), costumeiramente funcionava de modo a homogeneizar e apagar diferenças entre os cidadãos, sob a proclamação de direitos iguais para todos. Hipoteticamente, em sociedades em que todos os indivíduos fossem iguais, com as mesmas oportunidades e condições de vida, talvez não houvesse necessidade de reparações sociais. Nos casos de países colonizados, que guardam dívidas históricas com os povos que os formaram, pensamos que a homogeneização de tratamento, que não leva em consideração as distintas necessidades dos indivíduos, tem perpetuado as desigualdades sociais.

Sendo assim, entendemos que o ato de trazer para o centro das cerimônias oficiais elementos de outra ordem, que já não fossem os tradicionais símbolos do Estado boliviano, constitui uma quebra, uma ruptura de uma ordem hegemônica que parecia cristalizada, mas cuja legitimidade estava sob constante questionamento. Ademais, o fato de guardar e manter por séculos elementos simbólicos ancestrais, que compõem o quadro da política aymara, já foi bastante tratado por historiadores:

> El mundo Aymara, parte del mundo andino, es uno de los pueblos testimonio que mejor ha conservado su vitalidad. Pese a los procesos de desestructuración que, como todos, ha sufrido, su pueblo y su cultura siguen vivos. Su situación actual es muy distinta de lo que fue, y también de lo que ahora sería, de no haber mediado uma conquista y una opresión multissecular. Pero, transformado y deteriorado, el pueblo Aymara es un pueblo sin ganas de morir. Cuenta hasta hoy con sectores muy conscientes de lo que fue, de lo que pudo ser y de que quiere seguir siendo él mismo (ALBÓ, 1988, p. 22).

Conforme explana Albó, o povo aymara é daqueles povos que mais manteve suas tradições ao longo dos séculos. A partir de leituras e reflexões sobre a história da Bolívia, podemos refletir e compreender que elementos de distintas civilizações em conflito foram gradativamente sendo ressignificados, reforçados, apagados, silenciados, incorporados, tomados ou retomados entre os diferentes povos da região. A sobrevivência aymara se dá nesse processo de confrontos e conciliações:

> En determinados momentos de la historia andina precolonial hubo migraciones, conquistas y hasta expansiones de tipo imperial, que iban

> modificando las situaciones previas y creaban nuevas formas de unidad. La más conocida de ella es, obviamente, la más cercana a nosotros, la expansión y conquista Inka, que llegó a conformar un gran estado, el Tawantinsuyu – literalmente, Las Cuatro Partes Unidas -, con grandes movilizaciones e intercambios de gente sobre distancias de miles de kilómetros. Pero anteriormente ya habían ocurrido otras expansiones aún poco entendidas, como las de Wari y Tiwanaku – cuyos núcleos se vincularon con regiones o poblaciones que hoy llamamos Aymara -, y muchos siglos antes, la expansión de Chavín, más al norte (ALBÓ, 1988, p. 23).

Após disputas seculares entre diferentes civilizações, que dominaram e se sobrepuseram umas às outras, chegaram os espanhóis. A invasão espanhola data de 1534, com a conquista sobre o Império Inca. Como relatam os historiadores da época, a colonização se dava, para além da apropriação das terras, através da imposição da língua, da cultura e da religião àqueles(as) que sobreviviam aos massacres. Assim como acontecia durante a *invenção* do Brasil, os padres, com suas *tareas evangelizadoras*, ditavam normas culturais e ensinavam a língua dos invasores. Melhor dizendo, um dos primeiros exercícios de dominação foi levado a cabo por meio do ensino da língua. Com a imposição da língua e da cultura espanholas, diversas línguas de povos originários bolivianos foram relegadas à marginalidade, bem como as culturas que lhes davam existência.

Quando Evo Morales assume a presidência da Bolívia e enuncia em Tiwanaku, dirigindo-se a *Qullasuyumarka*,[18] uma série de memórias confluem em torno de um ato de posse simbólico que congrega numerosas histórias perdidas de povos, revividas e recontadas naquele 21 de janeiro de 2006. O presidente boliviano realiza seu pronunciamento em espanhol, com marcas e variantes linguísticas características de quem fala o espanhol com influências de uma outra língua, como tantos entre seus/suas compatriotas, bem como celebra a vitória com algumas frases formuladas em aymara. A posse de um mandatário da Bolívia celebrada em Tiwanaku parecia representar o encontro de dois mundos, o Estado boliviano parecia se conjugar com um modo bastante distinto de fazer política. Mais uma vez, podemos vislumbrar *as lógicas de vencedores e vencidos* entranhadas e ressignificadas, de modo que sujeição e resistência se confundem: consensos e conflitos emergem e se apagam nas materialidades discursivas daquele acontecimento.

---

18 *Região dos collas*, povo de língua aymara, da Bolívia. Qullasuyu era parte de Tahuantinsuyu, depois do domínio do Império Inca. Para saber mais sobre o domínio da região pelos Incas, ver: ROSTWOROWSKI, María. *Historia del Tahuantinsuyu*. 2a. ed. Lima: IEP/Promperú, 1999.

Nesse país, aymaras, quéchuas, mojeños e guaranis são as maiores nações, porém, diversos são os povos em território boliviano.[19] A chegada à presidência de um representante aymara[20] somente no ano de 2006 evidencia uma marginalização social e política hereditária do colonialismo a que foi submetida compulsoriamente a maior parte da população ao longo de séculos. As decisões políticas mais importantes e centrais do país sempre estiveram concentradas nas mãos de uma minoria branca e "mestiza", herdeira das oligarquias coloniais. Cabe destacar que esta última afirmação se trata de um fato histórico nitidamente observável: desde 1825, com o advento da chamada democracia representativa na Bolívia, todos os presidentes que antecederam o mandatário aymara eram homens brancos ou "mestizos", com sobrenomes espanhóis e oriundos das classes mais abastadas do país. Consequentemente, as culturas dos povos majoritários daquele país encontravam-se invisibilizadas em nome de um ideal republicano pretensamente neutro, que apaga diversidades para governar a todos(as). Enunciar em Tiwanaku nos parece uma instauração de uma outra ordem de protocolos políticos que redireciona os olhares para um outro modo de fazer política.

Em *Descubriendo Tiwanaku*, Hugo Boero Rojo, na esteira de Arthur Posnansky, trata da importância histórica desse lugar para gerações passadas:

> Arthur Posnansky en su libro "Tihuanacu Cuna del Hombre Americano" nos habla de un Tiwanaku mágico y místico al que como centro religioso confluían todos los pueblos de América a rendir culto a los dioses; basa el investigador esta hipótesis en los restos humanos encontrados en Tiwanaku en los que halló diferencias de grupos étnicos. Según Posnansky la gente viajaba hacia Tiwanaku desde las más distantes regiones geográficas. Todavía en la actualidad algunas tribus selvícolas inician peregrinaciones para ir en busca de la "Loma Santa". ¿Pudo ser Tiwanaku esta Loma Santa?.

---

19 Para saber mais sobre povos e línguas que formam a Bolívia, ver: MOLINA B., Ramiro; ALBÓ, Xavier. *Gama étnica y lingüística de la población boliviana*. La Paz: Sistema de las Naciones Unidas en Bolivia, 2006.

20 Em *Pueblos indios en la política*, Albó (2002, p. 69-74) aponta que, antes que a Bolívia tivesse um presidente aymara, existiu a figura de Víctor Hugo Cárdenas, um líder aymara, que, segundo o autor, contribuiu com a fundação do movimento aymara katarista, que desencadeou a aparição da *Confederación Sindical Única de Trabajadores Campesinos de Bolivia* (CSUTCB). Esta liderança chegou à vice-presidência da República, em uma chapa com Gonzalo (Goni) Sánchez de Lozada e, em razão disso, fora colocado em questão por dirigentes e bases sociais que antes o apoiavam, porque passaram a vê-lo "demasiado dependiente de las decisiones que tomara el presidente neoliberal y oligarca Gonzalo Sánchez de Lozada, y pasaron a apodarle el *llunk'u* [servil, tradução nossa], dando la vuelta a lo que había sido su lema oficial" (ALBÓ, 2002, p. 73).

> Los cronistas refieren que desde lejanas comarcas, ya al Tiwanaku colonial, las parejas llevaban a sus niños a recibir el bautismo en la iglesia cristiana del poblado, infiriéndose que seguían una costumbre ancestral, nacida antes de la llegada de los conquistadores blancos (ROJO, 1980, p. 28-29).

Assim, a importância histórica de Tiwanaku[21] é reconhecida por diferentes nações não somente em território boliviano, mas por onde se estendeu a antiga civilização tiwanacota. Antes do domínio Inca, antes mesmo que Cusco (Peru) fosse o centro de poder político de grande parte da América, diferentes povos viviam sob a organização dos *collas*,[22] que eram, em grande parte, falantes de aymara. Tiwanaku foi um grande centro político para onde migravam muitos povos da América.

---

21 "¿Qué significa la palabra Tiwanaku? La más lejana cita sobre el origen de la palabra nos llega a través del Padre Bernabé Cobo, quien habiendo escarbado tanto en el idioma como en la tradición, establece que fue el inca Mayta Kapac, quien estando de paso por Tiwanaku recibió la visita de un chasqui que llegaba desde el Ecuador. El inca dirigiéndose al chasqui le dijo: "Tiay guanacu" (siéntate guanaco). Es proverbial el dicho tan conocido en Bolivia de que si alguien es muy ligero: "corre como un guanaco"; ya que el guanaco, camélido ya en extinción, era uno de los más veloces animales. Si atendemos a lo dicho por Cobo la palabra Tiwanaku vendría a significar el sitio o lugar donde se sienta el guanaco. Sin embargo muchos linguistas han tratado de encontrar diferentes significados a Tiwanaku así por ejemplo Theodore Bess sostuvo que Tiwanaku derivaba de las siguientes palabras: "Tia = ribera y huañaco = seco". Con lo que Bess quiso encontrar la relación de una ribera de tierras secas en contraste con los bofadales que son corrientes en muchas orillas del lago. Carlos Bravo, a fines del siglo pasado decía que la voz Tihuanaco, derivaba de Inti-Wan-Hake o la ciudad de los hombres hijos del sol, casi como una referencia a la tribu de los lupakas o lupi-hakes, quienes de acuerdo a la tradición eran muy respetados.

El escritor boliviano Rigoberto Paredes Candia afirma que Tiwanaku deviene de la palabra Tihuana que en lengua aymara significaría piedra parada. Pero es nuevamente el Padre Cobo quien señala que los aymaras conocían a Tiwanaku como Taipicala o el sitio donde se levantaba la piedra central donde se hallaba el "ombligo del mundo". Hoy en día se conoce tres formas de escritura, generalmente aceptadas, para nombrar a la ciudad: Tiahuanaco, Tihuanaco y Tiwanaku siendo esta última la que se acerca más a la fonética aymara" (ROJO, 1980, p. 250-251). Estas seriam possíveis significações.

22 "El término Colla, que hoy en día designa a las poblaciones del altiplano boliviano en oposición a los Cambas de las tierras cálidas de Santa Cruz, conoció varias vicisitudes en el curso de la Historia. En los documentos del periodo colonial, ese término califica generalmente al conjunto de los habitantes del antiguo Collasuyo, el cuarto sud del Imperio Inca, y, eso, sin distinción de etnias ni de lugares. Esta misma palabra, aunque raramente, se aplica también a un señorío pre-incaico, cuya capital, Hatuncolla, estaba situada sobre la ribera nor-oeste del lago Titicaca" (BOUYSSE-CASSAGNE; BOUYSSE, 1988, p. 23).

Nos encontros e confrontos entre distintas culturas, assim como se davam trocas linguísticas, aglutinavam-se trocas simbólicas de ornamentos, objetos, vestimentas, tradições etc. Historiadores, arqueólogos, antropólogos e linguistas dão conta de alguns vestígios de tais trocas.[23]

Em razão de tais dados, acreditamos que o sincretismo de simbolismos políticos que permeiam as cerimônias de tomada de posse do presidente Evo Morales atravessam séculos de encadeamentos e junções entre distintos povos e culturas. Para além das acusações de "oportunismo", *populismo* ou puro marketing político, podemos encontrar registros remotos de épocas em que diferentes culturas andinas se superpunham, entremeavam e inauguravam novos símbolos culturais. Até mesmo com a invasão espanhola não foi diferente:

> El pensamiento Aymara es comprender, analizar y actuar dentro del nuevo "orden que les fue envolviendo desde afuera. Sostendremos que, a pesar de la ruptura cultural e histórica que estalló con la llegada de los europeos, todavía fue posible la asimilación de esta nueva experiencia política en base al mismo modelo que se había buscado bajo el Tawantinsuyo" (PLATT, 1987, p. 65-66).

Como não individualizamos nossas análises discursivas sobre a figura do presidente Evo Morales, sustentamos assim nossa ideia de que tal sujeito é atravessado, constituído e produzido por uma história de lutas por independência dos povos indígenas na Bolívia, muito anterior à sua aparição como representante político. Nesse sentido, empreendemos uma genealogia de enunciados discursivos cuja história se perde em uma amplidão de acontecimentos de longa data, de outras épocas, de uma memória remota, que antecede até mesmo o período colonial.

Acrescentamos ainda que diversas são as construções discursivas sobre o que significa *ser aymara*. Não temos por pretensão encerrar uma definição, mas apontamos alguns dos autores que se dedicaram a essa empreitada de circunscrever uma população de uma diversidade humana bastante complexa. Autores bolivianos e não bolivianos, aymaras e não aymaras, debruçaram-se sobre algumas práticas comuns entre as comunidades aymaras. Alguns desses pesquisadores centram seu interesse sobre a organização política dos aymaras, como é o caso de Pablo Mamani, sociólogo e analista político. Por meio de seus trabalhos,[24] percebemos a pe-

---

23 Ver BOUYSSE-CASSAGNE, Therèse. *Poblaciones humanas antiguas y actuales.* ORSTON, HISBOL, Bolivia, 1991, p. 481-498.

24 Ver MAMANI, Pablo. *El rugir de las multitudes.* Microgobiernos barriales. La Paz: La mirada salvaje, 2010; MAMANI, Pablo. *Poder comunal y el levantamiento aymara de Achakachi-Omasuyus (2000-2001).* La Paz: Willka, 2012; MAMANI, Pablo.

renidade de uma obstinação coletiva histórica das comunidades aymaras por independência de organização política, auto-governos e por confrontos com o Estado colonial. Em *Geopolíticas indígenas*, Mamani afirma:

> Hay una genealogía del liderazgo aymara que ha hecho que el ser aymara se haya convertido en un referente moral y estratégico de la lucha indígena en Bolívia y en Perú. Estos tienen la capacidad de generar discursos, proyectos, acciones, alianzas y cuestionamientos a las estructuras de la dominación. Así no sería nada extraño que en el tiempo surja un verdadero Estado aymara o colla [...] Así el ser aymara o en sentido general indígena u originario, que en Bolivia es el mundo qulla o kolla, se ha convertido en un factor potencial de un poder alterno al poder constituído (MAMANI, 2005, p. 102-103).

Nesta postulação, percebemos como as noções sobre aymara estão atravessadas por um histórico de organização e estratégias políticas sustentadas pelas comunidades aymaras, que formaram e ergueram seus próprios líderes da efervescência de seus movimentos. A partir desta formulação, bem como de trabalhos posteriores de Pablo Mamani, como as análises publicadas na *Revista Willka*,[25] podemos depreender também que esses processos de lutas históricas não se findaram com a eleição de um presidente aymara, já que existem bastantes divergências no interior dos movimentos, sobretudo no que diz respeito à concepção de Estado e à formação de alianças com outros setores da sociedade.

Por sua vez, Xavier Albó (2002), em *Pueblos Indios en la política*, apresenta *perfis* de aymaras, conforme sua pesquisa antropológica, em grandes grupos: o *aymara comunitario*, o *aymara individualista*, o *aymara faccionalista*. Por um lado, se o pesquisador se baseia em práticas compartilhadas socialmente pelos grupos aymaras para circunscrever suas práticas sociais, por outro, demonstra um tanto de preocupação com estigmas que recaíram sobre os aymaras quando estudos antropológicos eram feitos *a la distancia*, sobretudo quando fala sobre o aymara *individualista*:

> Con lo aquí señalado no pretendo adherirme a las imágenes evidentemente distorsionadas sobre el carácter del aymara, presentadas por todo un coro de investigadores y escritores. Estos en la mayoría de los casos conocieron al aymara sólo a la distancia, a través de los vecinos de los pueblos, los ha-

---

Geopolíticas indígenas. El Alto: CADES (Centro Andino de Estudios Estratégicos), 2005; MAMANI, Pablo (*et al*). *Memorias Rebeldes. Reconstitución de Tupaj Katari y Bartolina Sisa. ¡¡¡ Somos millones!!!*. El Alto: Willka, 2010.

25 Ver MAMANI, Pablo (*et al*). *Revista Willka*. Análisis, pensamiento y acción de los pueblos en lucha. Entornos blancoídes, Rearticulación de las oligarquías y Movimientos indígenas. Revista Semestral Año 1, No. 1, El Alto, Bolivia. La Paz: Centro Andino de Estudios Estratégicos, 2007.

cendados, o las empresas de extranjeros establecidos en la región aymara. Además casi todos escribieron en épocas en que la opresión sobre el aymara por parte de hacendados, vecinos y autoridades se hacía sentir mucho más que en el momento actual (ver resumen de opiniones en Bolton 1976). Sobre la base de mis conocimientos del aymara boliviano actual, puedo asegurar que estas explicaciones reflejan prejuicios encontrados aún hoy día en gente "culta" de la ciudad pero no reproducen la realidad aymara. En algunos casos la insistencia de esta leyenda negra en subrayar los rasgos de hostilidad e inaccesibilidad del aymara puede reflejar la distancia que el aymara ha mantenido, y en forma algo suavizada sigue manteniendo, frente a los grupos sociales que lo han sometido, explotado o marginado durante siglos. En realidad este distanciamiento que al extraño aparece sobre todo como hostilidad e inaccesibilidad, suele esconder más bien una personalidad noble y digna, difícil de doblegar, capaz de desarrollar un sentido de identidad y, dadas las debidas circunstancias, de solidaridad de clase y etnia frente a estos mismos grupos que la amenazan (ALBÓ, 2002, p.25).

Na historiografia boliviana sobre aymaras, pode-se notar uma regularidade no que diz respeito aos modos de organização política, ritos de colheita, demografia, territórios, línguas faladas, tradições, que, de certo modo, caracterizam tal grupo social, que não se encontra somente em Estado boliviano, mas também no Chile e no Peru (ALBÓ, 2002). Afinal, esse povo, como tantos outros, fora dividido em função da repartição dos Estados coloniais. Certamente, as nacionalidades peruana e chilena operam outros sentidos aos seus respectivos grupos aymaras. Portanto, a tentativa de descrever, delimitar e circunscrever pode incorrer em riscos de generalizações, e, de modo algum, pode ser abrangente ao ponto de esgotar a história desse povo. Ao mesmo tempo, os registros históricos apontam um trabalho coletivo de resistência diante dos conflitos pelos territórios, pela sustentação das tradições culturais, pelo direito ao uso da língua aymara, pela autogestão, dentre outras pautas.

Em 1987, Thérèse Bouysse-Cassagne publicava *La identidad aymara*. Este trabalho representa igualmente uma referência sobre os estudos do povo aymara, sendo destinado sobretudo a questões mais remotas, do século XV e XVI, com tópicos que também abordam *aproximativamente* as relações dos aymaras com *os outros*, com os ancestrais (de base importantíssima para a compreensão dos ritos e costumes seculares), com o território e, até mesmo, com epidemias decorrentes da chegada dos colonizadores. Mais uma vez, o comunitarismo, a organização social dos ayllus, os papeis organizativos dos indivíduos nas comunidades, a relação simbólica ancestral com o espaço são amplamente debatidos, como aspectos importantes da cultura aymara. Não podemos negligenciar, entretanto, que, embora o termo comunidade possa remeter (em português) a grupos sociais mais empobrecidos, existem divisões socioeconômicas entre os aymaras, ou seja, existem setores bastante ricos (uma minoria), assim como setores mais pobres nessa população.

Diante da variedade de representações que constituem os registros sobre os traços que comporiam certa subjetividade *aymara*, recorremos a um afunilamento da representação do sujeito histórico Evo Morales. Além de aymara, katarista, indigenista,[26] *cocalero*, marxista e guevarista. Se pudéssemos descrever o perfil político do presidente Evo Morales de acordo com o que reivindica publicamente, seria através desses termos. Morales, proveniente de Orinoca/Bolívia, ganhou notoriedade nos anos 1990, como liderança do Movimento Cocalero do Chapare.[27] Atuando nesse movimento, sempre fora um defensor do cultivo, colheita e consumo da folha de coca, como reivindicação da preservação de uma tradição de povos andinos, pois este hábito cultural não está restrito aos aymaras bolivianos. Esse posicionamento implicou inumeráveis conflitos com o Estado boliviano, posto que, por bastante tempo, o plantio da coca foi criminalizado e/ou controlado, como pela Lei 1008, de 1988. Como as pautas do movimento *cocalero* são concernentes a um repertório de demandas relacionadas aos interesses daqueles que reivindicam um modo de vida ancestral, de trabalhadores com ascendência aymara ou quéchua, alguns autores como ALBÓ (2002) consideram tal movimento como *indianista*. Contudo, mediante posicionamentos públicos do presidente Evo Morales, este é tomado por alguns setores como um líder *indigenista*.

Para Pablo Mamani (2005), o *indigenismo*[28] constitui uma corrente literária, artística e acadêmica, uma construção classificatória de não indí-

---

26 Para mais informações sobre as diferenças entre *indigenismo* e *indianismo* no interior dos movimentos indígenas, ver *Geopolíticas indígenas* (MAMANI, 2005) e *Pueblos indios en la política* (ALBÓ, 2002).

27 Em função de tal filiação política, a defesa do cultivo, da colheita e do consumo da coca, planta de uso tradicional dos povos andinos, passou a ser uma política de Estado – como atendimento a uma demanda histórica dos *cocaleros*. De forma sucinta, Sárka Malá fala a respeito do movimento *cocalero* de grande importância para o cenário de lutas políticas na Bolívia. Ver MALÁ, Sárka. El Movimiento "Cocalero" en Bolivia durante los años 80 y 90: sus causas y su desarrollo. *Revista Esboços*, Dossiê América Latina, Revista do Programa de Pós-Graduação em História da UFSC, v. 15, n. 20, 2008, p. 101-117.

28 Considera-se como a maior referência da corrente/movimento indianista boliviano o teórico Fausto Reinaga, que, dentre outras obras, escreveu *La revolución india* (REINAGA, 2010 [1970]).

genas frente ao índio; o *indianismo* se baseia na própria vivência cultural e política do índio, para o combate de um sistema de discriminação e racismo (MAMANI, 2005, p.15). Para Xavier Albó, a diferença entre as duas correntes se centra na aliança ou não com setores sindicais e políticos de esquerda: o *indigenismo* admitiria tais conciliações. Do lado oposto, o *indianismo* contestaria abordagens marxistas, preferindo o enfoque no "indio", seguindo a ideia de Domitila Quispe: "Indio fue el nombre con el que nos sometieron, Indio será el nombre con el que nos liberaremos" (ALBÓ, 2002, p. 121). Com base nessas formulações, presumimos que o *indigenismo* considera possível a junção com setores outros (como brancos, mestiços, movimentos de esquerda), que seriam alheios, mas tomados como aliados de suas causas. Sendo assim, pela própria filiação do presidente Evo Morales a um partido que se reivindica de esquerda, Movimiento al Socialimo (MAS), pode-se considerá-lo um político indigenista. Como veremos em seus pronunciamentos, Morales reivindica a memória de líderes de esquerda, bem como a de líderes aymaras, apresentando Che Guevara e Tupak Katari como referentes seus, o que não deixa de provocar certos conflitos, tendo em vista a incompatibilidade política de parte dos movimentos indígenas com o primeiro.

Em *Memórias rebeldes, Reconstitución de Tupaj Katari y Bartolina Sisa*, Pablo Mamani, Lucila Choque e Abraham Delgado relatam críticas de aymaras kataristas-indianistas à construção de uma estátua de Che Guevara na localidade de La Ceja, na cidade de El Alto, lugar esse de memória referente ao levantamento aymara de 1781, de Tupak Katari e Bartolina Sisa, onde poderia ser construído um monumento para os caídos da Guerra do Gás de 2003 (MAMANI; CHOQUE; DELGADO, 2010, p. 122). Pode-se depreender que, assim como em outros movimentos sociais, os posicionamentos relativos a concepções de luta, estratégias e memórias são diversos no interior dos movimentos indígenas bolivianos.

De modo mais amplo, Tupak Katari é uma referência central na formação dos movimentos indígenas na Bolívia, que ascende sobre o conjunto dos grupos, não obstante haja diferenças mais específicas entre os mesmos. O líder aymara é de tal modo importante que, a partir de seu nome, constituiu-se um movimento denominado *katarismo*, também reivindicado pelo presidente boliviano. Para compreender a importância da referida corrente política, baseamo-nos na descrição de Rivera Cusicanqui:

> Para 1973, el katarismo es el nombre genérico de un amplio movimiento ideológico con múltiples manifestaciones institucionales y organizativas tanto en las ciudades de La Paz y Oruro como en diversas áreas rurales

> aymaras. Ese año, el movimiento lanza su primer documento público: el Manifiesto de Tiwanaku. Este documento, firmado por el Centro Campesino Tupac Katari, el Centro MINK'A, la Asociación de Estudiantes Campesinos de Bolivia y el Centro Cultural PUMA, constituye la síntesis más lograda hasta ese momento de las múltiples corrientes reivindicativas que conforman el katarismo. En él se expresan diversos horizontes históricos y temáticas ideológicas: la reivindicación de la cultura y del pasado indios, la conciencia de las nuevas condiciones de explotación que sufre el campesino, su impotencia por influir en las políticas agrarias del Estado, su rechazo ante la degradación de sus organizaciones sindicales, etc (CUSICANQUI, 1986, p. 131-132).

Katari e Sisa são personagens emblemáticas na história boliviana, rememoradas, reverenciadas, revividas pela História oral, por meio de registros históricos, celebradas em lugares sagrados e seguidas como um horizonte daquilo que representa uma ancestralidade de trajetos de lutas contra opressões sobre o povo aymara como um todo. Como veremos, esse arsenal de referências históricas adentrará lugares nunca antes ocupados: símbolos, ritos, vestimentas, línguas e políticas oriundas desse percurso tomarão palácios governamentais, desencadeando ressignificações e deslocamentos de sentidos para toda uma nação.

Dadas as nuances de divergências da política boliviana, que podem significar maiores ou menores contrastes a depender do enfoque de observação, cada categoria engendrada pelos teóricos e militantes aymaras/bolivianos é de grande importância para a compreensão dos *processos discursivos* que tomam materialidade na fala do presidente Evo Morales. Para historiadores e cientistas políticos, tais designações já implicam determinadas concepções sobre Estado, instituições públicas, economia, relações internacionais, dentre outras questões fundamentais para o exercício de um governo.

Como analistas de discurso, pensamos na confluência entre língua e história, portanto não compreendemos os *processos discursivos* através dos quais o sujeito se constitui como uma linearidade de dados sem falhas. E nos cabe acrescentar: as falhas, as contradições e os atravessamentos de distintas ordens discursivas são constitutivos de todo e qualquer discurso. Tais discursividades inscrevem-se em remotos processos de disputas políticas levados a cabo por diferentes sujeitos em distintas temporalidades históricas. A seguir, esboçaremos um quadro de lutas históricas que ainda hoje são frequentemente rememoradas e reivindicadas pelos movimentos sociais na Bolívia.

1.2.1. MOVIMENTOS SOCIAIS NA BOLÍVIA: ORGANIZAÇÃO, LUTA E RESISTÊNCIA

Este arranjo de diferentes modos de fazer política reverberam nas pautas de debates dos movimentos indígenas na Bolívia: "Estas cuestiones son parte de las discusiones que se llevan adelante al interior del movimento indígena: ¿legitimamos con la presencia indígena el sistema democrático liberal o más bien perforamos este sistema democrático liberal?" (PÁTZI PACO, 2005, p. 69). Quando refletimos sobre tais questionamentos, observamos que a capacidade de resistência aymara se dá sobretudo pela apurada capacidade de articulação e negociação políticas, que passam por instâncias milenares de organização, que resistiram a diferentes movimentos de avanço de dominação sobre o povo de Qullasuyu.

Diante da ampla gama de posições políticas no interior dos movimentos indígenas na Bolívia, devemos situar o *lugar de onde fala* o presidente Evo Morales, conforme anunciamos. Segundo a abordagem discursiva que fundamenta nosso trabalho, para a compreensão do funcionamento discursivo das falas públicas do presidente Evo Morales, consideramos que seja fundamental conhecer o modo de organização política aymara. Entendemos que o processo de resistência dos aymaras aliado à ascensão de um de seus líderes à presidência tem relação com um modo histórico de fazer política, que congrega confrontos mais contundentes com as elites econômicas bolivianas, mas em que se destaca igualmente uma forte capacidade de assimilação e de ressignificação de diferenças.

Como dissemos, diversos(as) historiadores(as) tratam do fato de que os aymaras guardam e mantêm por séculos elementos simbólicos ancestrais, que compõem o quadro de sua política. A partir dessas leituras e reflexões sobre a história da Bolívia, podemos refletir e compreender que elementos de distintas civilizações em conflito foram gradativamente sendo ressignificados, reforçados, apagados, silenciados, incorporados, tomados ou retomados entre os diferentes povos da região. Assim, pensamos sobre como políticas de organização e resistência dos povos indígenas na Bolívia coexistiram com as políticas de extermínio levadas a cabo pelos invasores.

No artigo "Las tendencias en el movimiento indígena en Bolivia", Félix Patzi Paco (2005) realizou um apanhado de memórias de lutas políticas na Bolívia, que vão desde o Levante Aymara de 1780 até a Guerra da Água em 2000. De modo mais abrangente, os nomes de lideranças mais emblemáticos para a construção de um memorial de embates entre os povos indígenas organizados e as oligarquias blanco-mestizas são: Tupac Katari, Pablo Zárate Willka e Felipe Quispe.[29] Entretanto, incontáveis são os líderes das organizações indígenas na Bolívia, reconhecidos pela população boliviana, com grande importância histórica. Dentre as memórias recentes mais notáveis, a Guerra da Água, acontecida no ano de 2000, reivindica a luta de Tupac Katari, que organizou o Cerco a La Paz, em 1871:[30]

> En el 2000 se reedita la memoria de la lucha de Tupak Katari, que intentó hacer escapar a los españoles tendiendo un cerco a la ciudad de La Paz. En el 2000, por primera vez en muchos años, los indios tan dominados que agachaban la cabeza para entrar en los bancos y en las oficinas, tan humillados y discriminados siempre, pusieron en jaque al gobierno paralizando la parte occidental del país (PATZI PACO, 2005, p. 68-69).

O que percebemos em diferentes fontes sobre a história boliviana é que muitas foram as investidas dos aymaras contra governos e muitas foram as tentativas de cooptação empreendidas pelos governantes com vistas a apaziguar e aniquilar a resistência contra as oligarquias dominantes. Além de confrontos com governos, encontramos relatos de iniciativas políticas de homogeneização do país (RIVERA CUSICANQUI, 1986; PÁTZI PACO, 2005), de instrumentalização da causa indígena e de supressão dos indígenas através da escola (RIVERA CUSICANQUI, 1986). Ao mesmo tempo, encontramos relatos sobre políticas de autoafirmação identitária das lideranças aymaras e quéchuas através da língua: falar aymara e quéchua passava a ser uma exigência dos movimentos sindicais que reivindicavam o katarismo, a partir dos anos 1970. Não sem razão, rememoramos que um dos registros emblemáticos que se tem sobre o líder Tupac Katari consiste de um relato de um adversário que se refere a ele como intransigente, justamente por confrontá-lo para que fale sua língua, o aymara:

> Borda describe así a Katari: "conocí a un Yndio bien ridículo como de edad de 30 años, vestido de uniforme con una camiseta de terciopelo negro, y con su bastón, a quién saludé y a su acompañamiento en castellano, a que me respondió que no hablase en otra lengua que no fuese el aimara" (GISBERT, 1980, p. 212-213).

---

29 O político Felipe Quispe é um dos líderes aymaras mais importantes da contemporaneidade, que faz esse resgate histórico da memória de Tupac Katari. Segundo Félix Pátzi Paco (2005), Felipe Quispe, que emerge nos anos 1970 como liderança, faz a denúncia do Estado-nação e propõe o retorno ao Qullasuyo, parte do Tawantisuyo que pertence à Bolívia.

30 Ver THOMSON, Sinclair. *Cuando sólo reinasen los indios. La política aymara en la era de la insurgencia*. La Paz: Muela del Diablo Editores/Aruwiyiri Editorial del THOA, 2006.

Desde tempos remotos, a insubordinação aymara é alvo de descrições pejorativizantes. O estranhamento diante da língua, das vestimentas e da postura do aymara foram construídas historicamente nas narrativas colonialistas como afronta. Digamos que, de tanto ser alvo de questionamento e tentativas de apagamento, a defesa da própria identidade linguística e cultural passa a ser um ato político. Tupak Katari torna-se uma figura emblemática para a luta e organização da resistência aymara na Bolívia, como habilidoso estrategista político, que se impunha frente aos invasores, contestando a dominação colonialista. A reivindicação de sua memória é algo latente nos movimentos indígenas na Bolívia.

Regularmente, o anúncio da memória de Tupac Katari faz-se presente nas falas públicas do presidente Evo Morales, ainda que com defesa do regime democrático e sustentação do Estado boliviano, que, conforme lideranças kataristas-indianistas, não poderia ser o projeto de Tupac Katari. Ao longo de tantos anos, diversas foram as lideranças[31] que brotaram das massas organizadas em busca de justiça e melhores condições para as populações que formam a Bolívia. Tupac Katari, Bartolina Sisa, Pablo Zárate Willka, Jenaro Flores são expoentes nos movimentos sociais da Bolívia. Com esses nomes, caminha uma confluência de saberes e disputas por memórias, que se atualiza nas falas públicas dos dirigentes que emergem. A autoridade de um dirigente estava/está implicada nesse saber sobre a língua/cultura, que poderia/pode se manifestar igualmente por meio do uso das vestimentas tradicionais dos povos andinos e do domínio das línguas aymara e quéchua, por exemplo.

Jenaro Flores, fundador da *Confederación Sindical Única de Trabajadores Campesinos de Bolivia* – CSTUB, foi um desses dirigentes que defendia uma autoafirmação aymara/quéchua como importante ferramenta de resistência política, que se conjugava a uma reivindicação de seus próprios líderes:

> Nosotros tomamos ese nombre de Tupaj Katari, porque no necesitamos héroes prestados. Los Aymara, Quechua y otros hemos luchado por nuestra liberación y en esta lucha hemos forjado a grandes líderes, obreros, campesinos e intelectuales. Tenemos que levantar sus nombres porque la revolución nacional tiene que vestirse de ch'ullu, poncho, martillo, taladro y machete. Debemos estar orgullosos de lo que somos. Nuestra ideología y nuestros líderes deben nacer de nuestra lucha. Tupaj Katari no solamente es un mártir campesino. Es la muestra más alta y sacrificada de la resistencia del pueblo

---

31 Ver RIVERA CUSICANQUI, Silvia (2011). De Túpac Katari a Evo Morales: política indígena en los Andes". *En Bolivia en el inicio del Pachakuti:* La larga lucha anticolonial de los pueblos aimara y quechua. Madrid: Ediciones AKAL, p. 61-112. Coompilación de Esteban Ticona Alejo.

a ser dominado. Este país está construído sobre la sangre y los huesos del pueblo. Pero el pueblo nunca ha gozado del poder. El gobierno debe ser de los pobres, de los explotados de ahora: los mineros, campesinos, fabriles. Nuestra consigna es: "El pueblo al poder." (Fragmento del discurso de un dirigente aymara (Jenaro Flores) *apud* CÁRDENAS, 1988, p. 532).

Com essas intervenções políticas, consolidava-se um percurso de construção de memória, disputas por verdades históricas, resistência frente aos modos e práticas coloniais impostas, enfim, uma defesa da própria humanidade e existência, que não se inicia com a fundação do partido MAS (Movimiento al Socialismo), tampouco com a emergência de Evo Morales como sujeito político. Pode-se considerar que o presidente boliviano se filia a uma das ramificações dessa complexa história de movimentos que congregam e desagregam pautas que não se restringem ao campo das lutas econômicas, mas avançam sobre questões de língua, cultura e identidade.

No documentário *Cocalero* (2007), que narra a trajetória política de Evo Morales, podemos ver uma tomada em que Javier Escaleras, um motorista entrevistado, afirma: "El Evo es aymara […] Habla quéchua, entiende quéchua, habla aymara, entiende aymara, pero no fluido como para hacer um discurso… Entiendes, no? Pero entiende."[32] Estas são questões para este livro: quem diz, o que se diz, como se diz e qual é a historicidade desse dizer? Nos pronunciamentos de posse do presidente Evo Morales, encontramos diversos enunciados que estão implicados em discursos que circulam na sociedade boliviana a respeito de falar/ser aymara, ser chamado de "índio", ser "dirigente", que operam retomadas de memórias históricas que podem ser encontradas em outros momentos, e que, de certo modo, repetem, mas também engendram o novo.

Portanto, o que Bouysse-Cassagne considera *a junção das lógicas dos oprimidos com as lógicas dos opressores* nos faz vislumbrar como se dá o funcionamento desses discursos em sociedade. O germe da resistência, da mudança e da transgressão não se dá de modo independente e alheio ao processo de dominação. Ele nasce no âmago da opressão. Com as leituras acerca da política aymara, notamos que, há bastante tempo, as questões de defesa de uma autoafirmação identitária permeavam os debates políticos. Quando adotaram o sindicalismo como

---

32 Em junho de 2016, na primeira vez em que fui a La Paz, ao sair do aeroporto de El Alto, conversando com um senhor taxista, perguntei a ele quantas línguas falava. Ele me respondeu, apontando o dedo indicador para cima e com bastante ênfase: "Hablo aymara, la lengua oficial. Y hablo también español". Não poderia deixar de registrar como me impressionou o orgulho com que aquele senhor falou sobre sua língua, o aymara. Conversávamos em espanhol.

modo de organização, nos anos 1970, ainda que essa incorporação seja criticada como mais um modo de colonização dos "indígenas", essa apropriação não se dava sem transformações de práticas no interior daquele aparato trazido ou imposto pelos brancos/mestizos:

> Ponchos y lluch'us romper la monotonía de los trajes occidentales en la sede de la Central Obrera Boliviana. Cada 1ro de Mayo, esta presencia abigarrada se muestra como un elocuente y deliberado despliegue simbólico que refuerza la identidad étnica y cultural del campesinado indio. En algunos cuentos sindicales, los dirigentes obreros son obligados a hablar en aymara y quechua, idiomas que muchos de ellos conservan como lengua materna (RIVERA CUSICANQUI, 1986, p. 156).

Uma vez mais, o uso das vestimentas tradicionais e das línguas quéchua e aymara faz-se presente como uma tomada de posição e reivindicação da militância dos movimentos sociais indígenas. É pertinente destacar que práticas discriminatórias contra esses setores sociais não ocorrem somente em função de um suposto reconhecimento de "traços" ou tonalidade de pele que denotariam origem social, mas elas também acontecem pela percepção de suas variantes linguísticas impressas na língua espanhola, do uso de suas línguas (aymara, quéchua, guarani, dentre outras) e da manutenção de suas vestimentas tradicionais, a despeito das imposições colonialistas. Diante de ataques e ofensas racistas que perduram contra quem sustenta suas tradições, falar aymara ou quéchua ou outra língua da região, vestir *pollera* ou *ponchos*, negando-se a um autoapagamento forçado, é um ato de resistência política. Falar sua língua, vestir suas roupas, mascar coca, enfim, manter práticas culturais, discriminadas pelo olhar do outro-colonizador, constituem modos de resistência e de sobrevivência desses segmentos, desde a fundação do Estado colonial até os dias de hoje. Essas tradições nunca foram de todo abandonadas pelos aymaras, contudo, o acontecimento histórico que representou uma virada de autoafirmação e de defesa de tais práticas sociais ficou conhecido como a Guerra do Gás (MAMANI, 2010), na cidade de El Alto, nas proximidades de La Paz. Essa localidade reúne uma série de memórias de levantamentos de luta, posto que fora o lugar onde Tupak Katari e Bartolina Sisa ergueram um dos quarteis indígenas no Cerco de La Paz, ano de 1781 (MAMANI, 2010, p.151).

Em *El rugir de las multitudes*, Pablo Mamani (2010) discute as redes de memórias envoltas por um simbolismo de poder e a ostentação de práticas sociais aymaras como instrumento de resistência política. Segundo o autor, na Guerra do Gás, houve um amplo movimento de retomada de práticas outrora vilipendiadas em função da profunda opressão estatal a que os aymaras estavam subordinados. Havia, em andamento, um processo de levantes, que sofrera forte repressão estatal, ocasionando mortos e feridos entre os manifestantes. Diante daquela conjuntura política, ostentar *polleras, sombreros, aguayos, ponchos* e falar aymara consolidaram a força das manifestações históricas pela derrubada do presidente Gonzalo Sánchez de Lozada, que negociava vendas de recursos naturais bolivianos ao capital estrangeiro, dentre outras medidas.

Portanto, houve uma reconfiguração política em torno da importância da organização coesa de um *corpo simbólico* que confrontasse o Estado colonialista. Essa resistência se deu fundada na reivindicação de uma autoafirmação identitária, que engendrava uma continuidade com outros tempos históricos, quando tantos, liderados por Katari e Sisa, cercavam a cidade de La Paz, impunham sua língua, impunham seus costumes, impunham-se fisicamente frente a seus opressores contestando o colonialismo espanhol. Ao vislumbrar o horizonte de fatos históricos, pode-se constatar que a organização política centrada na *corporeidade simbólica* de atores sociais em disputa tem suas filiações em época remotas, bem como as condenações públicas infligidas àqueles que ousam desestabilizar a ordem vigente.

Após termos apontado um breve percurso dos movimentos sociais bolivianos, tratamos de orientar um percurso sobre movimentos sociais que desembocaram na formação do Partido dos Trabalhadores, fundado por e quando da emergência de Luiz Inácio Lula da Silva, também sujeito de nossa pesquisa. De antemão, notamos que, se na Bolívia um amplo repertório de líderes pode ser citado como produto de uma construção coletiva de memória sobre a resistência aos poderes estabelecidos no país, no Brasil, temos interditos, apagamentos e anonimatos de lideranças, bastante restritas aos iniciados em movimentos sociais, intelectuais, ou bastante estigmatizadas por uma história hegemônica que monopoliza meios, mentes e corações brasileiros.

1.3. MÁRTIRES ANÔNIMOS E HERÓIS INOMINÁVEIS NO BRASIL

Assim como expusemos um breve panorama histórico apoiado em uma tradição historiográfica que trata de fatos, relatos e narrativas que, em alguma medida, convergem para a construção da conjuntura histórica de ascensão de Evo Morales como liderança, versaremos aqui sobre as questões históricas mais relevantes que dizem respeito à conjuntura de emergência de Luiz Inácio Lula da Silva como importante sujeito político da História recente do Brasil.

Entendemos que a ligeira apresentação de Lula da Silva como um metalúrgico sindicalista confere uma caracterização bastante generalista diante do complexo processo de formação política desse sujeito. Sustentamos que nos cabe fazer menção à tendência de onde parte Lula da Silva e discorrer sobre a fundação do Partido dos Trabalhadores, partindo dessa sua formação, para posteriormente analisar seus pronunciamentos de posse como presidente.

Para fins de compreensão da modalidade de representação que sustentamos que seja aquela de Lula da Silva, tomamos referências brasileiras que traçam o percurso do sindicalismo no Brasil até o final da década de 1970. Além disso, abordamos a historiografia realizada sobre a fundação do Partido dos Trabalhadores, destacando caracterizações sobre o partido, que já foram bastante discutidas por historiadores e cientistas políticos brasileiros, e mesmo estrangeiros. Não nos cabe aprofundar questões de ordem da natureza do partido, sobre como era ou como se transformou ou não. Centramo-nos especialmente em descrever um quadro das condições de emergência desse sujeito político de que tratamos na pesquisa.

1.3.1. ORGANIZAÇÕES DE TRABALHADORES NO BRASIL: DO SINDICATO PARA O PALÁCIO DO PLANALTO

Nesta seção, adentramos brevemente os percursos e encruzilhadas da história do movimento sindical no Brasil, bem como a constituição da classe trabalhadora nesse país, que tecem alguns fios de processos históricos de lutas de trabalhadores em terras brasileiras. Transitando por escritos de historiadores que se dedicaram a investigar a formação da classe trabalhadora brasileira, remontamos ao fim do século XIX. Sem a pretensão de exaustividade e aprofundamento históricos, interessa-nos apontar alguns percursos de autores que já se debruçaram sobre o tema, logrando sintetizar a complexidade da constituição de uma classe tão heterogênea e tomada por contradições. Seguindo nossa linha de trabalho, adotamos a seguinte proposição de Marcelo Badaró Mattos:

> O processo de formação de uma classe só pode ser compreendido a partir das condições objetivas (independentes da vontade dos homens) que, desde o surgimento da propriedade privada (e do Estado), opõem, no processo da produção, os produtores diretos, àqueles que, detendo os meios de produção (terras, ferramentas, máquinas, oficinas, fábricas, empresas), exploram os que nada possuem, por isso tendo de trabalhar para outros de forma a garantir

sua sobrevivência. No capitalismo, tal oposição objetiva entre os interesses dos proprietários e os dos despossuídos ganha novos contornos, pois os que vendem sua força de trabalho em troca de um salário adquirem, na experiência comum da exploração a que estão submetidos, a consciência da identidade entre seus interesses, que se opõem aos interesses de seus exploradores, e, no bojo desse conflito (a luta de classes), constroem sua consciência de classe. **Os valores, discursos e referências culturais que articulam tal consciência, entretanto, não surgem do nada. Desenvolvem-se a partir da experiência da exploração e das lutas de classes anteriores.** Ou seja, numa sociedade como a brasileira, marcada por quase quatro séculos de escravidão, não seria possível pensar o surgimento de uma classe trabalhadora assalariada sem levar em conta as lutas de classes – e os valores e referências – que se desenrolaram entre os trabalhadores escravizados e seus senhores, particularmente no período final da vigência da escravidão, quando a luta pela liberdade envolve contingentes cada vez mais significativos de pessoas. (MATTOS, 2009, p. 16-17).

Consideramos de grande importância esta concepção de formação de classe trabalhadora, que não negligencia as experiências locais vividas para a constituição de um imaginário comum, fundado em opressões sofridas coletivamente. Nesse sentido, os atores sociais passam por um processo de percepção de problemas em comum, ocasionados por adversários político-sociais, que se encontram em lugares privilegiados, que os autorizam a explorar aqueles desprovidos de posses e bens.

Adotamos uma orientação de pesquisa que considera a luta de classes na história para a constituição dos sujeitos discursivos, contudo levantamos outras questões que, embora se relacionem também à exploração econômica de povos, dizem respeito à desqualificação social e desumanização de indivíduos em função de raça, gênero, orientação sexual, língua, profissão, dentre outros aspectos da vida de uma pessoa. Em razão das especificidades históricas de constituição da sociedade brasileira, as categorias de classe, os modos de organização dos trabalhadores, os desdobramentos e avanços dos conflitos sociais devem ser pensados como emaranhado cumulativo de experiências históricas de confrontos entre senhores e trabalhadores escravizados, livres e libertos, que se manifestam nas materialidades discursivas dos sujeitos históricos. Desde o período colonial, o valor social atribuído ao ofício depende daquele lugar que se ocupava na sociedade. Dificilmente a relação de um trabalhador escravizado com o trabalho poderia ser de orgulho ou de satisfação, já que era um trabalho forçado, uma situação de desumanização das pessoas sujeitadas àquela condição. Portanto, teorias de base europeia, pensadas sobre a formação da classe trabalhadora europeia, muitas vezes não contemplam problemas específicos da sociedade brasileira, cuja herança escravocrata repercute nos registros históricos, nos discursos oficiais, nas conversas do cotidiano, de modo naturalizado.

Partiremos, então, para um breve histórico de atividades de organização da classe trabalhadora brasileira, desde sua formação, pautando-nos em uma historiografia que trata desse percurso especificamente (MATTOS, 2009, 2003; GOMES, NEGRO, 2006). Por essas terras, a composição de tal classe enredou-se a uma sua predisposição organizativa, que derivava das condições insalubres e de extrema exploração do trabalho, remunerado ou não. Diante de necessidades imediatas de assistência a trabalhadores, formaram-se os primeiros grupos de solidariedade. Nos locais de trabalho, aquilo que se chamava "ajuda mútua" se prestava em função de perdas de familiares, nascimento de crianças, enfermidades, acidentes de trabalho, dentre outras situações, que não estavam devidamente regulamentadas ou previstas em lei. Naquela conjuntura, mesmo um trabalhador livre não tinha direitos assegurados.

É interessante notar que, regularmente, ainda no meio acadêmico, reitera-se uma certa história de que os primeiros trabalhadores que forjaram uma capacidade organizativa frente a patrões foram imigrantes italianos, que trariam consigo, supostamente, ideias anarquistas do outro lado do Atlântico.[33] Esse imaginário vastamente compartilhado socialmente repercute na fala do presidente Ernesto Geisel, em fala dirigida aos prefeitos de Minas Gerais, no Palácio da Liberdade, em Belo Horizonte, no dia 17 de fevereiro de 1976, tempos da ditadura militar: "'Somos uma classe única. Aqui não há patrão inimigo do empregado, empregado inimigo do patrão. Isso é um jargão que vem da Europa, no Brasil não há isso'" (GEISEL *apud* INDURSKY, 1997, p.223). Contudo, a inconformidade com a exploração de uma maioria em benefício de uma minoria antecede a chegada de imigrantes italianos no Brasil. Quantas revoltas de povos originários e de povos negros escravizados no Brasil não se perderam na História? Sem sombra de dúvida, trabalhadores italianos aportaram contribuições aos movimentos trabalhistas no Brasil. Entretanto, a mais remota desobediência diante das leis trabalhistas injustas parte daqueles (as) que foram desumanizados (as) em função do trabalho.

---

33 "[O] processo de formação da classe trabalhadora no Brasil começa ainda durante a vigência da escravidão e não apenas a partir de 1888, com a chegada em massa dos imigrantes europeus, que –com base em uma generalização do que se viu em São Paulo – são identificados muitas vezes como a classe operária no Brasil, e associados aos primeiros sindicatos, às greves e às propostas de transformação social. Isso, porém, não significa dizer que a classe trabalhadora estava formada no Brasil antes da virada do século 19 para o 20" (MATTOS, 2009, p. 30).

Em *Além de senzalas e fábricas: uma história social do trabalho*, Antônio Luigi Negro e Flávio Gomes abordam esses primeiros passos organizativos da classe trabalhadora brasileira, entre os fins da escravidão e pós-emancipação, defendendo uma "necessidade de uma escrita da história do trabalho não apenas pautada numa classe trabalhadora exclusivamente branca, fabril, de ascendência europeia, masculina e urbana" (GOMES, NEGRO, 2006, p. 217). Esses historiadores remetem a uma problematização da historiografia que se fundou, principalmente, em trabalhos ingleses, negligenciando um período crucial da História brasileira, que não contemplava o devir dos negros escravizados após a abolição da escravatura.[34]

Em registros históricos do século XIX, constam que as reuniões de trabalhadores já eram criminalizadas e proibidas pelo Estado colonial, cabendo à polícia perseguir aqueles que ousassem se organizar conjuntamente (MATTOS, 2009, p. 18). Fossem escravizados ou libertos, aqueles que se reunissem ou manifestassem interesse por politizar questões de trabalho eram tidos como potenciais organizadores de uma rebelião subversiva contra as autoridades locais, como elementos de desestabilização da ordem. Datam da primeira metade do século XIX algumas das primeiras rebeliões contra a escravidão – em Salvador, por exemplo, ocorreram inúmeras. A Revolta dos Malês (1835) fora bastante evidenciada por historiadores como REIS (1986) e MATTOS (2009), sendo privilegiada nos estudos do período histórico que contemplam o século XIX. Essa revolta, cujos líderes e combatentes se organizaram para a derrubada dos senhores, tinha como principal meta a libertação de trabalhadores negros escravizados.

Envolto por essa mesma discussão, Marcelo Badaró Mattos (2009) resgata a história das primeiras investidas de trabalhadores livres contra patrões em fins do século XIX, em solidariedade aos trabalhadores em regime de escravidão. No livro *Trabalhadores e sindicatos no Brasil*, o historiador relata a história de padeiros da cidade do Rio de Janeiro que se utilizavam de estratégias para burlar a exploração escravocrata: falsificavam cartas de alforria, libertavam os trabalhadores escravizados durante a madrugada, ajudando-os na fuga, dentre outras manifestações de solidariedade entre trabalhadores. Estas atividades renderam prisões aos seus organizadores,

---

34 No artigo "Sujeitos no imaginário acadêmicos: escravos e trabalhadores na historiografia brasileira desde os anos 1980", Sidney Chalhoub e Fernando Teixeira da Silva problematizam como historiadores da escravidão relegaram os trabalhadores escravizados/ negros a um papel passivo e dependente de abolicionistas, ignorando as lutas travadas pelos trabalhadores negros em busca de sua própria libertação. In: CHALHOUB, Sidney; DA SILVA, Fernando Teixeira. Sujeitos no imaginário acadêmicos: escravos e trabalhadores na historiografia brasileira desde os anos 1980. Cad. AEL, v.14, n.26, 2009, p. 12-47.

como João de Mattos, um padeiro, que segundo Badaró Mattos, fora um precursor da luta abolicionista no Rio de Janeiro, ainda que sem o devido reconhecimento. A organização da luta por escravizados e assalariados inaugurou a adoção de práticas como o arranjo de bibliotecas, comissões por locais de trabalho, além de que ousaram investir nas primeiras greves, com variadas estratégias de paralisação (MATTOS, 2009).

Segundo esse precursor, João de Mattos, rememorado por Badaró Mattos (2009), a diferença entre "escravizados livres" e "escravizados de fato" se dava porque os primeiros tinham o "direito de escolher seus senhores":

> João de Mattos, no relato que abriu esta discussão, ao se referir aos trabalhadores escravizados (ele não fala em escravos, pois não nasceram assim, foram escravizados por outros), chama-os de "escravizados de fato" contrapondo-os não aos "trabalhadores livres", mas aos "escravizados livres", porque para ele a luta pela liberdade não estava completa, já que os trabalhadores assalariados possuíam, em suas palavras, apenas "o direito de escolher entre este ou aquele senhor" (Duarte, L. *Pão e liberdade*. p. 71). (MATTOS, 2009, p. 30-31).

Por meio deste registro, podemos perceber, pela formulação linguística usada, defendida e sustentada pelo padeiro João de Mattos, uma luta por libertação de um jugo de opressão vivida por trabalhadores escravizados, assim como pelos ditos livres. Naquelas circunstâncias, e para além do seu tempo, a consciência política de João de Mattos prenunciava e antevia disputas não somente por direitos trabalhistas de que não dispunham, mas por emancipação, autonomia, independência e liberdade. Havia uma percepção de sua condição conjugada a um engajamento por transformação radical das condições de vida dos trabalhadores. A escravidão era legal. O padeiro desobedecia a normas impostas, falsificando documentos. Tanto João de Mattos quantos seus companheiros anônimos escravizados entendiam que a legalidade não tinha a ver com justiça social. Em razão disso, foram perseguidos:

> No início do século 20, João foi posto pelos donos de padaria em uma "lista negra", não conseguindo mais se empregar nesse setor. Os patrões também tentaram dividir o movimento, criando a Liga Federal dos Empregados em Padarias, uma entidade que filiava trabalhadores para dirigi-los, entretanto, segundo os interesses patronais. No entanto, a lição de luta de João de Mattos deixou fortes marcas e, nos anos seguintes, a Liga foi conquistada por militantes combativos, que unificaram a organização da categoria, filiaram mais de 4 mil trabalhadores e realizaram, em 1912, a primeira greve geral dos trabalhadores em padarias na cidade do Rio de Janeiro (MATTOS, 2009, p.16).

No início do século XX, João de Mattos fora pioneiro em organizações de emancipação dos trabalhadores que consolidavam um caminho de solidariedade de classe entre trabalhadores de distintos setores, pois ali havia libertos e escravizados. A solidariedade entre trabalhadores funda a organização coletiva por interesses comuns e a luta contra opressões vividas em grupo. Conforme Mattos (2009, p.16) expõe, aquele referente de luta política, ainda que perseguido e criminalizado, ficara para outros trabalhadores, que organizariam a primeira greve daquela categoria no Rio de Janeiro.

Assim, no Brasil, a classe trabalhadora foi inaugurada por trabalhadores escravizados, operários, tipógrafos, estivadores, padeiros, metalúrgicos, que tiveram por necessidade uma organização de solidariedade para enfrentar adversidades coletivamente por meio de 'ajudas mútuas'. As primeiras sociedades organizadas de trabalhadores se compuseram em igrejas, mas não eram reconhecidas legalmente. De 1874, a Sociedade de Beneficência da Nação Conga "Amigos da Consciência" fora rechaçada como "horda de bárbaros", ainda que dispusesse de serviços de assistência a trabalhadores que posteriormente foram reconhecidos e incorporados pelos sindicatos, quando fora permitida a legalização (MATTOS, 2009, p. 25).

Ainda segundo Mattos (2009, p.25), os primeiros sindicatos de fato foram fundados por trabalhadores de portos: a União dos Estivadores e a Sociedade de Resistência dos Trabalhadores em Trapiches de Café, de 1905. O historiador destaca que tais organismos sindicais eram constituídos majoritariamente por trabalhadores negros, bem como dirigidos por este mesmo setor da população, que há pouco havia sido liberta (MATTOS, 2009, p. 25). A partir de tal historiografia sobre a fundação dos sindicatos no Brasil, que tem suas particularidades históricas, como um combate pregresso à escravidão, pode-se compreender como a luta por direitos trabalhistas converge não raras vezes com a luta contra o racismo. Consequentemente, uma série de outras pautas desembocam nas entidades sindicais, como instrumento de reivindicação dos trabalhadores, em razão das variadas necessidades de seus filiados.

Na chamada República Velha, período que se estende da proclamação da República até 1930, diversas foram as tentativas de ampliação de participação política dos trabalhadores, contudo, sua atuação esbarrava nas leis da época, completamente excludentes, quando comparadas ao que hoje é direito. Em razão disso, operários socialistas publicizavam suas reivindicações em oposição às normas vigentes na época:

> Partidos operários foram criados ao longo de toda a República Velha, mas tiveram sempre vida curta. Os grupos socialistas lutaram por uma ampliação da participação político-eleitoral do operariado, visando encaminhar reformas legais que os beneficiassem. Porém, o caminho dos partidos era estreito, pois,

como vimos, as restrições ao voto impediam a participação operária e era natural que a política partidária fosse vista como impermeável aos interesses populares. As propostas dos partidos socialistas do início da República, centradas na **ampliação da participação política e na elaboração de leis sociais**, podem ser ilustradas pelos pontos do programa do **Partido Operário**, criado por militância de imigrantes alemães identificados com a Segunda Internacional, em 1890. Os trechos a seguir foram retirados de documento aprovado quando do congresso por eles organizado, no Rio de Janeiro, em **1892: Art. 1º – Eliminação de todo poder hierárquico e hereditário; Art. 2º – Eleição direta em todos os postos eletivos pelo sufrágio universal e anulação dos mandatos anteriores; Art.3º – Direito de todos os cidadãos elegerem e serem eleitos;** (...) Art. 13 – Introdução das bolsas de trabalho; (...) Art. 22 – Proibição de trabalho para as crianças menores de 12 anos; (...) Art. 25 – Em caso de reivindicações comuns dos operários junto aos empregadores e aos governos, os trabalhadores negociarão, e em caso de fracasso, utilizarão a greve pacífica; Art. 26 – Fixação da jornada de trabalho normal em oito horas; diminuição adequada para o trabalho nas indústrias perigosas para a saúde; fixação do trabalho noturno em cinco horas; Art. 27 – Pagamento do salário em função das horas de trabalho. (Pinheiro, P. S. e Hall, M. *A classe operária no Brasil*, vol. 1, p. 28-29) (MATTOS, 2009, p. 46).

Em 1892, pode-se perceber então algumas influências das organizações de trabalhadores advindas de outros países, já que imigrantes começavam por organizar-se politicamente no Brasil. Daquele documento aprovado por operários socialistas, destacamos a contestação dos poderes hierárquicos e nepotistas, dos mandatos de políticos sem voto e da exclusão de cidadãos (certamente, pobres) dos pleitos eleitorais. Em meio às reivindicações trabalhistas, estas prevaleceram, como os primeiros artigos da declaração. Naquela conjuntura – fins do século XIX –, aqueles operários manifestavam que a disputa pelo poder político poderia fazê-los alcançar vitórias na luta pelo poder econômico. Assim sendo, a luta por votar e ser votado é uma luta por representatividade de acordo com suas necessidades; a luta pelo fim da hierarquia e da hereditariedade é uma luta pelo fim de privilégios. Com base nessas formulações datadas de mais de um século, podemos notar como essas lutas vêm de tempos bastante remotos, como as pautas da época não estão tão distantes de pautas existentes ainda hoje.[35]

---

[35] "Mas não existiam apenas lideranças sindicais com horizontes de transformação social na República Velha... Havia... um grupo (bastante diferenciado entre si) que defendia a colaboração com o patronato e o Estado, como forma de alcançar os objetivos de classe dos trabalhadores" (MATTOS, 2009, p. 51-52).

Desde então, um sem-número de greves foram organizadas no país, atravessando distintos períodos históricos. Somente em 1930 deu-se o reconhecimento de sindicatos oficialmente, por parte do governo de Getúlio Vargas. No entanto, as divergências quanto ao caráter dos sindicatos sempre fora objeto de conflitos entre as lideranças sindicais. A relação com o Estado era o eixo da discussão. Com a fundação do Ministério do Trabalho, Comércio e Indústria foram regulamentadas questões trabalhistas, por meio da Consolidação das Leis do Trabalho (CLT) e, ao mesmo tempo, o poder de controle estatal nesse setor.[36]

É importante lembrar que o sindicalismo sempre fora composto por correntes. Em *O que é sindicalismo*, Ricardo Antunes (1979) destaca aquelas mais relevantes e influentes no movimento sindical, pelo menos, no início do século XX: *corporativista, anarquista, comunista, cristã e reformista*. Segundo o sociólogo, tais tendências se consolidavam em países como a França, os Estados Unidos e a Alemanha desde a segunda metade do século XIX (ANTUNES, 1979, p. 21). No Brasil, considerados outros rumos na história, estas influências também se manifestaram, e foram permitidas ou criminalizadas conforme o regime de governo vigente. Quando em período de democratização, fortaleciam-se os sindicatos e a autonomia dos sindicalistas frente ao Estado. Um dos momentos mais difíceis para a organização dos trabalhadores em sindicatos foi o período da ditadura civil-militar (1964-1985), quando, sob o amparo legal de intervencionismo estatal baseado na CLT, militares infiltravam sindicalistas interventores para fiscalizar, denunciar e perseguir adversários políticos do regime. Entre o Golpe de 1964 e a aparição do *novo sindicalismo*, os movimentos sindicais passaram por profundas intervenções e ameaças patronais e governamentais que foram levadas até as últimas consequências, com prisões, sequestros, tortura e execuções de sindicalistas.

Com a emergência do *novo sindicalismo*, Luiz Inácio Lula da Silva reinaugurou uma tomada de palavra conjugada a um protagonismo de fala de tempos perdidos no Brasil. Em conformidade com a proposta de reflexão deste livro, não podemos afirmar que Lula da Silva fundou um protagonismo de fala dos(as) brasileiros(as) menos favorecidos, justamente porque consideramos que outros(as) o antecederam, outros(as) pavimentaram esse caminho para que ele pudesse ocupá-lo.

---

36 Para ver mais sobre o processo de reconhecimentos dos sindicatos, consultar *O sindicalismo brasileiro após 1930* (MATTOS, 2003).

A atuação de Lula da Silva desde sua aparição como sujeito histórico e os processos que o moveram à presidência transbordam questões de individualidade ou personalismo. Perdeu-se na história a quantidade de disputas por esse lugar privilegiado de fala que ocupou. Em qualquer país, o posto de presidente da República figura em um imaginário coletivo como *porta-voz* da nação, lugar do indivíduo que supostamente reúne em si a unidade de um povo. Quando por eleições democráticas, não por golpes civis-militares-midiáticos-parlamentares, a representatividade de um presidente conta efetivamente como aquele que fora "o eleito", porque coaduna uma série de setores, muitas vezes antagônicos, em uma mesma direção que se submeta minimamente a uma vontade da maioria.

No fim dos anos de 1970, nas assembleias sindicais do ABC paulista, quando, em nome dos operários, reivindicava que os trabalhadores estavam à frente, postulando a fundação de um partido autônomo frente aos parlamentares,[37] consolidava-se a fala do operário como fala dotada de autoridade e de legitimidade para sustentar posições políticas. A seguir, apresentamos um panorama da aparição do *novo sindicalismo* e da fundação do Partido dos Trabalhadores (PT).

1.4. SINDICALISMO BRASILEIRO E PARTIDO DOS TRABALHADORES: HISTÓRIAS ENTRELAÇADAS

Ainda que seja considerável a bibliografia sobre a atuação de Lula da Silva, naquilo que concerne às mudanças de posicionamento político por que teria passado ao longo de sua carreira na vida pública, pontuamos a necessidade de que se faça uma breve caracterização daquele momento histórico de sua aparição como liderança sindical. Como ponto de partida, interessamo-nos por quais eram as questões postas para o sindicalismo brasileiro nos anos de ditadura civil-militar. De modo geral, as pautas sindicais apontavam para a falta de representatividade dos trabalhadores nos sindicatos, que vinham de uma herança de aparelhamento ao Estado, trazida do governo de Getúlio Vargas (1937-1945), que se intensificou de modo contundente após o golpe de 1964.

De acordo com Leôncio Martins Rodrigues (1990, p. 46-47), assim que chegou ao poder com a Aliança Liberal, o presidente Getúlio Vargas fundou o Ministério do Trabalho, em novembro de 1930. Ainda

---

37 Segundo Rachel Meneguello, a defesa deste posicionamento resultou no afastamento de FHC da fundação do Partido dos Trabalhadores (MENEGUELLO, 1989, p.62).

segundo o cientista político, logo em seguida, o presidente publicava os primeiros decretos que regulamentavam as relações entre o novo ministério e os sindicatos, controlando-os quanto à *quantidade*, à *autonomia*, ao *pluralismo sindical*, ao *reconhecimento estatal*, à *organização* e ao *funcionamento*, dentre outras questões.

Após a imposição do regime civil-militar, o controle, a coerção, as intervenções e as perseguições políticas aumentaram substancialmente, levando aqueles que ousavam criticar a "ordem" à clandestinidade, ao exílio, ao desaparecimento e até mesmo à morte. Não raras vezes, a criminalização dos movimentos sindicais encontrava amparo legal nas próprias medidas implementadas quando da regulamentação das atividades sindicais pelo Governo Vargas, uma legislação social trabalhista que era *intervencionista*, ao mesmo tempo em que era *protecionista* (MATTOS, 2003, p.11).

Em *PT, A formação de um partido (1979-1982)*, Rachel Meneguello afirma que havia dois modos de controle estatais de possíveis mobilizações sindicais pós 1964, a saber:

> A primeira compreendeu um controle direto, caracterizado pela intervenção e restrição político-ideológica das entidades sindicais, cassação de líderes e expurgo das cúpulas dirigentes de cunho político comprometidas com o regime anterior. A segunda compreendeu um controle indireto, fundado na implementação de uma legislação de exceção e em alterações na legislação trabalhista já existente, visando o controle político e a regulamentação da vida sindical (MENEGUELLO, 1989, p. 43).

Embora sejam dadas diversas abordagens históricas sobre as posições políticas dos dirigentes sindicais de distintas tendências daquele período, existe um consenso entre cientistas sociais sobre a falta de autonomia dos sindicalistas com relação aos governos militares. Durante a ditadura, os sindicatos não deixaram de existir no Brasil, porém, o sindicalismo havia sido relegado a um papel *burocrático-assistencial* (MENEGUELLO, 1989, p. 44), ou seja, estava fadado a resolver questões administrativas que não impusessem nenhum tipo de contestação política aos empregadores. Em razão de posições políticas opostas ao regime vigente, muitas lideranças sindicais sofreram abusos, prisões, tortura e/ou foram mortas, já que toda e qualquer mobilização que fugisse ao controle dos militares era considerada ato *subversivo*.

No filme de Leon Hirszman, *Eles não usam Black Tie* (1981), vemos representadas nas personagens diferentes posições ideológicas entre os sindicalistas naquela conjuntura política de fins da década de 1970, no ABC paulista. No auge das greves operárias naquela região, retratadas no filme, algumas das principais posições dos trabalhadores diante de suas condições de trabalho consistiam em: a) defesa do direito de greve por direitos; b) defesa de negociações com os patrões sem tanta radicalidade; e c) subserviência aos patrões. Na obra cinematográfica de Hirszman, atentamos para a representação de prisões de líderes sindicais, que organizavam aquelas mobilizações por reivindicações trabalhistas. A despeito da ilegalidade de seus atos e dos riscos que corriam, essas lideranças distribuíam jornais nas portas das fábricas; agitavam companheiros de trabalho, chamando-os à luta sindical; muitas vezes, recorriam à proteção de um setor da Igreja Católica[38] que os apoiava, dentre outros aspectos. Diante desse quadro de efervescência social, engendra-se o chamado *sindicalismo autêntico* ou *novo sindicalismo*.

Para a compreensão da formação política de Lula da Silva quando de sua aparição como liderança, é fundamental que se aborde a emergência do *novo sindicalismo* nos últimos anos de ditadura militar no Brasil. Segundo Isabel Souza (1988), o ex-presidente fazia parte de um grupo de dirigentes denominados "lideranças combativas", que reivindicavam um novo modo de fazer política sindical, um "sindicalismo autêntico" (MENEGUELLO, 1989, p. 42). Conforme tal tradição historiográfica, essa corrente do sindicalismo brasileiro opunha-se a uma corrente oficialista, dependente e aparelhada ao governo vigente na época. Nesse sentido, Meneguello delimita pelo menos três tendências de sindicalismo naquele período histórico – 1978 –, que são:

> O primeiro grupo, relativamente inexpressivo, auto-intitulado de *oposições sindicais*, compreendia militantes católicos e remanescentes de pequenos agrupamentos de esquerda. Sua atuação, desde fins da década de 60, voltou-se para a construção de organizações sindicais extra-oficiais, fundadas nas comissões de fábrica.
>
> O segundo grupo, autodenominado *unidade sindical*, contava com o maior número de entidades associativas e tinha como linha básica de atuação o não-rompimento com o *establishment sindical*, sustentada por certa aliança com o Partido Comunista Brasileiro. Os dirigentes desta tendência, ligados então à esquerda marxista ortodoxa, mantiveram-se no corpo do antigo partido de oposição, MDB, quando em 1979 este fora rebatizado de PMDB.
>
> Finalmente, o *novo sindicalismo*, constituído dentro dos sindicatos oficiais, mas sem vínculos com as oposições sindicais ou com tendências ideo-

---

[38] No caso da composição do Partido dos Trabalhadores, Rodrigues (1990, p. 13) cita alguns dos setores da Igreja Católica que apoiaram a fundação do partido, desde tendências progressistas ligadas à Teologia da Libertação até aquelas mais tradicionais, oriundas do Partido Democrata Cristão (PDC).

lógicas de esquerda marxista, caracterizou-se pela defesa da proposta de transformação radical da estrutura sindical oficial e do sistema de relações trabalhistas. O novo sindicalismo e boa parte das oposições sindicais dirigiram-se para a organização do PT em 1979 (MENEGUELLO, 1989, p. 49).

Faz-se fundamental a compreensão das heterogeneidades ideológicas presentes na constituição do sindicalismo brasileiro no fim da década de 1970, já que o *novo sindicalismo* atuaria de forma decisiva para disputar os rumos da política nacional. Em *Trabalho e política, as origens do Partido dos Trabalhadores*, Isabel Ribeiro de Oliveira dedica-se à análise do discurso dos chamados "líderes combativos", dirigentes sindicais que protagonizavam os movimentos grevistas, nos fins dos anos 1970, sobretudo na região do ABC paulista, sob o apelo do *novo sindicalismo*. Segundo a cientista política, esse movimento "teve impacto decisivo na constituição de um novo partido político, o Partido dos Trabalhadores" (OLIVEIRA, 1988, p.11). A atuação dessa vanguarda sindical se dava na organização política do setor metalúrgico, que culminou com a proposta de se criar tal partido, cuja finalidade seria representar os trabalhadores.

De modo bastante abrangente, a representatividade almejada pelo Partido dos Trabalhadores dizia respeito a um chamado a que trabalhadores assalariados tomassem a frente das disputas políticas, tanto no meio sindical, quanto no meio parlamentar. Nos primeiros anos, as lideranças sindicais defendiam que o partido deveria ser dirigido por trabalhadores e para trabalhadores, "sem patrões"[39] e sem que houvesse uma ascendência dos parlamentares sobre os militantes do partido.[40] Assim, desde a fundação, de um lado, figuras como Fernando Henrique Cardoso, por exemplo, que participavam dos debates sobre como seria o partido, desistiam de tal projeto; por outro, parlamentares do MDB (a única oposição permitida pelos militares ao ARENA, partido que atuava como base de sustentação da ditadura), como Eduardo Suplicy, aderiam àquela nova concepção de partido (MENEGUELLO, 1989).

Fundado em 10 de fevereiro de 1980, no Colégio Sion, em São Paulo, o Partido dos Trabalhadores reuniu sindicalistas, parlamentares, intelectuais, organizações de esquerda, movimentos populares urbanos (como setores progressistas da Igreja Católica, movimentos negros,

---

39 Anteprojeto do PT, lançado em 29 de janeiro de 1980 *apud* MENEGUELLO (1989, p. 107).

40 Como sabemos, essa correlação de forças entre trabalhadores e parlamentares alterou-se com o passar o tempo, considerando que a chegada da militância do partido a cargos eletivos interferiu nessa relação.

movimentos feministas e grupos de bairros, dentre outros).[41] A partir daí, podemos constatar que o partido foi constituído por uma série de organizações afins em determinadas pautas, mas divergentes em outras, de modo que havia uma pluralidade de debates em andamento, levados adiante por esses diferentes grupos. Quando falamos em sindicalistas, militantes feministas, militantes de esquerda, militantes de movimentos negros, católicos, parlamentares, dentre outros, de modo abrangente, apagamos, de certo modo, as contradições internas e diferenças existentes no interior de cada um desses segmentos. Havia, como ainda há, disputas internas pelas tomadas de decisão que prevaleceriam no partido – o que é comum em qualquer organização política.

Quando escreve "A composição social das lideranças do PT", em *Partidos e sindicatos*, Rodrigues (1990, p. 9-10) dialoga com outras referências que fizeram o registro histórico da fundação do PT, como Margareth Elizabeth Keck, concordando, por exemplo, com a afirmação de que o partido contava com maior número de dirigentes sindicalistas do que qualquer outro partido brasileiro – o que também fora registrado por Meneguello (1989, p. 69). Contudo, nesse capítulo, o cientista político defende a necessidade de detalhamento da composição *nem sempre harmoniosa* do PT, destacando que mesmo entre *sindicalismo de trabalhadores fabris* e *sindicalismo de classe média* existem diferenças significativas que devem ser consideradas na caracterização de um partido (RODRIGUES, 1990, p. 9). Dando ênfase a essas ramificações ideológicas internas, afirma:

> No plano ideológico, resulta daí a mistura nem sempre harmoniosa, de concepções socialistas democráticas ao lado de outras leninistas e trotskistas, às quais cumpriria acrescentar a influência de um socialismo católico moderado e de um socialismo já não tão moderado da Teologia da Libertação. A tudo isso deve-se acrescentar uma dose de nacionalismo terceiro-mundista, outra de antistalinismo e outra de pragmatismo sindical. Desse modo, realmente o PT deve ser entendido como algo novo na história dos partidos brasileiros e dos partidos de esquerda (RODRIGUES, 1990, p. 9).

Para além desse conjunto de tendências, Oliveira (1988) e Meneguello (1989) destacam que, em sua fundação, os dirigentes do PT defendiam um caráter *classista* do partido. Ambas operaram recortes de falas de Lula da Silva, na época, para demonstrar o que significaria tal designação segundo um de seus principais dirigentes. Em 28 de agosto de 1979, o *Jornal do Brasil* (*apud* OLIVEIRA, 1988, p.126), publicava a seguinte

---

[41] Em *PT, a formação de um partido (1979-1982)*, Rachel Meneguello (1989) dá mais detalhes sobre a composição de cada um desses segmentos sociais e como se dava a participação de cada um deles na construção do partido.

declaração de Lula da Silva: "Até agora, todos os partidos brasileiros foram partidos classistas, a única coisa é que eram da outra classe" (LULA DA SILVA, 1979, *Jornal do Brasil apud* OLIVEIRA, 1988, p. 126). E, em 18 de junho de 1980, no *Jornal Em Tempo*:

> Eu acho que o PT [...] é um partido que está muito próximo de ser um partido de classe do que qualquer outra coisa. Agora tem tanta outra coisa também; as pessoas que acham que nós somos de classe não deveriam ficar horrorizadas com isso, porque os partidos que existem por aí são da classe dominante. Portanto, é correto que o PT tenha essa aproximação de partido de classe, porque ele surgiu da organização dos trabalhadores (LULA DA SILVA, *Jornal Em Tempo*, 2, 18/06/1980, In: ABCD Sociedade Cultural, Lula – Entrevistas e discursos, São Bernardo do Campo, 1980, p. 299 *apud* MENEGUELLO, 1989, p. 106).

É interessante notar como funciona discursivamente a designação "partido de classe". Embora não seja dita de que classe se fala, os sentidos podem desdobrar-se em *classe trabalhadora, classe operária, classe explorada, classe oprimida*, de modo que Lula da Silva – naquelas circunstâncias – é impelido a explicitar a que classe se refere. *Nada mais* seria do que *a organização dos trabalhadores*. Ainda assim, naquela conjuntura de ditadura militar, termos que remontassem a uma tradição de esquerda causavam verdadeiro furor social.[42] Em razão disso, talvez, ele reiterasse:

> E não estamos criando um partido de operários, de metalúrgicos, mas um partido de trabalhadores brasileiros, porque o nosso conceito de trabalhadores é muito amplo. Nós englobamos profissionais liberais, professores e vários outros segmentos da sociedade que, direta ou indiretamente, vivem subordinados ao regime de salário. Então, nós estamos descaracterizando esse negócio de partido operário de que tanto o governo tem medo (LULA DA SILVA, *Tribuna da Imprensa*, 12/02/1980, In ABCD Sociedade Cultural, 1980, p. 247 *apud* MENEGUELLO, 1989, p. 106-107).

Assim como declarava Lula da Silva, diversos autores descreveram a natureza social do partido nesses termos. Há de se considerar que, historicamente, o sintagma "partido operário" remete a partidos de base ideológica socialista. O PT sempre fora composto por diversas correntes, bem como de setores de movimentos sociais. Com uma militância bastante diversa, distanciava-se de partidos mais conservadores, no que diz respeito ao conjunto de filiados. Contudo, Lula da Silva, como proeminente *porta-voz* da organização, já sofria certas coerções em seu dizer, de modo que deveria justificar a emergência de certas palavras em torno da caracterização do partido. Não podemos mensurar a circulação de enunciados pejorativizantes acerca da nomeação "partido operário"; em contraparti-

---

42 Não nos parece que tenha mudado tanto, nos dias atuais.

da, sabemos de que lugar partem esses dizeres. Na sociedade brasileira, as forças reacionárias, mesmo quando relativamente desestabilizadas, nunca perderam poder de cerceamento sobre as organizações dos trabalhadores, cuja existência representava/representa uma ameaça aos seus interesses.

De modo mais minucioso, Rodrigues (1990, p. 9-10) problematiza a caracterização do partido quanto à sua *natureza de classe*, posto que homogeneíza, de certo modo, a pluralidade da militância petista, das lideranças às bases, composta por *um setor das classes* médias, *não exclusivamente* dos pobres, das massas de trabalhadores, daqueles marginalizados socialmente. Assim, o cientista social afirma:

> Sem pretender negar que o PT possui, nas suas instâncias dirigentes, um número de operários e sindicalistas maior do que o de outros partidos brasileiros, os dados que levantamos indicam que o PT deveria, mais adequadamente, ser entendido do ponto de vista sociológico como um partido de classe média ou, mais exatamente, de *um* setor das classes médias (RODRIGUES, 1990, p. 10).

Ao basear sua pesquisa em dados estatísticos, Rodrigues (1990) caracteriza o PT como partido de classe média, em função dos números que levantou. Como ressalta, não pretende negar a quantidade de operários e sindicalistas nas estâncias dirigentes petistas, se comparadas a outros partidos. Destacamos que, embora possa ter sido constituído majoritariamente por *um setor da classe média*, a visibilidade do Partido dos Trabalhadores se dá em torno da figura central de Lula da Silva. O ineditismo do PT reside no protagonismo de um operário diante de uma organização política formada por intelectuais renomados, professores, estudantes universitários, funcionários públicos, artistas etc. A despeito da força das determinações históricas, que marginalizam, rechaçam, apartam ou menosprezam a fala de um trabalhador, a centralidade de Lula da Silva na construção do partido representa uma ruptura com relação ao lugar sempre destinado aos pobres, que são falados por outros, que "não sabem falar" ou "não estão preparados para um debate político, não tem formação", dentre outros entraves colocados como justificativa para práticas excludentes.

Destacam-se registros históricos sobre a liderança dos metalúrgicos no partido, o que já nos faz refletir sobre um significativo deslocamento sobre quem fala naquele espaço. Meneguello (1989, p. 40) atribui ao Partido dos Trabalhadores um efeito de ruptura com um padrão de partidos fundados[43] após a Reforma Partidária de 1979. Tal reforma impunha

---

43 Como o Partido Democrático Trabalhista (PDT) e o Partido Trabalhista Brasileiro (PTB).

exigências que restringiam o poder de organização dos partidos, mas cerceavam sobretudo e principalmente a atuação de partidos comunistas. Assim, os partidos legalizados com a nova lei seguiam os moldes daqueles que já existiam e que também foram refundados: ARENA e MDB, que passaram a ser PDS e PMDB. Neste cenário, o PT destaca-se por fundar-se

> em torno das mobilizações do "novo sindicalismo"; de parte dos movimentos urbanos desenvolvidos sobretudo a partir da década de 70; de setores da intelectualidade e da classe política de oposição envolvidos com o debate da reforma partidária; e de alguns grupos de esquerda (MENEGUELLO, 1989, p. 40-41).

Segundo essa tradição historiográfica que descreve e interpreta a fundação do Partido dos Trabalhadores e sua atuação nos primeiros anos, o partido apresentava como principal reivindicação colocar no centro do jogo político setores até então completamente alheios e excluídos das decisões políticas nacionais. Dentre inúmeras lideranças, Lula da Silva destaca-se como líder naquele período de transição histórica, já que, a partir de seu êxito como dirigente político dos metalúrgicos, ganha notoriedade para disputas políticas mais importantes, culminando em suas candidaturas às eleições presidenciais.

O partido nascido com o processo de redemocratização do Brasil disputa sua primeira eleição presidencial justamente encabeçado por Lula da Silva, eleição vencida pelo candidato Fernando Collor de Mello. Anos mais tarde, André Singer (2012, p. 15) destacaria que quem derrotou o PT, em 1989, foram as classes mais desfavorecidas e empobrecidas da população, que votavam majoritariamente nos partidos de direita. Até que ocorre o que nomeia de "lulismo": "o encontro de uma liderança, a de Lula, com uma fração de classe, o subproletariado" (SINGER, 2012, p. 15). Com algum recuo na história do Brasil, percebemos que a emergência de Lula da Silva não se deu exclusivamente devido ao surgimento do indivíduo *Lula*, tampouco se deve apenas a uma questão de "carisma" ou estratégia "populista". Esse fenômeno foi construído por um processo histórico de disputas por representatividade política levadas a cabo pelos movimentos sociais organizados – que, por sua vez, não surgem com o PT. Não negamos, contudo, que haja um extraordinário talento individual do sujeito histórico Lula da Silva, mas entendemos que houve um preparo de terreno para que seu modo de fazer política pudesse brotar e vingar.

Em 1989, o candidato petista era uma novidade para grande parte da população brasileira. Nos anos 1970, ele atuava na região do ABC paulista, como liderança no Sindicato dos Metalúrgicos de São Bernardo do Campo. Ou seja, um homem nordestino que migrara em condições precárias para lutar por um trabalho minimamente digno em uma fábrica de São Paulo, como tantos outros. Não podemos mensurar quanto de desconfiança, rejeição e menosprezo cabem a um candidato com esse perfil por parte do eleitorado brasileiro como um todo. Quem sabe o encontro de que fala Singer, entre Lula da Silva com o "subproletariado", tenha se dado com a visibilidade daquele homem que prestava voz àqueles que nunca tiveram notoriedade na vida pública brasileira, exceto como cidadãos à margem da sociedade. Este era o caso de certo povo de uma região invisibilizada, estereotipada ou estigmatizada nacionalmente.

Tantas vezes nomeada como *reduto* do Partido dos Trabalhadores, a região Nordeste apresenta massivas e expressivas votações no PT, mesmo em tempos de ostensivos ataques à sigla, como nas eleições de 2018. Desde pelo menos 2002, as vitórias eleitorais do partido são avassaladoras na região. Por meio das redes sociais, com a explosão da pulverização de falas, nas últimas eleições presidenciais, pôde-se observar uma enxurrada de ofensas a nordestinos (as) em decorrência dos resultados eleitorais. Reiteradas vezes, tais ofensas proliferam-se carregadas de estereótipos sobre nordestinos (as).

Nesse sentido, interessamo-nos também pela constituição desse sujeito histórico como oriundo dessa região, foco privilegiado de polêmicas, debates e disputas políticas, e que politicamente posiciona-se em desacordo com as outras regiões do país. Lula da Silva é brasileiro, porém a identificação como nordestino pesa em sua biografia. Para além disso, a constituição daquilo que diz, daquilo que apresenta social e politicamente, em consonância ou em contraste com outros sujeitos políticos, carrega uma história partilhada por boa parte de nordestinos (as), brasileiros (as) que têm sido atacados ou enaltecidos em momentos decisivos de eleições no Brasil – o que tem ganhado maior visibilidade com as discussões abertas e públicas nas redes sociais. Por essa razão, começamos a próxima discussão por essa faceta do ex-presidente.

1.4.1. LULA DA SILVA: NORDESTINO, METALÚRGICO, SINDICALISTA, PETISTA

> Deu meia noite, a Lua faz um claro
> Eu assubo nos aro e vou brincar no vento leste
> A aranha tece puxando o fio da teia
> A ciência da abeia, da aranha e a minha
> Muita gente desconhece
> *Na asa do vento*, João do Vale.

Assim como esboçamos um trajeto histórico de formação sociopolítica de Evo Morales, para a compreensão da discursividade de suas falas públicas, dedicamos esta discussão para uma delimitação da construção do sujeito histórico de que também tratamos neste livro: Lula da Silva. Para compreendermos a emergência dos dizeres do presidente boliviano, realizamos uma reflexão sobre o povo aymara. Portanto, para fundamentar a análise de pronunciamentos do ex-presidente brasileiro, consideramos pertinente abordar brevemente uma historiografia que debata um imaginário sobre *ser nordestino*. Além de sociólogos e historiadores, valemo-nos igualmente de compositores populares para a circunscrição teórica desse *sujeito nordestino* a que nos referimos nesta pesquisa. Consideramos que as construções discursivas sobre *ser brasileiro* são diversas no Brasil, e também aquelas sobre *ser nordestino* variam conforme o lugar social de origem de indivíduos, que podem identificar-se ou não com certos padrões.

Dentre os trabalhos mais recentes sobre a região Nordeste, destaca-se *A invenção do Nordeste*, de Durval Muniz de Albuquerque Júnior. Nesse livro, o autor realiza um significativo levantamento da historiografia e da literatura que constroem discursivamente a região Nordeste. Mais do que descrever um território fechado e idealizado, interessa ao autor criticar uma *estereotipização* (seja eufórica ou disfórica) histórica atrelada a nordestinos. Albuquerque Júnior opera uma análise discursiva foucaultiana,[44] revelando distintos olhares sobre a região, constituída como elaboração "imagético-discursiva" de lugar da periferia, o que marginalizaria nordestinos na cultura nacional (ALBUQUERQUE JÚNIOR, 2011, p. 38). Trata-se de uma proposta de questionar a discriminação, tanto por parte de quem a inflige, como por parte de quem é afetado por ela, mas que, em certa medida, reafirmaria o lugar de vítima. Nesse sentido, Albuquerque Júnior problematiza também como nordestinos reproduzem práticas discursivas a respeito de tal segregação social construída discursivamente.

Na referida obra, as teorias do discurso são de fundamental importância para a observância de processos discursivos de longa ou média duração e para a desnaturalização de sentidos cristalizados em nossa sociedade. Conceitos e prerrogativas do marco teórico adotado deses-

---

[44] "Não tomamos os discursos como documentação de uma verdade sobre a região, mas como monumentos de sua construção. Em vez de buscar uma continuidade histórica para a identidade de nordestino e para o recorte espacial Nordeste, este livro busca suspeitar destas continuidades, pondo em questão as identidades e fronteiras fixas, introduzindo a dúvida sobre estes objetos históricos canonizados" (ALBUQUERQUE JÚNIOR, 2011, p 35).

tabilizam verdades, resgatando fios históricos que permitem a compreensão de certas regularidades de sentidos concretizados não somente em palavras, mas em práticas cotidianas. No campo das ciências humanas, a dificuldade de empreender uma reflexão sobre um povo reside na impossibilidade de um exato discernimento sobre toda a sua heterogeneidade. Entendemos que seja importante desconstruir a *estereotipização*, como propõe Albuquerque Júnior:

> O discurso da estereotipia é um discurso assertivo, repetitivo, é uma fala arrogante, uma linguagem que leva à estabilidade acrítica, é fruto de uma voz segura e autossuficiente que se arroga o direito de dizer o que é o outro em poucas palavras. O estereótipo nasce de uma caracterização grosseira e indiscriminada do grupo estranho, em que as multiplicidades e as diferenças individuais são apagadas, em nome de semelhanças superficiais do grupo (ALBUQUERQUE JÚNIOR, 2011, p. 30).

Certamente, generalizar e padronizar um povo, negando a existência da manifestação de distintos setores sociais em seu interior, implica banalizar toda a sua riqueza. Quando escreve *O povo brasileiro*, Darcy Ribeiro (2015) pensa o Brasil no plural – *Brasis*, instigando e conduzindo o leitor a uma percepção de distintas identidades presentes em nosso território. O Brasil não é uno, o Brasil são muitos. E, assim como no Brasil, a diversidade de identidades nordestinas não poderia ser homogeneizada em um bloco 'identitário' coeso e indivisível. Do Maranhão até a Bahia, temos sotaques, tradições, modos de organização, musicalidades e hábitos alimentares diversos, e, em meio às diversidades, encontramos similaridades e incongruências. Os modos de vida do litoral, do interior, dos bairros de classe média, das favelas, do sertão, do meio-norte, das terras indígenas, das terras quilombolas, dos latifundiários, dentre tantos outros, coexistem e correspondem a uma ampla gama de setores do povo nordestino.

De modo algum, podemos ignorar a diversidade de segmentos sociais no interior da região Nordeste, *essencializando* "o nordestino" como uma identidade estável, fechada e única. Ademais, consideramos que os setores supracitados convivem, mas não necessariamente em harmonia, dadas as relações sociais conflituosas que envolvem interesses de classe, raça, gênero, enfim, de toda ordem. Assim, reconhecemos a diversidade social da região Nordeste justamente para delimitar alguns sentidos que emergem nos *processos discursivos* das falas do presidente Lula da Silva, com os quais o sujeito enunciador tece uma rede de identificações.

Ainda que sejam limitadores e questionáveis os estereótipos associados ao homem nordestino ou à mulher nordestina, o imaginário partilhado nacionalmente sobre o Nordeste não se deu de modo meramente casuístico ou aleatório. Em terras brasileiras, partilhamos, sim, uma memória de um povo que migrava massivamente, fugindo de condições inóspitas de sua terra natal para sobreviver. Tais migrações se passavam dentro da própria região – pois nem todo o Nordeste é assolado pela seca, transpassando para o Norte, para o Centro-Oeste, e também para o Sul e para o Sudeste. Nos registros históricos sobre *migrações internas* no Brasil, tal movimento migratório se dá desde a segunda metade do século XX (RIBEIRO, 2015 [1995]). De certo modo, privilegiaram-se as narrativas de migração para São Paulo. Após a decadência do período colonial, momento histórico em que representava o centro político e econômico do Brasil, a região Nordeste passara a uma condição de invisibilidade no cenário político nacional, voltando a entrar no mapa quando seu povo desterrado contrasta suas mazelas com um "progresso" em expansão no Sudeste.

Ainda segundo a historiografia sobre *migrações* internas[45] no Brasil, aquelas pessoas que conseguiam se deslocar da região afetada pela seca já eram sobreviventes da condição de miséria em que viviam, aquelas que conseguiam sobreviver aos primeiros anos de vida, vencendo a mortalidade infantil, a fome, a desnutrição, as doenças atreladas ao subdesenvolvimento regional, alcançando um grau mínimo de letramento que as possibilitasse alguma perspectiva de trabalho futuro, como aponta Darcy Ribeiro:

> Emigram precisamente aqueles poucos sertanejos que conseguem alcançar a idade madura, com maior vigor físico, tendendo a fixar-se nas zonas mais ricas do Sul aqueles nos quais a paupérrima sociedade de origem investiu o suficiente para alfabetizar e capacitar para o trabalho. Desse modo, o elemento humano mais vigoroso, mais eficiente e mais combativo é roubado à região, no momento preciso em que deveria ressarcir o seu custo social (RIBEIRO, 2015 [1995], p. 256).

Trata-se muito mais do que um imaginário sobre ser nordestino. O sujeito retirante, flagelado, que vai buscar melhores condições de vida, de fato, é um segmento social brasileiro importante da constituição do Brasil enquanto nação,[46] que se encontra(va) completamente margina-

---

45 Para ver mais sobre pesquisas relacionadas a migrações, ver publicação do IBGE, *Estudos e análises, informação demográfica e socioeconômica, reflexões sobre os deslocamentos populacionais no Brasil*, organizada por Luiz Antônio Pinto de Oliveira e Antônio Tadeu Ribeiro de Oliveira (2011). Disponível em: < https://biblioteca.ibge.gov.br/visualizacao/livros/liv49781.pdf.> Acesso em: 3 set. 2020

46 A dissertação *Velhos caminhos, novos destinos*: migrante nordestino na região metropolitana de São Paulo, de Uvanderson Vitor da Silva (2008), reúne relatos de nordestinos que migraram para trabalhar sobretudo como metalúrgicos em São

lizado e estigmatizado socialmente, tanto que sua memória é evocada frequentemente por desprezo ou por um humor midiático perverso que insiste em se sustentar na humilhação daqueles mais vulneráveis socialmente. Corriqueiramente, nos deparamos com a representação desse(a) nordestino (a) em programas de entretenimento, como novelas e programas de humor, em funções de um "porteiro" ou uma "empregada de sotaque engraçado", que trabalham para as senhoras brancas e ricas do bairro do Leblon, no Rio de Janeiro, por exemplo. A caricaturização repetitiva desse segmento que migra para trabalhar em serviços mais pesados na região Sudeste constitui parte desse imaginário que reduz uma região a um personagem coadjuvante de novela. Quem sabe as novelas tenham apenas reproduzido um lugar preestabelecido socialmente àqueles sujeitos retirantes sem lugar para *ser* – para desenvolver-se em outros lugares além daqueles de uma servidão predeterminada.

Esses nordestinos, retirantes, flagelados, *pau de arara*, de que falamos, tiveram uma *co-construção* identitária forjada em uma narrativa coletiva de migrações históricas por melhores condições de vida. A confluência de problemas sociais enfrentados por esse setor da sociedade relaciona-se diretamente às condições de classe, ou seja, eram nordestinos pobres, miseráveis, de baixa ou nenhuma escolaridade, negros, indígenas, mestiços, caboclos, razão pela qual dificilmente um nordestino que vive em um prédio da orla de Boa Viagem poderia identificar-se com tal imaginário. Portanto, não entendemos que seja uma questão de "masoquismo"[47] reconhecer a existência de um setor considerável da população nordestina que efetivamente sofre com práticas de discriminação recorrentes em função de suas próprias origens e condições de vida. Ademais, entendemos, com Jessé Souza, que:

> Como somos formados, como seres humanos, pela imitação e incorporação pré-reflexiva e inconsciente daqueles que amamos e que cuidam de nós, ou seja, nossos pais ou quem exerça as mesmas funções, a classe e seus privilégios ou carências são reproduzidos a cada geração. Como ninguém escolhe o berço onde nasce, é a sociedade que deve se responsabilizar pelas classes que foram esquecidas e abandonadas. Foi isso que fizeram, sem exceção, todas as sociedades que lograram desenvolver sociedades minimamente

---

Paulo. Na referência mencionada, é bastante interessante observar como se assemelham entre si as narrativas de vida dos retirantes, como passavam por um percurso de enfrentamento de dificuldades com um mesmo destino.

47 Em *A invenção do nordeste*, Albuquerque Júnior questiona "que masoquismo é esse que faz nos orgulharmos dessa discriminação, que faz aceitarmos felizes o lugar de derrotados, de vencidos?" (ALBUQUERQUE JUNIOR, 2011, p. 31).

igualitárias. No nosso caso, as classes populares não foram abandonadas simplesmente. Elas foram humilhadas, enganadas, tiveram sua formação familiar conscientemente prejudicada e foram vítimas de todo tipo de preconceito, seja na escravidão, seja hoje em dia (SOUZA, 2017, p. 89).

Assim como se herda riquezas, herda-se miséria. As condições miseráveis de vida de um povo foram carregadas por muitas gerações até que um dos seus chegasse à presidência. Na região Nordeste, o problema da fome só passa a ser tomado como problema de Estado, combatido satisfatoriamente, com resultados aferidos e reconhecidos por organizações nacionais e internacionais,[48] após o governo Lula. Em função desse histórico de pobreza e abandono desses setores do Nordeste que enfrentavam dificuldades com a fome e a seca, muitas das narrativas, composições, obras literárias de autores daquela região baseiam-se em tais problemas. Não por acaso, essas narrativas de migração e busca por melhores condições de vida emergem também em discursos políticos. Albuquerque Júnior afirma que a "seca de 1877-79" fora a primeira a ter repercussão nacional e fora usada por políticos da região como estratégia de atração de recursos para as "vítimas do flagelo", com reivindicações de "tratamento igual ao dado ao 'Sul'", com crítica a um mau uso político-partidário da propaganda sobre tais mazelas (ALBUQUERQUE JÚNIOR, 2011, p. 83). Mais uma vez, pode-se observar que situações de fome, abandono e miséria são parte da construção de um imaginário para um povo, fundado em circunstâncias da realidade social de muitos, que, obviamente, não podem ser partilhadas por aqueles que não têm a mesma vivência.

Por meio do cancioneiro popular de músicas nordestinas, podemos delinear algumas das teias discursivas de construção de identidades dessa parcela do povo nordestino que narra sua saga pela vida em canções, cordéis, repentes e outras artes. Como diz João do Vale,[49] compositor maranhense, a ciência desse povo *muita gente desconhece*. Em função de uma tradição grafocêntrica, de menosprezo às práticas de partilha

---

48 Como a Organização das Nações Unidas para a Alimentação e Agricultura/FAO (*Food and Agriculture Organization of the United Nations*), o Fundo Internacional de Desenvolvimento Agrícola/FIDA (*International Fund for Agricultural Development*) e o Programa Mundial de Alimentos/PMA (*World Food Programme*). Disponível em: http://www.fao.org/3/a-i4646e.pdf.; https://nacoesunidas.org/crescimento-da-renda-dos-20-mais-pobres-ajudou-brasil-a-sair-do-mapa-da-fome-diz-onu/. Acesso em: 3 set. 2020.

49 João do Vale, nascido em Pedreiras, no Estado do Maranhão, cantor, pedreiro, compositor.

de conhecimentos por meio da oralidade, muitos desses poetas foram perdidos, relegados ao esquecimento. Ainda que sejam tantos os avanços das ciências da linguagem, persiste, até mesmo no meio acadêmico e no meio midiático, uma confusão entre analfabetismo ou pouco letramento ou baixa escolaridade e falta de inteligência.[50] Para tratar de questões estritamente relacionadas a um imaginário cristalizado sobre nordestinos em geral, começamos por destacar a relevância de uma genialidade analfabeta de poetas marginais, vozes do povo, que não é qualquer povo genérico, massa amorfa desordenada, mas um povo cuja identidade pode ser projetada como uma das mais marcantes na cultura brasileira.

Umas das vozes a dar visibilidade a esse segmento social, que migra do Nordeste para o Sudeste, em busca de melhores condições de vida e de trabalho, foi o poeta João do Vale. Compositor maranhense, pedreiro, retirante por extrema necessidade, que, assim como tantos poetas repentistas anônimos, poetas analfabetos, poetas do povo, cantou a vivência de um certo povo nordestino, anunciava: *a minha ciência muita gente desconhece*. Em suas letras de músicas, o compositor tratava de questões profundamente relacionadas ao meio social de que era oriundo, como aquela canção em que narra distintas histórias de vida de meninos do sertão:

> Seu moço, quer saber, eu vou contar num baião, minha história pra o senhor, seu moço, preste atenção. Eu vendia pirulito, arroz doce e mungunzá. Enquanto eu ia vender doce, meus colega iam estudar. A minha mãe, tão pobrezinha, não podia me educar. A minha mãe, tão pobrezinha, não podia me educar. Quando era de noitinha, a meninada ia brincar. Vixe, como eu tinha inveja, de ver o Zezinho contar: - O professor raiou comigo, porque eu não quis estudar. - O professor raiou comigo, porque eu não quis estudar. Hoje todos são doutor, eu continuo João ninguém. **Mas quem nasce pra pataca nunca pode ser vintém**. Ver meus amigos doutor basta pra me sentir bem. Ver meus amigos doutor basta pra me sentir bem. Mas todos eles quando ouve um baiãozinho que eu fiz, ficam tudo satisfeito, bate palmas e pede bis. E diz: João foi meu colega, como eu me sinto feliz. E diz: João foi meu colega, como eu me sinto feliz. Mas o negócio não é bem eu, é Mané, Pedro e Romão, que também foi meus colegas e continua no sertão. Não puderam estudar, nem sabem fazer baião (JOÃO DO VALE, 1981).

Nessa canção, o autor apresenta, pelo menos, três possibilidades de destino para crianças de seu meio social: trabalhar desde a infância para sobreviver, mas conseguir, de algum modo, sair daquela situação de extrema pobreza; escolarizar-se para ser "doutor" (ter formação superior); ou, então, não conseguir romper com o destino, perpetuando uma situação

---

50 Ver mais sobre essa discussão em CURCINO (2017, 2018).

de miséria. A partir de narrativas como essa, João do Vale relatava sobre vidas nordestinas, expondo desigualdades de condições de vida e de oportunidades existentes entre as camadas populares, ofertando um trabalho de forte contestação social. Em uma única canção, o autor mobiliza uma série de problemas sociais intimamente conhecidos por aqueles que partilham dessa mesma história. Por ser pobre, a mãe não tem condições de escolarizar os filhos. Para ajudar na manutenção da casa, as crianças trabalham vendendo doces ou outras mercadorias nas ruas. Porventura, alguma criança, sem condições mínimas de que se mantenha na escola, mas com um talento extraordinário, poderá subverter a ordem da pobreza. De um lado, crianças que têm condições mínimas de se escolarizar não precisam trabalhar para ajudar os pais, e têm, por exemplo, mais chances de alcançar uma formação acadêmica. De outro, ha aquelas crianças que não conseguem romper com a lógica de sua realidade social; estas seguem tomadas pelas dificuldades de sobrevivência até a fase adulta.

Pela riqueza de reflexões sobre aquela realidade em que se encontrava, João do Vale sintetiza em um verso de sua canção um processo de desigualdade social: "mas quem nasce pra pataca nunca pode ser vintém". A *pataca*, moeda desvalorizada, e, por isso mesmo, tomada como qualquer coisa sem valor, comparada ao *vintém*, de maior valor, conformam um *processo metafórico* com sujeitos sociais que valem menos ou mais em sociedade. E, mais do que isso, não têm margem para ocupar outras funções senão aquelas para as quais são forçosamente destinados. Pode-se constatar a profundidade de uma crítica social que retrata um panorama de um setor bastante específico do povo nordestino, que praticamente não dispunha de oportunidades de ascenção socioeconômica.

Em 1982, no espetáculo *Opinião*, João do Vale, interpretando uma música de sua autoria, "Carcará", ao lado de Chico Buarque, opera uma pausa na entoação da canção, para enunciar a seguinte intervenção:

> Perguntei à natureza, e ela não me respondeu, não. Se não é seca, é enchente, fazendo daquela gente, bravo, forte e robusto, ter que estender a mão. Em 1950, 10% da população do Piauí vivia fora de sua terra natal, 13% do Ceará, 15% da Bahia, 17% de Alagoas, problema... fome. Enquanto isso, um colar com 40 pedras de águas marinhas brasileira era dado à Rainha Elisabeth (JOÃO DO VALE, 1982).

Nesta fala, registra-se a alusão a uma mesma migração histórica da segunda metade do século XX, de que Darcy Ribeiro falaria, em 1995, em *O povo brasileiro*, que mencionamos anteriormente. João do Vale expõe e reforça as razões pelas quais se deu aquela histórica migração em massa.

Contesta a doação de um colar de altíssimo custo à Inglaterra, enquanto seus conterrâneos passavam por necessidade. A fome, a migração forçada e a desigualdade constituem a discursividade desse sujeito nordestino que pode não representar toda a região, mas cujas demandas sociais ficaram marcadas em uma rede de sentidos que não pode ser (re)negada.

Para especificarmos esse *sujeito histórico* de que tratamos, pontuamos que delimitamos o nordestino-trabalhador-pobre-retirante dentre outras identidades possíveis para nordestino. Na presente discussão, interessamo-nos por destacar esse lugar social frequentemente estereotipado, pejorativizado, marginalizado socialmente, que historicamente tem sua voz silenciada diante das vozes *burguesas* ou *aburguesadas* dos grandes centros econômicos do país. Nesse mesmo sentido, consideramos que os laços de representatividade de Luiz Inácio Lula da Silva com esse povo não caberiam em uma propaganda partidária: retirante, que logra um curso técnico de metalúrgico, posteriormente engajado na política sindical, para, por fim, fundar um partido. Tal enredo fora infinitamente repetido nas vidas de outros atores sociais, embora, obviamente, sem os mesmos desdobramentos, como a fundação de um dos mais destacados partidos da História do país.

Muitos dos operários da região do ABC paulista, filiados ao Sindicato dos Metalúrgicos de São Bernardo do Campo ou a outros sindicatos, eram migrantes nordestinos que se radicaram em São Paulo. Em precárias condições de vida, esses trabalhadores viviam nas periferias da região, sem saneamento básico, sem justos salários, enquanto seus patrões gozavam de boas vidas, em mansões, cercados de regalias e privilégios. Com alguma frequência, ocorre um processo de politização de indivíduos que vivem sob condições de extrema exploração de sua força de trabalho. Outras vezes, as próprias condições de vida recrudescem a situação de alienação, apatia ou desinteresse por questões políticas. Nos casos daqueles que tiveram uma predisposição ao engajamento político, pode-se vislumbrar alguma ordem de acontecimentos. Fugindo da pobreza, estes sujeitos sociais deparam-se com outras situações de abandono, miséria e carência de recursos para sobreviver dignamente. Foram minimamente letrados, alcançaram uma formação técnica, contudo, aquele trabalho que desempenham não é devidamente valorizado. Para um operário, o sindicato pode ser um primeiro lugar onde ouvirá suas demandas em discussão, tomará percepção de seu valor enquanto sujeito em sociedade, poderá organizar-se politicamente junto a outros trabalhadores em defesa dos interesses de sua categoria, prestará ou contará com a solidariedade de seus companheiros para lidar com situações de dificuldade.

A depender do posicionamento discursivo do observador, o trabalho como metalúrgico, que pode representar conquista derivada de uma formação técnica alcançada a duras penas, pode igualmente constituir parte desse lugar alvo de discriminação, posto que os trabalhos mais braçais, que exigem mais esforço físico são historicamente desprezados no Brasil, a despeito de sua importância. Todas essas redes de sentidos herdeiras de um passado de escravidão são atualizadas, repetidas ou deslocadas, com base na conjuntura histórica. Todavia, muitas dessas discursividades perduram sem grandes transformações na história.

Não sem razão, no dia da diplomação de Lula da Silva como presidente, emerge o enunciado que segue: "Tantos me criticaram por eu não ter um diploma e meu primeiro diploma é de presidente da República do meu país" (Lula da Silva, pronunciamento em cerimônia de diplomação de presidente da República Federativa do Brasil, 14 de dezembro de 2002). Nenhuma formulação na boca de um sujeito social se dá ao acaso, sem História, sem memória, sem sentido. Assim, os *processos discursivos* que nos constituem como sujeitos não são alheios aos sentidos que circulam em sociedade. Naquele momento histórico, a memória de menosprezo que sofreu pela sua não formação acadêmica falou mais alto. E esta não é uma história única. É a história de grande parte dos brasileiros.

No capítulo seguinte, versaremos sobre postulados fundamentais da análise de discurso materialista a partir dos quais discorreremos sobre as noções de *silêncio, silenciamento, tomada de palavra* e *lugar de fala*, dentre outras noções. Apontamos ainda como *processos discursivos* de exclusão e de resistência ganham materialidade nas falas de sujeitos sociais em constante confronto por lugares de poder em sociedade.

CAPÍTULO 2. DISCURSO, SILENCIAMENTO E TOMADA DE PALAVRA: DISPUTAS POR REPRESENTAÇÃO POLÍTICA

> Quem se defende porque lhe tiram o ar
> Ao lhe apertar a garganta, para este há um parágrafo
> Que diz: ele agiu em legítima defesa. Mas
> O mesmo parágrafo silencia
> Quando vocês se defendem porque lhes tiram o pão.
> E no entanto morre quem não come, e quem não come o suficiente
> Morre lentamente. Durante os anos todos em que morre
> Não lhe é permitido se defender.
> Bertolt Brecht

Neste capítulo, apresentamos as noções teóricas com que trabalhamos na realização das análises. A partir de nossa abordagem discursiva, fundada sobretudo nos trabalhos de Michel *Pêcheux e seu grupo*, elucidamos a posição teórica de nossa pesquisa. Assim, discutimos temas intrinsecamente relacionados a esta reflexão, que se sustentam também em fundamentos dos campos da antropologia, história e das ciências políticas. Dentre as noções mais importantes para a fundamentação deste livro, destacamos: *discurso, silêncio, silenciamento, tomada de palavra, lugar de fala* e *corpo* como constructo social. Adiante, abordamos questões da ordem da constituição, circulação e interdição dos discursos, para a fundamentação do debate.

2.1. DISCURSIVIDADES: HISTÓRIAS QUE RECLAMAM ENREDOS MAIS AMPLOS

Constituímo-nos como falantes enquanto somos constituídos pela língua que falamos. Por meio da língua, aprendemos a ser: representamo-nos e somos representados no mundo. De algum modo, nossos dizeres podem ser demarcados em certas *discursividades*, que dizem a respeito de quem somos, o que pensamos e como nos posicionamos sociopoliticamente. Contudo, as *discursividades* não podem ser restritas ao uso da língua operado por um indivíduo. Assim como a língua não é um instrumento de que se utiliza para chegar a fins de comunicação precisos, um falante isolado *não pode ser tomado como fonte e origem do dizer*. Por essas razões, quando circunscrevemos discursos políticos, podemos depreender posições ideológicas materializadas em redes de enunciados que circulam amplamente entre distintos meios sociais. Nesse sentido, toda fala é passível de análise discursiva, desde que a dispersão de enunciados passe por um tratamento prévio que possibilite a organização do exercício analítico.

Seguindo a análise de discurso desenvolvida por Michel Pêcheux e seu grupo, trabalhamos, primordialmente, sobre a base material da língua, ou seja, sobre enunciados linguísticos que materializam discursos e ideologias. Quando operamos análises discursivas, entrevemos histórias que reclamam enredos mais amplos, que não são necessariamente lineares, mas se manifestam em enunciados, por meio de repetições, reformulações, lapsos e apagamentos. Compreendemos que toda significação é histórica: as formas da língua só fazem sentido porque *tudo que é dito já fora dito antes em outro lugar*.

Dentre os postulados mais importantes para o campo dos estudos do discurso, destacamos um dos conceitos de procedimentos de exclusão, formulado por Michel Foucault, a *interdição*: "Sabe-se bem que não se tem o direito de dizer tudo, que não se pode falar de tudo em qualquer circunstância, que qualquer um, enfim, não pode falar de qualquer coisa" (FOUCAULT, 2005 [1970], p. 9), além do postulado que aborda *o discurso como aquilo pelo que se luta* (FOUCAULT, 2005 [1970], p. 10). Segundo Foucault, importa quem diz, o que se diz, quando se diz, ao que acrescentamos: *o modo como se diz*. Ao explorar o que é dito e seus efeitos de sentido, buscamos analisar os modos de dizer, as variáveis de formulação e a constituição dos discursos. Dedicamo-nos a uma demonstração do funcionamento ambivalente dos discursos dos sujeitos desta pesquisa, focalizando modos de dizer, que sofrem coerções discursivas, cujos efeitos se manifestam nas formulações linguísticas. Em grande medida, assim como se dá uma ênfase aos modos de se comportar de Lula da Silva e Evo Morales, enfatiza-se seu modo de falar para uma consequente deslegitimação de seus posicionamentos enquanto sujeitos políticos. Por essas e outras razões, suas falas públicas não se desenrolam de modo livre e irrestrito, coerções históricas e discursivas restringem certas formas linguísticas e não outras, consequentemente, certos sentidos e não outros.

Especificamente, naquilo que diz respeito ao modo, consideramos que o uso e as formas da língua têm incidência sobre os sentidos que delas emergem, ou seja, as formulações linguísticas modificam sentidos históricos daquilo que é dito. E, assim como as formas linguísticas impõem restrições, também elas sofrem coerções históricas, pois o uso configurado é sempre uma possibilidade dentre outras. Quando discute *pontos de vista entre a sociolinguística e a análise do discurso*, Françoise Gadet trata de formulações discursivas que engendram um certo *modo de apresentação de atores, ações e acontecimentos* (GADET, 2005, p. 51-63), como um dos fenômenos notáveis nas construções linguísticas de atores sociais. Com base em algumas das *manifestações linguísticas de tendências discursivas*, destacadas pela pesquisadora, procederemos algumas análises.

Em perspectiva análoga, em *Notas sobre as relações entre discurso e sintaxe*, Possenti (1999, p. 214) sustenta que há uma "diferença entre o que pode ser dito em uma língua e o que o sujeito posto em uma posição determinada pode dizer", ou seja, as restrições ao modo como se diz são de natureza linguística, em função das limitações impostas pelas formas e normas da língua, mas também de natureza discursiva: os *sentidos* afetam a sintaxe da língua. Ainda de acordo com Possenti (1999, p. 212), nas análises discursivas não cabe *resolver problemas de sintaxe*, mas perceber como os *arranjos dos recursos de expressão* operam coerções sobre o sentido, bem como são restringidos em função dos sentidos. Segundo o autor, as regras da língua impõem *restrições de uso sobre o material verbal*, enquanto as regras discursivas podem ser verificadas por meio dos *empregos efetivos* (POSSENTI, 1999, p. 214).

Com base nessas teorizações, consideramos a descrição do funcionamento dos *processos discursivos* por meio de análises discursivas sobre a base material da língua. De antemão, esclarecemos como concebemos *processo discursivo* e *discursividade*. Baseando-nos nas teorias do discurso de Michel Pêcheux, adotamos a seguinte premissa : « On désignera dès lors par le terme de *processus discursif* le système des rapports de substitution, paraphrases, synonymes etc., fonctionnant entre des éléments linguistiques – des « signifiants » - dans une formation discursive donnée » (PÊCHEUX, 1975, p. 146).[51] Assim, levantamos uma série de enunciados que correspondem a uma mesma *discursividade*, ou seja, podem ser considerados em redes de paráfrases que se atualizam historicamente, apresentando certas similitudes e discrepâncias entre si, mas que constituem uma mesma formação discursiva.

As *repetições* que buscamos são reformulações de *já-ditos* atualizados como um *acontecimento*. Segundo Possenti (2006, p. 93), a noção, regularmente, tem relação com um evento « inesperado », « espetacular » e « único ». Além disso, o autor elucida a importância de tal categoria para os estudos do discurso:

---

[51] "Pelo termo "processo discursivo" entendemos o sistema de relações de substituição, paráfrases, sinônimos, etc., operando entre elementos lingüísticos – "significantes" - em uma dada formação discursiva" (PÊCHEUX, 1975, p. 146).

A noção de acontecimento é fundamental para AD por sua relação com a enunciação que, quase naturalmente, é concebida como um evento, e até um evento que não se repete e por sua relação com a história, campo para o qual a noção de acontecimento é uma espécie de matéria prima (POSSENTI, 2006, p. 93).

A enunciação é sempre um meio de atualização da memória, ainda que os enunciados sejam da ordem do ineditismo, quando proferidos em determinados lugares. As formulações guardam uma memória que se atualiza, independentemente de que sujeitos tenham consciência do histórico daqueles dizeres. Os enunciados *já-ditos* significam porque emergem de uma historicidade e, ao mesmo tempo, apagam-na sob a aparência de uma novidade. Retornamos então para a importância da noção de *discursividade*. Trabalhando com a referida teoria do discurso, entendemos que, acima dos sujeitos que enunciam, existe uma *discursividade* que os antecede, em cuja ordem eles se inscrevem. Por *discursividade*, compreendemos o processo de materialização da história na língua. Quando um sujeito político toma a palavra, já se encontra filiado a uma história anunciada outrora. Quando fala, assume uma *posição discursiva* que já fora ocupada por outros sujeitos, que é mais ou menos transformada no instante da nova enunciação e que engendra novas possibilidades de enunciabilidade. E, como afirma Pêcheux, a *discursividade* não se confunde com a fala:

> *la discursivité n'est pas la parole*, c'est à dire une manière individuelle « concrète » d'habiter l' « abstraction » de la langue ; il ne s'agit pas d'un usage, d'une utilisation ou de la réalisation d'une fonction. Tout au contraire, l'expression de *processus discursif* vise explicitement à remettre à leur place (idéaliste) la notion de parole et l'anthropologisme psychologiste qu'elle véhicule (PÊCHEUX, 1975, p. 82, grifos do autor).[52]

Assim, quando tratamos dos pronunciamentos de quaisquer sujeitos políticos – neste livro, especificamente, Lula da Silva e Evo Morales –, pensamos em um *lugar discursivo*, que não desconsidera, ignora ou negligencia o lugar social ocupado empiricamente pelos sujeitos que falam, mas tampouco se limita a este último. Reafirmamos que as falas públicas dos sujeitos da pesquisa não são tomadas de forma individualizada, posto que as consideramos parte de um histórico mais abrangente de falas ditas em outros lugares, em outros momentos históricos, por

---

[52] *A discursividade não é a fala*, isto é, um modo "concreto" individual de habitar a "abstração" da linguagem; não é uma questão de uso, utilização ou desempenho de uma função. Pelo contrário, a expressão *processo discursivo* visa explicitamente colocar em seu lugar (idealista) a noção de fala e o antropologismo psicologista que ela veicula (PÊCHEUX, 1975, p. 82, grifos do autor, tradução nossa).

outros sujeitos. A partir de um certo recorte metodológico operado nessas falas, observamos *fenômenos discursivos*, de que falaremos adiante.

Como já dissemos, nosso *corpus* é constituído pelos pronunciamentos dos presidentes Luiz Inácio Lula da Silva e Juan Evo Morales Ayma realizados em cerimoniais de tomada de posse de mandato presidencial. Nossa escolha teórico-metodológica se deve a certas regularidades que encontramos nas declarações selecionadas, que não se restringem a repetições intratextuais. Identificamos processos históricos similares entrecruzados que se materializam nos pronunciamentos dos referidos sujeitos políticos que dizem respeito a uma discursividade mais ampla, de durações históricas diversas. Tomamos as ideias de Courtine e Marandin (1981) para o tratamento das *repetições*:

> Les discours se répètent : « synchroniquement » au fil de leur déroulement et « diachroniquement » au fil du temps : les mêmes thèmes, les mêmes formulations, les mêmes figures reviennent, réapparaissent. C'est dont l'AD s'empare, ce sur quoi elle autorise ses pratiques de description et ce qu'elle constitue comme son objet : elle traque, dans le foisonnement des discours, des zones d'immobilité, des points d'identité, bref des fragments de nature (COURTINE; MARANDIN, 1981, p. 27).[53]

Se, por um lado, buscamos identificar *repetições* para a discussão de nossos pressupostos, por outro, não visamos a uma exaustiva demonstração de dados coletados, tendo em vista que apresentamos aquilo que entendemos como fundamental para a exposição do debate – como a análise dos dados, a descrição e a interpretação do objeto, mas também reflexões e especulações sobre o tema.

Em *Análise do discurso político – O discurso comunista endereçado aos cristãos*, Courtine considera que devem ser superadas as respostas da « exaustividade », « representatividade », « homogeneidade », « adequação da forma do *corpus* aos objetivos da pesquisa » (COURTINE, 2009 [1981], p.28). Seguindo esses encaminhamentos metodológicos, partiremos da análise do *corpus*, direcionando a investigação para uma discussão mais rica em questões, múltiplas, mas convergentes.

---

53 Os discursos se repetem: "sincronicamente" ao longo de seus desdobramentos e "diacronicamente" ao longo do tempo: os mesmos temas, as mesmas formulações, as mesmas figuras retornam, reaparecem. É o que a AD capta, o que autoriza suas práticas de descrição e o que constitui como seu objeto: a AD busca, no funcionamento dos discursos, as zonas de imobilidade, os pontos de identidade, enfim, fragmentos de sua natureza (COURTINE; MARANDIN, 1981, p. 27).

Retomando o trabalho de Michel Pêcheux (1990) sobre o *porta-voz*, vislumbramos como a fala dos sujeitos desta pesquisa concernem a uma ideia de *porta-voz*, que pode ser afetada por razões históricas referentes ao estado de organização das classes dominadas:

> Chamando a si a questão do Estado, e já preso nela, o porta-voz é desta forma necessariamente confrontado aos efeitos recorrentes do trabalho revolucionário da memória, onde os discursos sedimentados de todos aqueles que o precederam neste destino o esperam para agarrá-lo, penetrá-lo, servir-lhe e reviver através dele (PÊCHEUX, 1990, p. 18).

Tomamos Evo Morales e Lula da Silva como sujeitos forjados historicamente em processos de lutas sociais que constituem suas discursividades, o que nos leva a refletir sobre sua ascensão, sobre aqueles que pavimentaram seus percursos e como ambos sofrem coerções sociais naquilo que se refere a sua fala em lugares sociais nunca antes ocupados por sujeitos de suas respectivas origens. A fala do *porta-voz* é permeada pela memória daqueles que o antecederam, conforme explana Michel Pêcheux (1990). Em outra direção, esse lugar de transição entre aqueles que lhe prestam legitimidade e outros com quem disputa espaços de poder provoca desdobramentos na posição-discursiva do sujeito enunciador. Tais deslocamentos impõem restrições discursivas aos modos de dizer, bem como tais modos sofrem transformações em função do *acontecimento discursivo* inaugurado pelo sujeito em um novo lugar social.

Na esteira de Pêcheux, entendemos que a confluência de saberes acerca da organização dos trabalhadores na luta de classes emerge (ou não) conforme as condições históricas de enunciação dos discursos. Com vistas a debater sobre os *processos discursivos* de que tratamos neste livro, faz-se necessário abordar algumas noções sobre *silêncio* e *silenciamento*, para, posteriormente, adentrar a discussão sobre *tomada de palavra*, *lugar de fala* e *corpo* como constructo social.

Inicialmente, faremos uma breve exposição de teorizações sobre sentidos do silêncio, que norteiam análises discursivas cujos objetivos se centram nessas concepções. Considerando que nossa discussão se dá sobretudo sobre as ambivalências das discursividades dos sujeitos políticos que se encontram em um lugar que cerceia e atualiza suas posições discursivas, anunciamos que interessamo-nos pela diferenciação entre *silêncio* e *silenciamento* por tratarmos de práticas de silenciamento adiante. Sendo assim, passemos para a reflexão sobre o *silêncio*, para então discutir sobre *silenciamento* e seus desdobramentos.

2.2. SOBRE OS SENTIDOS DO SILÊNCIO

Nesta seção, faremos uma reflexão a respeito da teoria do silêncio, desenvolvida por Eni Orlandi (2007; 2003), trazendo aspectos do texto "Falar em público e ficar em silêncio na Grécia Clássica", de Silvia Montiglio (2015), sobre a tomada ou não da palavra em público. Inicialmente, apontamos alguns pontos da teorização feita por Orlandi sobre o silêncio para, em seguida, estabelecermos uma relação entre a proposta da autora brasileira com o trabalho de Montiglio. A partir dessas leituras, buscamos problematizar algumas questões sobre o *silêncio* em público, para logo estender o debate para as noções de *silenciamento, tomada de palavra* e *lugar de fala*.

A relação entre silêncio e palavras pode ser pensada como um processo por meio do qual circulam ditos e não-ditos, na medida em que os sujeitos falantes tomam determinados sentidos quando enunciam e, ao mesmo tempo, silenciam ou apagam outros. As palavras não têm sentidos afixados, literais, como em um dicionário, em que vocábulos e significações são relacionados e categorizados. Em diversas correntes de teorias sobre o discurso, defende-se que os sentidos das palavras não são preestabelecidos, mas podem ser tomados por meio de exercícios analíticos do uso que se faz de determinados termos. O uso, marcado pela história, confere alguma significação que pode ser apreendida e destacada pelo analista.

Orlandi considera que o *real da linguagem*, de certo modo, depende do silêncio, pois o "fora da linguagem é ainda sentido" (ORLANDI, 2016, p.14). Aquilo que é interdito ou silenciado significa. Para fazer sentido, determinados dizeres necessariamente excluem outros, pois são inúmeros os modos de discursivização dos fatos e acontecimentos. Sendo assim, pode-se resgatar na própria formulação linguística sentidos apagados, bem como a não manifestação de um sentido pode ser dada pela via de que outro sentido poderia ter sido produzido em seu lugar.

O silêncio produz sentidos e seu modo de significar também afeta a maneira como as palavras serão tomadas e significadas. *As palavras produzem silêncio, o silêncio fala pelas palavras*:

> Há um modo de estar no silêncio que corresponde a um modo de estar no sentido e, de certa maneira, as próprias palavras transpiram silêncio. Há silêncio nas palavras; 2. O estudo do silenciamento (que já não é silêncio mas "pôr em silêncio") nos mostra que há um processo de produção de sentidos silenciados que nos faz entender uma dimensão do não-dito absolutamente distinta da que se tem estudado sob a rubrica do "implícito" (ORLANDI, 2007, p. 11-12).

A autora reforça que o não-dito significa por meio das palavras, que ocultam aquilo que está fora da linguagem e circula na sociedade. O silêncio não é vazio, não é sem sentido: está repleto de história (ORLANDI, 2007, p.23). Afirma ainda que o silêncio é *fundante*, *fundador* por mostrar-se presente nas palavras. E estas, em si mesmas, carregam possibilidades de sentidos que se sobrepõem a outros que poderiam ser a elas atribuídos, mas são calados em determinadas conjunturas. Portanto, as palavras produzem silêncio quando interditam outras, dotadas de outros sentidos que são apagados em função da tomada de posição ideológica do sujeito que enuncia.

Sendo assim, existe uma rede de possibilidades para o dizer e para o não dizer, para o que pode e não pode ser dito, em virtude de uma série de fatores, sobretudo, ideológicos. A própria materialidade linguística pode produzir efeitos de apagamento ou de atenuação de outros sentidos em seu modo de manifestar-se. Se não é qualquer pessoa que pode dizer qualquer coisa em qualquer lugar, os modos de dizer também sofrem coerção. Além disso, a *ordem do discurso* impõe quem pode e quem não pode dizer, silenciando maiorias, estabelecendo lugares de fala legítima, instituindo corpos normais e anormais. A *ordem do discurso* estigmatiza determinados modos enquanto elege outros. Entendemos que o discurso se materializa na língua; portanto, a língua veicula sentidos constituídos de ideologias que circulam em sociedade. Se os sentidos são efeitos produzidos na língua, à medida que se manifestam, dissimulam outros.

Ainda que não exista perfeita relação de literalidade entre o que é dito e o real, a linguagem, segundo Orlandi (2007), estabiliza sentidos. E o faz também por meio do silêncio. Há uma vasta gama de dizeres possíveis que põem em funcionamento a linguagem, que interditam alguns dizeres e fazem emergir outros: "A linguagem estabiliza o movimento dos sentidos no silêncio, ao contrário, sentido e sujeito se movem largamente" (ORLANDI, 2007, p.27). Seguindo essa mesma orientação teórica, Orlandi considera que existe uma multiplicidade de silêncios, assim como existe uma multiplicidade de palavras (ORLANDI, 2007, p.28). Quando pensamos em uma multiplicidade de silêncios, entendemos que o ato de silenciar é heterogêneo. Os silêncios são diversos e não significam de um mesmo modo, considerando que carregam História e são afetados por ela.

Em nossas sociedades, utilizamo-nos da expressão "tomar a palavra": a palavra nos parece perdida em meio ao silêncio, o que torna possível a enunciabilidade. Podemos dizer e significar devido ao fato de que há um silêncio que antecede o dizer. Se o silêncio fala pelas palavras (ORLANDI, 2007, p. 14) e possibilita os dizeres, o que significaria estar em silêncio em uma assembleia? Em que consistiria tomar a palavra? A tomada de palavra remete ao ato de silenciar anteriormente ou ao fato de ser silenciado. Desse modo, os silêncios em uma assembleia são também fundantes de sentidos, caso haja ou caso possibilite um pronunciamento posterior. E, em alguma medida, tal pronunciamento significará em função do que fora dito ou silenciado imediatamente antes – e, obviamente, em relação a qualquer dito ou não-dito que se inscreva naquela ou noutra discursividade.

No capítulo "Falar em público e ficar em silêncio na Grécia Clássica", Silvia Montiglio aborda como alguns oradores da Grécia Clássica apresentavam posições divergentes sobre o que significava estar em silêncio em uma situação de assembleia: quando todos poderiam pronunciar-se, estar em silêncio poderia ser lido como negação de um direito dado, falta de preparo para falar em público ou, até mesmo, oportunismo. Contudo, ainda que houvesse tal direito, não se poderia fazer mau uso da tomada de palavra, não se poderia falar o que não fosse pertinente e relevante para o auditório:

> **o acesso igualitário à fala** não poderia significar a licença de tudo dizer. Se os atenienses têm o direito de falar livremente, as formas pelas quais se desenvolve essa fala livre são igualmente formas que se pretendem controladas (MONTIGLIO, 2015, p.25).

Havia uma incitação ao dizer assim como diferentes valorações a respeito do silêncio. O ato de silenciar era (e é) complementar ao ato de tomar a palavra

> desde quando cada cidadão torna-se livre para intervir a qualquer momento no debate público, impõe-se a ele necessidade de incorporar o silêncio à sua fala, ao menos para convencer o auditório de que ele não abusa das liberdades democráticas. Tomar a fala e ficar em silêncio formam assim um par indissociável, de tal modo que o segundo gesto vem em alguma medida garantir que se faz bom uso do primeiro (MONTIGLIO, 2015, p.25-26).

Como podemos notar, permanecer em silêncio era também uma posição incômoda, que deveria ser plenamente justificada. Se havia o pleno direito à fala, os oradores que não se utilizassem do benefício de poder pronunciar-se ao público eram questionados. Se podiam falar, por que razão não falavam? Não tinham domínio sobre o assunto tratado ou escondiam oportunamente algo do público? Estas eram algumas das questões colocadas em acalorados debates cujas pautas eram, inclusive, o silêncio de alguns oradores.

Pensando na indissociabilidade entre falar e fazer silêncio em assembleia na Grécia Clássica, retornamos e articulamos essa questão apontada por Montiglio às reflexões da teoria do silêncio. Para Orlandi, sendo "matéria significante por excelência" (ORLANDI, 2003, p.29), o silêncio caracteriza-se por ser pleno de sentidos. Ainda que nada seja dito, a história marca e faz-se manifestar nos não-ditos, possibilitando que também o silêncio seja passível de interpretação, posto que o silêncio *fundador* ou *fundante* é o "princípio de toda significação" (ORLANDI, 2003, p.68). Como já dissemos, o silêncio não é vazio.

Vejamos como Montiglio discorre a respeito das formas pelas quais os oradores da Grécia Clássica tratavam o tema do silêncio. Segundo ela, Teseu opunha a *fala útil* ao *silêncio do homem sem brilho* (MONTIGLIO, 2015, p.27), sendo que esta oposição seria mais tarde complexificada por outros oradores que consideravam que o silêncio deveria ser legitimado, ou seja, devidamente justificado. Dentre os oradores citados por Montiglio, encontram-se Esquines e Demóstenes, que pensavam e discutiam em torno do "primado da fala": enquanto o primeiro defendera a liberdade de poder não intervir, o segundo defendera a ampla participação do orador em todas as oportunidades dadas nas assembleias. As disputas entre tais oradores frequentemente giravam em torno do posicionamento de tomar ou não a palavra, do *livre exercício da fala*, de permanecer ou não em silêncio. Quais eram as interpretações que se fazia acerca de silenciar em assembleia? Havia um certo *elogio da fala útil, preferível ao silêncio*, bem como um *silêncio útil, preferível à fala*. (MONTIGLIO, 2015, p.27). Demóstenes representava esta primeira posição bem como Esquines a segunda.

Para Demóstenes, não se pronunciar denotava oportunismo, ocultação de algo da assembleia, costumeiramente ávida por ouvir todos os oradores. O orador defendia que o silêncio poderia apontar um traço de oportunismo daquele homem público que se abstinha de falar. Em oposição a Demóstenes, Esquines sustentava que o orador deveria esperar um momento adequado para pronunciar-se, para que falasse algo pertinente e importante ao auditório. Falar sempre, sim, poderia significar tomar a palavra por oportunismo, poderia denunciar a figura de um orador profissional, que teria interesses escusos em jogo. Com relação a esse debate, Montiglio acrescenta:

> É que o silencioso pode sempre ser suspeito de lassidão e até mesmo de desonestidade. Assim, enquanto Esquines acusa aquele que fala sem cessar de ser um orador assalariado, Demóstenes, ao contrário, afirma que o dinheiro serve para comprar o silêncio (MONTIGLIO, 2015, p. 28).

Poderíamos pensar que havia uma incitação ao dizer. E que os oradores eram, de certo modo, pressionados a marcar posição sobre todos os temas em pauta nas assembleias, sendo que aquele que não o fizesse seria julgado tanto por seus pares quanto por seus espectadores. Considerando que havia um certo consenso referente à ideia de que todos os oradores deveriam fazer uso da fala pública, expondo e pondo seus argumentos à prova nos debates, podemos retomar a noção de que o silêncio é também uma "forma de resistência" (ORLANDI, 2003, p. 263).

Naquela ocasião de assembleia, Demóstenes e Esquines eram pares, iguais, com as mesmas condições de protagonismo de fala, podemos afirmar que havia uma certa hegemonia relativa a uma obrigatoriedade do uso do benefício do *livre exercício da fala*. Naquelas circunstâncias, fazer uso do silêncio poderia ser, até mesmo, um privilégio, cuja plausibilidade seria passível de julgamento por outrem. Assim, fazer uso do artifício era uma opção. Em situações ideais de partilhamento do direito à fala, calar pode ser uma arte, pode ser um modo de não se deixar dominar ou uma forma de eloquência.[54] Contudo, assim como os modos de estar em silêncio significam e significam diferentemente, silenciar e ser silenciado não correspondem aos mesmos processos de enunciabilidade. Enquanto silenciar poderia operar significativamente como uma posição de resistência, o que poderia ser um ato deliberado e opcional, para oradores das assembleias atenienses, cidadãos brancos e com posses, o *processo de silenciamento* inibe o sujeito de uma plenitude de possibilidades de sentidos, *limita o sujeito no percurso dos sentidos* (ORLANDI, 2007, p.13). Orlandi (2007) concebe que *silenciamento* não consiste em estar em silêncio, mas *pôr em silêncio*. Com esta pesquisa, apontamos para casos de sujeitos *postos em silêncio* historicamente. Aqueles para os quais os silêncios não foram dados como opção, mas como condição. Aqueles que calaram diante de imposições sociais, mas que ousaram irromper no silêncio imposto.

Conforme a contingência histórica, o direito ao *livre exercício da fala* pode ou não ser exercido plenamente. E, ainda que o seja, as falas dos sujeitos não são de todo livres, passando por modulações em sua estrutura linguística em função dos silêncios da ordem dos dias nas sociedades. Portanto, há de se conceber como as formulações dos enunciados são afetadas em decorrência daquilo que pode e não pode ser dito. Tais modalizações não dependem de uma intencionalidade de todo controlada pelos enunciadores, e sim de determinações históricas que se manifestam discursivamente. Portanto, sustentamos a posição de que a censura que

---

54 Ver mais sobre essa discussão em: COURTINE, Jean-Jacques; HAROCHE, Claudine. Las paradojas del silencio. In: DINOUART, Abate. *El arte de callar*. Siruela, 2011.

se manifesta na fala de sujeitos supostamente livres não necessariamente depende de uma consciência plena sobre "um sentido proibido", mas diz respeito a "fatos produzidos na História" (ORLANDI, 2007, p.13).

Partindo da exposição dessa teorização, enveredamo-nos por outros aspectos sobre silenciar, estar em silêncio ou ser posto em silêncio. Para além daqueles que sempre tiveram direito ao *livre exercício da fala* e foram incentivados a tomar a palavra, outros sujeitos nunca gozaram de condições privilegiadas de *dizibilidade* de suas condições humanas. Na seção que segue, propomos uma reflexão sobre como existem línguas, normas linguísticas, corpos, vozes, sentidos e subjetividades (im)postos como padrão ao passo que outros resistem a despeito de silenciamentos e perseguições.

2.3. A (DES)ORDEM DO SILÊNCIO: SILENCIAMENTO E TOMADA DE PALAVRA

> Todas las minorías a la hora de hablar y mayorías a la hora de callar y aguantar. Todos los intolerados buscando una palabra, su palabra, lo que devuelva la mayoría a los eternos fragmentados, nosotros.
> Subcomandante Marcos

Quando empreendemos a discussão acima, preparávamos o terreno para abordar a questão dos silêncios e silenciamentos que envolvem, constituem e emergem nas falas públicas de Lula da Silva e Evo Morales, sujeitos desta pesquisa. Poderíamos equiparar os oradores da Grécia Clássica aos oradores da atualidade? Quem eram os cidadãos naquela sociedade que tinham direito ao *livre exercício da fala*? Quem eram as pessoas consideradas cidadãs? Na Grécia Clássica, considerava-se os cidadãos como iguais, contudo a cidadania não era para todos. Com séculos à frente daqueles tempos em que alguns poderiam exercer o direito à fala e ao silêncio, poderíamos pensar que, no início do século XXI, finalmente alcançamos uma sociedade em que todos (as) podem se pronunciar em pé de igualdade?

Em sociedades regidas por constituições que proclamam que todos são iguais perante a lei, constatamos diariamente os percalços por que pessoas pertencentes a certos segmentos sociais têm que passar para se aproximar de algum exercício da cidadania. Como sabemos que não vivemos em sociedades igualitárias, e que, sobretudo devido a fatores socioeconômicos, nem todos (as) dispõem de plenas condições de usufruir de direitos civis e políticos vigentes, podemos ainda considerar que todos (as) têm acesso à livre manifestação?

Em *Delimitações, inversões, deslocamentos*, Michel Pêcheux (1990) fala sobre como o direito nos faz crer que vivemos em um mesmo mundo uno e indivisível, regido pelas mesmas regras, sob o regime republicano:

> A particularidade da revolução burguesa foi a de tender a absorver as diferenças rompendo as barreiras: ela universalizou as relações jurídicas no momento em que se universalizava a circulação do dinheiro, das mercadorias... e dos trabalhadores livres.
>
> Para tornar-se cidadãos, os sujeitos deviam, portanto, se libertar dos particularismos históricos, cujo imediatismo visível os entravava: seus costumes locais, suas concepções ancestrais, seus "preconceitos"... e sua língua materna: a "questão linguística" chega politicamente à ordem do dia, e desemboca na alfabetização, no aprendizado e na utilização legal da língua nacional.
>
> O resultado do que acabamos de lembrar brevemente consiste em uma mudança estrutural na forma das lutas ideológicas: não mais o choque de dois mundos, separados pela barreira das línguas, mas um confronto estratégico em um só mundo, no terreno de uma só língua, Una e Indivisível, como a República (PÊCHEUX, 1990, p. 10-11).

Com o advento da revolução burguesa e a instituição da República, a homogeneização dos indivíduos permeou a constituição do Estado, com o estabelecimento de direitos e deveres para todos os cidadãos. A pretensa igualdade de tratamento entre todos os cidadãos acarretou o controle burocrático das maiorias por elites administrativas junto com o apagamento das diversidades. Todo esse processo se dava/dá por meio das línguas oficiais, por meio das quais se legisla.

Quando indivíduos provenientes de segmentos sociais desfavorecidos ascendem a uma posição social que exige o domínio de saberes restritos ao alcance de uma minoria privilegiada, notamos o quão árdua é essa passagem da marginalização para o centro. Efetivamente, existe uma hierarquização social a respeito de valores e normas sociais partilhadas, que são colocadas como padrão para todos.

Entendemos que todas as pessoas dispõem de bens culturais, independentemente do segmento social a que pertencem. Nesse sentido, o que podemos afirmar é que certos bens culturais são sobrevalorizados em detrimento de outros, como, por exemplo, modas para vestimentas, hábitos alimentares, práticas desportivas, formações acadêmicas, dentre outros. Na padronização de valores e normas, imposta por elites políticas e econômicas, transitamos entre o privilégio do acesso aos códigos bem valorizados socialmente e o estigma de estar alheio a eles.

Como nos interessamos essencialmente pelo discurso político, observamos as regras de funcionamento de pronunciamentos que nos permitem vislumbrar regularidades, dispersões e transgressões em falas públicas protocolares de Lula da Silva e Evo Morales. Não focalizamos as chamadas transgressões no sentido de que sejam "erros" ou "desvios" de norma, nem diferenças entre o que é dito e efetivamente feito, nem ainda "contradições" entre diferentes discursos que estariam presentes em seus pronunciamentos, mas o que dizem e modos de dizer desses sujeitos. Podemos tomar as trajetórias de Lula da Silva e Evo Morales como exemplos de que os regimes democráticos funcionam? Que todos (as) podem dizer tudo sem restrições e sem que suas falas passem por coerções específicas sobre o que pode ser dito a partir do lugar da presidência da República?

Quando se tomam as falas públicas de sujeitos na política, percebemos *contradições, apagamentos* e *interdições* constitutivas de seus dizeres, e entendemos que o que se diz seja viável como possibilidade de dizer ou aquilo que pode e deve ser dito, em determinada conjuntura histórica (FOUCAULT, 1996 [1971]; PÊCHEUX, 2009 [1975]).

Como esses processos se materializam na língua, certos processos afloram discursividades silenciadas por séculos, provocando efeitos de transgressão das normas comumente adotadas nos regimes democráticos. Em outros termos, os *particularismos históricos* (Pêcheux, 1990) outrora interditados, calados ou negligenciados pelas oligarquias gestoras das repúblicas passam a disputar espaço nos lugares de poder. Em nome da instauração da República, reivindicava-se a coesão dos cidadãos, todavia, a diversidade de pessoas silenciadas em suas vivências, em função de suas pertenças a classes e grupos sociais, não cabe na representação única e unilateral, a saber: (n)a imagem do homem branco, rico, heterossexual, cisgênero. Desse modo, por bastante tempo, a representação seguiu e segue distante e alheia às maiorias.

A cidadania plena é uma plena abstração, posto que inalcançável para alguns setores sociais. Desde tempos remotos, vale-se de uma certa autorização coletiva para que se dirija a palavra a um número considerável de interlocutores, o que depende de que se valha de reconhecimento social por parte da audiência. Dentre tantas lutas travadas, disputa-se pela valoração de atributos de que dispõe um indivíduo para que seja julgado como digno de levantar sua voz. Com a disputa pelo poder, trava-se uma luta pela palavra, como arena de sentidos que se confrontam. Para que se enuncie a palavra, trava-se uma luta para que se possa abrir a boca e alçar a voz. Em *A voz do povo: uma longa história de discriminações*, Carlos Piovezani sustenta:

> Uma sociedade hegemonicamente desigual e conservadora consolida meios de calar e menosprezar tanto os discursos que reivindicam sua transformação quanto os modos de dizer daqueles que ela exclui. Com mais forte razão, tais meios de silenciamento e menosprezo se radicalizam em condições públicas de fala, nas quais há conjunção entre tais discursos em defesa do povo e sua materialização em meios populares de expressão (PIOVEZANI, 2020, p.246).

Se alguma *discursividade* não encontra condições para ser enunciada, forçosamente atravessa fronteiras das interdições, emerge sob forma de *discurso-outro, interdiscurso, pré-construído*, porque não há discurso inequívoco, sem falhas. Mais do que questões individuais, são as *práticas discursivas* que constroem os regimes de escuta e fala pública nas sociedades, de acordo com Piovezani (2020). Assim, ainda que sejam silenciadas, as discursividades antagonizadas pelos discursos hegemônicos de dominação irrompem em processos de resistência. Por meio da língua, um sujeito social se enreda a *processos discursivos* históricos, que antecedem sua existência. Diante de múltiplas construções discursivas de interpretação do real, um sujeito pode identificar-se ou não com redes discursivas que sustentam práticas de dominação.

Como Eduardo Galeano bem delimitou em seu poema "Los Nadies",[55] existem aquelas pessoas que são tomadas como *ninguém, los ninguneados*, cuja língua, religião, arte, cultura, humanidade, rosto e nome são desprezados. Essas pessoas *não são, ainda que sejam*. Quando não dispunham de reconhecimento de cidadania, os processos de marginalização de *los nadies* estavam amparados legalmente. Até poucas décadas, negros, mulheres, indígenas não tinham direito ao voto, para citar alguns segmentos sociais, em distintas Repúblicas. Nem sequer votando poderiam participar da vida pública. Consequentemente, mais absurdo ainda seria concorrer a cargos políticos por meio de sufrágio. Em numerosas sociedades, não se reconhecia a humanidade de determinadas pessoas humanas, portanto, menos ainda seus direitos políticos.

Em razão da desumanização das distintas possibilidades de ser humano e da negativa em ser reconhecido como tal, formulou-se a Declaração Universal de Direitos Humanos, de 10 de dezembro de 1948, na Assembleia Geral das Nações Unidas,[56] ainda hoje questionada pelos setores mais conservadores e reacionários das sociedades. Na América Latina de 2020 e de outrora, temos (e tivemos) candidatos e

---

55 Ver *El libro de los abrazos* (GALEANO, 1989, p.52).

56 Fonte: https://www.unicef.org/brazil/pt/resources_10133.html. Acesso em: 10 dez. 2018.

mandatários (vereadores, deputados, senadores, presidentes) de segmentos sociais de origem mais pobre, indígenas, negros, LGBTQIA+, mulheres, cujos corpos, línguas, vozes e subjetividades foram silenciadas e perseguidas. Muitas vezes, conjugam em seus corpos mais de uma identificação social carregada de estigmas. Comumente, quando filiados a partidos progressistas, valem-se de suas vivências para legitimação. E, não raras vezes, representantes desses mesmos segmentos, quando em partidos reacionários, justificam a descredibilização das pautas de setores historicamente oprimidos de onde provêm, fundando-se no discurso sobre o 'vitimismo' ou da meritocracia.

Em torno da reflexão sobre *O que é lugar de fala*, Djamila Ribeiro (2017, p.67) discute questões sobre poder falar de uma determinada situação social em razão de uma vivência partilhada socialmente. A discussão baseia-se no fundamento de que as opressões são estruturais. Assim, toma-se como parâmetro de avaliação de realidade social situações de opressão compartilhadas por grupos sociais. Ainda que um indivíduo não tome conhecimento, não reconheça ou não tenha vivido formas de discriminação relacionadas ao segmento social de que faz parte, tal experiência individual não invalida ou não anula a substancialidade da denúncia feita por outros em seu lugar de fala. Dito de outro modo, caso um negro não se reconheça pessoalmente vítima de racismo, ou uma mulher não se diga vítima de alguma violência machista, a discussão sobre estas práticas discriminatórias não caem por terra. Há de se considerar como pessoas desses setores sociais experimentam coletivamente e cotidianamente situações de violência simbólica, física, psicológica, enfim, de distintas ordens, em função de sua pertença a esses grupos estigmatizados socialmente.

Além dessas questões pontuais e cruciais, elucidadas por Djamila Ribeiro, outras autoras, como Carla Akotirene (2018), sustentam e demarcam que uma mesma pessoa pode ser alvo de *distintas opressões*, daí a pertinência de Ribeiro sustentar que não se deve hierarquizar opressões (RIBEIRO, 2017, p.14). É interessante notar como a autora defende que se conjugue *sofisticação intelectual com prática política*, propondo problematizações de categorias que homogeneízam setores sociais sem considerá-los como diversos em sua composição. Na esteira de feministas negras, como Soujourner Truth/Isabella Baumfree, Ribeiro questiona, por exemplo, a configuração da categoria "mulher" pela historiografia tradicional, que apaga as particularidades de problemas que afetam as mulheres negras. Essa questão debatida por Truth/Baumfree, antes da renomada autora Judith Butler (Ribeiro, 2017, p.21), demonstra que, em espaços diversos, mesmo movimentos sociais e ambientes acadêmicos, existe uma hierarquização de saberes fundada em práticas colonialistas que invisibilizam indivíduos que se encontram em desvantagem até mesmo para participar de discussões que lhes interessam. Essa problemática é também apontada por Pablo Mamani, quando afirma que os mesmos "*q'aras* que governam são aqueles que aparecem pensando, escrevendo e publicando sobre o índio" (MAMANI, 2010, p. 15, tradução nossa), ou seja, o debate a respeito da hegemonia colonialista sobre os saberes atravessa distintos segmentos sociais justamente porque são os "brancos" sempre que se tomam como universais (RIBEIRO, 2017, p. 31).

Devido à monopolização desse setor privilegiado no que se refere à ocupação desses lugares de produção, exercício e compartilhamento de saberes, temos a mulher, o *indio*, o negro, dentre tantos, como *outros*, como sujeitos objetificados, estudados e pensados por um setor que desconhece vivências socialmente partilhadas por esses grupos. Para Ribeiro (2017, p. 24-25), esta *hierarquização de saberes* dos sujeitos é também *produto da classificação racial da população*. Consequentemente, a autora afirma ser

> urgente o deslocamento do pensamento hegemônico e a ressignificação das identidades, sejam de raça, gênero, classe para que se pudesse construir novos lugares de fala com o objetivo de possibilitar voz e visibilidade a sujeitos que foram considerados implícitos dentro dessa normatização hegemônica (RIBEIRO, 2017, p.43).

Esta discussão reivindica uma reconfiguração da ocupação de lugares na sociedade. Em consonância com reflexões sobre como povos minorizados e estigmatizados herdaram lugares subalternos, enquanto outros historicamente privilegiados herdaram lugares de prestígio, esses autores questionam a naturalização dessa construção de hegemonia da narrativa dos vencedores. A dominação colonialista não se encerra com abolições de escravidão, proclamações de repúblicas e conquista de votos. Com tais rupturas, provocadas pelas organizações das massas escravizadas e oprimidas, as histórias de massacres, extermínios, subjugação e inferiorização não cessaram. Assim, no Brasil, temos uma população negra e indígena majoritariamente periférica, subempregada, explorada, desprotegida judicialmente, que arca com a herança da escravidão e da desumanização de seus antepassados, jogados à margem da sociedade, embora libertos. Por outro lado, na Bolívia, temos um processo similar, de negação de direitos da população indígena, secularmente governada por brancos, a despeito de que a maioria seja aymara, quéchua, mojeña, guaraní, dentre outros povos. Nos últimos anos, todos os avanços que estas populações lograram se deve a uma organização política que forjou algum alcance de suas demandas históricas, como as eleições de governos oriundos de suas fileiras.

A problemática do *lugar de fala* se ramifica para diversos aspectos da vida em sociedade, que se manifestam como materialidade das desigualdades sociais vindas de tempos coloniais que não foram superadas. Portanto, é parte de um processo contínuo de resistências: reconhecer e reivindicar origens, vivências, histórias de luta social de segmentos sociais que têm suas identidades e necessidades apagadas para a sustentação de sistemas elitistas. Nesse sentido, a máxima "somos todos iguais", reformulada em distintos meios, para homogeneizar e calar as diferenças de condições de vida e de oportunidades, não funciona. A afirmação de uma suposta igualdade diferencia-se da reivindicação de igualdade, que se vale, muitas vezes, do anúncio de diferenças. Diante dessa conjuntura, Djamila Ribeiro defende que "definir-se é um *status* importante de fortalecimento e de demarcar possibilidades de transcendência da norma colonizadora" (RIBEIRO, 2017, p.44). Para a autora, *falar é poder existir* (RIBEIRO, 2017, p. 64). Luta-se, ainda, pelo direito de falar, pelo direito de falar de si, de sua dor, de seu percurso, de suas dificuldades, de seus confrontos com normas sociais impostas. Luta-se, ainda, pelo direito de poder dizer. Esse processo não é concluso na história de diferentes civilizações.

É por essas razões que se torna necessário debater sobre os lugares de fala, produzir uma *metalinguagem da emancipação*, como uma das práticas de confronto da descredibilização das falas públicas populares. De acordo com Piovezani:

> Precisamos saber e falar desses cruéis abismos entre alguns poucos milhares, que gozam dos prestígios usufruídos por sua linguagem, e os muitos milhões, que sofrem com os estigmas, a cada vez que, apesar das tantas dores e das muitas opressões, ousam abrir suas bocas e falar (PIOVEZANI, 2020, p. 267).

Na reflexão de tais autores, existe um desdobramento da reflexão sobre a alternância, continuidade e descontinuidade de discursos, que não suplantam de todo outras discursividades, mas engendram continuamente mecanismos de resistência. Nessa direção, falar sobre si é um modo de sobrevivência, é uma maneira de exercer seu direito a ser, apesar das práticas de silenciamento e de dominação dos corpos, hábitos, línguas, vozes, culturas, dentre outras formas de manifestação do humano.

Diante das desigualdades sociais, o direito nasceu para contornar distorções sociais, contudo também serviu/serve para mascarar injustiças sob a tutela dos *doutores da lei*. Historicamente, muitas atrocidades são cometidas legalmente. A exclusão de amplos setores sociais da tomada de decisões sobre os rumos de uma nação é uma delas. A *delicadeza de enredar-se no discurso* que os antecede pode ser privilégio de uns, mas não regra para todos. Cabe, a quem não é *passada* a palavra, *tomá-la*. A esses setores, a voz não fora dada por outrem, sempre fora calada pela força bruta e pela violência simbólica. Muitas vezes, há de se gritar, antes que se possa falar. Por essas razões, a desigualdade e a hierarquização sociais historicamente construídas entre os sujeitos privilegiam a atuação política de alguns em detrimento de outros.

Nos regimes ditos democráticos, ainda que haja uma pretensa expansão da titularidade do "ser cidadão(ã)" para toda a população, cidadãos atravessados pelos discursos elitistas de distinção não se veem, não se tratam, tampouco são tratados como iguais, dando vazão comumente a uma descredibilização das falas daqueles que não lhes sejam "iguais" ou "superiores". Não por acaso, no Brasil, populariza-se vastamente o sintagma "cidadão de bem", como fórmula cristalizada de distinção social entre brasileiros. Aquele que não for "pessoa de bem" é "marginal" ou "apoia marginais". Não sem razão, a discursividade de que existem pessoas mais dignas, mais merecedoras, mais aptas, enfim, superiores a outras, é uma constante nas práticas discursivas. Quando um sujeito que foge à norma social colonialista-elitista se impõe e confronta a naturalização da desigualdade em que se encontra imerso, desestabilizando lugares de privilégio, acontecem as reviravoltas sociais e históricas.

Perderam-se no tempo as origens da desestabilização do pressuposto de que todos têm o livre direito à fala. Dentre os trabalhos brasileiros mais recentes sobre a fala pública popular, além da publicação de Djamila Ribeiro (2017) sobre *lugar de fala*, encontra-se o trabalho de Carlos Piovezani (2020).

O autor conjuga conceitos da análise de discurso e da sociolinguística fazendo-os dialogar, retomando contribuições desta última sobre os fenômenos da língua, para reafirmar a falta de cientificidade de argumentos baseados em preconceitos sociais que lançam críticas ao modo de falar daqueles que não se adequam à norma linguística imposta como padrão. A descredibilização pautada na percepção de que o outro emprega uma língua marginal é mais uma das práticas excludentes de que se valem setores sociais dominantes para a contenção de grupos sociais ditos minoritários, embora não haja razão cientificamente embasada para tal:

> No interior de uma mesma língua, há diferentes formas de se atualizar suas unidades fonéticas, morfológicas e sintáticas. Isso significa dizer que toda língua compreende formas variáveis e que suas variantes não possuem em si mesmas nada que as torne mais elegantes e sofisticadas nem tampouco nada que as torne mais desgraciosas ou rudimentares em relação às demais (PIOVEZANI, 2020, p. 246).

O problema de que nem todos são livres e iguais perante a língua é levantado desde a epígrafe selecionada para a abertura do Capítulo 3: "Um operário barbudo, que fala português errado e não tem o dedo mínimo na mão esquerda", extraída da *Revista Veja* de 22 de novembro de 1989 (PIOVEZANI, 2020, p.243). Pela seleção desta epígrafe, o autor rememora que a construção da crítica a Lula da Silva não se restringe a acontecimentos mais recentes na História do Brasil. A crítica sustentada em preconceitos sociais sempre atravessou a trajetória do ex-presidente. Piovezani (2020) aponta os *processos discursivos* que permeiam as críticas: um dos modos de silenciar e descredibilizar um sujeito que fala diz respeito à contestação de sua variante linguística. Diz-se do indivíduo que *não sabe falar*, logo, *não sabe o que diz*.

Fala-se da fala de Lula, fala-se de sua voz, fala-se de seu corpo marcado por um acidente de trabalho, fala-se de seu comportamento e hábitos alimentares, fala-se de sua formação, fala-se de sua filiação política. A fala é "errada", a voz é "rouca", "falta-lhe um dedo", "come bode e estufa a barriga ao terminar de comer", é um "operário" e, *ainda por cima,* "barbudo". Pode-se notar como a retratação de Lula feita pela mídia brasileira, que não se restringe àquela conservadora, mas também feita pela mídia mais progressista (ainda que menos intensa e extensamente), fez de Lula da Silva um palco de disputa de valores sociais em conflito em nossa sociedade.

Em sociedades alicerçadas em base colonialista, que carregam fatos históricos pregressos de injustiças sociais, que tiveram suas narrativas históricas construídas sob a ótica dos invasores, temos vozes incontáveis anônimas perdidas ao longo de séculos de opressão e silenciamento. A ordem de dominação pode desestabilizar-se com contestações. Sendo assim, para que se mantenha uma certa ou completa hegemonia, sujeitos que não se adequam às regras da "normalidade sistêmica" são apartados, excluídos ou abolidos socialmente. Como não se pode exterminar discursos, exterminam-se sujeitos que dão materialidade a esses discursos de contestação da ordem, uma vez que há relações intrínsecas e constitutivas entre discurso, sujeito e sentido. Esse conjunto de práticas, que se manifestam na vida social dos sujeitos, configura o processo de *silenciamento*:

> [...] o mecanismo do silenciamento é um processo de contenção de sentidos e de asfixia do sujeito porque é um modo de não permitir que o sujeito circule pelas diferentes formações discursivas, pelo seu jogo. Com o apagamento de sentidos, há zonas de sentido, e, logo, posições do sujeito que ele não pode ocupar, que lhe são interditadas (ORLANDI, 2008, p. 60).

Manifesta-se o silenciamento por meio da interdição, do apagamento da memória, do desaparecimento forçado, das tentativas de controle e de contenção dos dizeres que subvertam as normas sociais. O silenciamento pode manifestar-se não forçosamente por meio do silêncio, mas até mesmo sob forma de uma "receita de bolo".[57] Quando um sujeito inserido em um *processo de silenciamento* ousa falar sobre aquilo que efetivamente o aflige, poderá ser deslegitimado em função das mais diversas "razões", também elas *construções discursivas*.

E quem pode falar em sociedade? A tomada de palavra implica visibilidade, protagonismo, possibilidade de liderança. Poder falar em nome de si e dos seus, não somente *ser falado* por outros. Se não podemos falar sobre nós mesmos (as), sobre o que nos assola, o que nos resta como pessoas humanas, que nos diferenciamos da animalidade justamente por sermos dotados de uma linguagem articulada? Privar um ser humano de falar é privá-lo de humanidade. Todas as conjecturas feitas sobre uma realidade social, que não a sua, não alcançam a experiência daqueles que a vivenciam.

Em *La prise de parole*, Michel de Certeau explana sobre o simbolismo de pequenas grandes revoluções que consistiam em uma luta por poder falar. Ao considerar e refletir sobre o Maio de 68 francês, o autor percebia haver um mal-estar pelas interdições sociais que ali circulavam e, segundo sua perspectiva, as manifestações daquele acontecimento histórico criaram uma rede de símbolos tomados da própria sociedade para uma ressignificação simbólica (DE CERTEAU, 1994, p. 35):

> Je vois un phénomène socioculturel nouveau et important dans cet impact de l'expression qui manifeste une désarticulation entre le dit et le non-dit; qui retire à une practique sociale ses fondements tacites; qui renvoie finalement, je crois, à un déplacement des "valeurs" sur lesquelles une architecture des pouvoirs et des échanges s'était construite et croyait pouvoir

---

[57] Durante o período da ditadura militar no Brasil, muitos jornais publicavam receitas de bolo quando tinham suas matérias originais censuradas pelos órgãos de controle do regime.

encore s'appuyer. Par ce biais, l'action symbolique ouvre aussi une brèche dans notre conception de la societé (DE CERTEAU, 1994, p. 37).[58]

Tomar a palavra é uma ação simbólica. Em decorrência da relevância desse ato, podem ocorrer significativas transformações sociais. Repetidas vezes na história, movimentos sociais tomaram as falhas entre os ditos e não-ditos, provocando a irrupção de acontecimentos históricos. Entram em cena temas silenciados, pessoas interditadas, práticas proibidas, construções em relação de antagonismo com poderes hegemônicos da ordem do dia. A história é feita de contradições, interdições, coisas caladas, tabus, mitos de sociedade coletivizados, aos quais uns se submetem, outros modificam ou ainda subvertem. Na contracorrente de uma história engessada, surgem os loucos, as bruxas, os "índios", quem sabe, os selvagens, os brutos, aqueles que não têm direito à palavra, *não sabem falar, não sabem sobre o que falam*, não podem dizer. Eles são condicionados ao lugar de que sejam *os outros* das sociedades. Não governam, são governados. Daí que, muitas vezes, tomar a palavra consiste em uma ação revolucionária na medida em que mobiliza sentidos outrora interditos, outrora subjugados aos sentidos predominantemente difundidos socialmente, aos que, passivamente ou não, as maiorias se filiam. Se a palavra é espaço, pode ser ocupado como *lugar simbólico* em disputa. Sobre o simbolismo de tal lugar, De Certeau afirma:

> La parole, devenue un lieu "symbolique", designe l'espace créé par la distance qui separe les representés et leurs représentations, les membres d'une societé et les modalités de leur association. Elle est à la fois l'essentiel et le rien, puisqu'elle annonce un deboîtage dans l'épaisseur des échanges et un vide, un désaccord, là même où les appareils devraient s'articuler sur ce qu'ils pretendent exprimer. Elle sort en dehors des structures, mais pour indiquer ce qui leur manque, à savoir l'adhésion et la participation des assujettis (DE CERTEAU, 1994, p. 38).[59]

---

[58] "Vejo um novo e importante fenômeno sociocultural nesse impacto da expressão que manifesta uma desarticulação entre o dito e o não-dito; que retira de uma prática social suas fundações tácitas; que, em última análise, acredito, refere-se a uma mudança nos "valores" nos quais uma arquitetura de poderes e trocas foi construída e sobre a qual acreditava ainda poder se apoiar. Desta forma, a ação simbólica também abre uma lacuna na nossa concepção de sociedade" (DE CERTEAU, 1994, p. 37).

[59] "A fala, que se tornou um lugar "simbólico", designa o espaço criado pela distância que separa os representados e suas representações, os membros de uma sociedade e as modalidades de sua associação. É ao mesmo tempo o essencial e o nada, pois anuncia uma decomposição na espessura das trocas e um vazio, um desacordo, mesmo onde os aparatos devem ser articulados sobre o que pretendem expressar.

Por meio dessa reflexão, De Certeau coloca a centralidade do ato de apropriar-se da palavra para reivindicar participação em sociedade. Como não existe uma relação plena de representatividade entre os sujeitos e as modalidades de representação, toma-se a palavra para desestabilização das falhas da representação. Não se trata apenas de uma ação inoperante, sem efeitos perduráveis no meio social. Trata-se de um modo de intervir na realidade, uma ação prática, posto que a palavra coloca em jogo valores, concepções e práticas coexistentes entre sujeitos. Conforme nossa concepção de teoria discursiva, a palavra dá materialidade ao discurso. Assim sendo, posicionamentos ideológicos de contestação a uma norma hegemônica, manifestos em falas públicas, provocam verdadeiras reviravoltas históricas. Por essa razão, as práticas de controle do dizer são mecanismos de contenção social. E, em contrapartida, as práticas de emancipação se dão por meio do forjar-se a si mesmo e aos seus para a ocupação de lugares de poder.

Um dos mais relevantes espaços de disputa pelo protagonismo político se dá por meio da construção da memória, com a escrita da História. Por meio da seleção de registros históricos sobre lutas de antepassados sindicalistas e aymaras, por exemplo, pode-se constatar que as narrativas de disputa por protagonismo político seguem em uma marcha de passos de milhares de atores sociais. Pode ser que tais sujeitos tenham se perdido na história, mas deixaram rastros pelo caminho, para que outros fossem guiados ou fizessem seu próprio caminho. Dentre as marcas dessa trajetória, há a defesa de que se escreva a própria história.

Além da escrita sobre o Maio de 68, Michel De Certeau (1994) registra o acontecimento de uma Marcha Indígena, de 14 de julho de 1973, que reunia muitos povos da América, e resgata um dizer da época: "Ils sont en marche vers un autre matin". Este enunciado fazia referência ao fato de que os manifestantes atravessavam noites caminhando, bem como lutavam por um *outro dia*. A caminhada era parte do Encontro Indígena do Cauca, na Colômbia. Naquele evento, havia todo um resgate de heróis e mártires tombados, uma reconstituição histórica por meio da rememoração de corpos *torturados* de lutadores indígenas. Com relação a essa prática, De Certeau (1994, p. 150) afirma que se dá uma constituição de uma *memória coletiva de um corpo social, o corpo como memória*:

> Dominés mais non soumis, ils se souviennent aussi de ce que les Occidentaux ont "oublié", une suite continue de soulèvements et de réveils qui n'ont presque pas laissé de traces écrites dans les historiographies des

---

Vai para fora das estruturas, mas para indicar o que lhes falta, nomeadamente a adesão e a participação dos sujeitos assujeitados" (DE CERTEAU, 1994, p. 38).

occupants. Autant et plus que dans le récits transmis, cette histoire de résistances ponctuées de cruelles répressions et marquée sur le corps indien (DE CERTEAU, 1994, p. 150).[60]

De fato, monopolizada pelos colonizadores, não poderia ser diferente: a História escrita colocou a perder inúmeros enredos de lutas, resistências, revoltas e confrontos contras as injustiças do colonialismo. Porém, a História oral, repassada de geração em geração, fora um dos caminhos de resgate, de construção de memória dos povos originários. Historicamente, aqueles que ousam rememorar as injustiças sociais são condenados ao extermínio. Em grande medida, pode-se levar em consideração que a memória coletiva do povo boliviano, formado por diferentes povos, tem sua materialidade latente nas línguas que permaneceram, na contracorrente de uma história de genocídios na América.

Ainda conforme registro do historiador De Certeau (1994, p. 150), no primeiro parlamento índio da América do Sul, em 13 de outubro de 1974, Justino Quispe Balboa, aymara boliviano, enunciava: "Hoje, chegada a hora de despertar, somos nós que devemos ser nossos próprios historiadores" (BALBOA *apud* DE CERTEAU, 1994, p. 150, tradução nossa). Portanto, essa discussão sobre narrar sua própria história, falar de suas dores e de seus mortos faz parte dos movimentos de emancipação dos povos originários latino-americanos, bem como de outros povos oprimidos em outros cantos do mundo. No caso das Américas, sem sombra de dúvida, o grafocentrismo deixara excluídas narrativas outras que contestassem os enredos das "descobertas" e "conquistas" dos colonizadores.

Vejamos, então, alguns modos de desorganização dos sentidos dos silêncios impostos como verdades. Como dissemos anteriormente, a noção mais longínqua de "cidadão" remete àquele que tem assegurados seus direitos de participação política em uma sociedade, mas é sabido que nem todos (as) sempre foram tomados como "cidadãos". Consequentemente, nem todos (as) sempre puderam *tomar a palavra*. Antes, restara o silêncio àqueles desprovidos de autoridade e autorização para fazer uso da fala pública. Para aqueles considerados efetivamente cidadãos, pode-se fazer uso do silêncio de modo pontual e estratégico. Assim, mesmo estar em silêncio poderia ser direito ou privilégio.

---

[60] "Dominados, mas não submissos, eles também se lembram daquilo que os ocidentais "esqueceram", uma série de levantes e despertares contínuos que quase não deixaram registro escrito nas historiografias dos ocupantes. Tanto quanto e mais do que nas histórias transmitidas, esta história de resistência pontuada por repressões cruéis e marcadas no corpo índio" (DE CERTEAU, 1994, p.150).

Como distintas sempre foram as discursividades em circulação sobre a legitimidade dos sujeitos, cada regime político, desde os tempos mais remotos, estabelece conforme seus próprios códigos sociais as normas que devem ser seguidas. Quando vislumbramos uma breve genealogia de sujeitos históricos que foram penalizados em razão de suas atuações políticas, engendradas, obviamente, por meio de fala pública, encontramos registros de normas e punições que eram infligidas diretamente sobre os corpos dos indivíduos que ousavam transgredir regras sociais dadas como naturais e justas. Em função de certas normas, grandes atrocidades foram cometidas em nome de Estados-nação, representados nas figuras de seus governantes. Os sujeitos que não se submetessem às leis gerais eram torturados e mortos em praças públicas, como método de intimidação para outros que, porventura, pudessem seguir o caminho da subversão. São tais ações que tomamos como as mais contundentes práticas de silenciamento.

Em *História do Corpo I – Da Renascença às Luzes*, o historiador Georges Vigarello narra as punições contra aqueles que se levantavam contra o rei, na França, século XVIII:

> Uma ficção jurídica, a do crime lesa-majestade, confirmaria esta imagem do duplo corpo à sua maneira : a equivalência primária entre o ato cometido contra o Estado e o ato cometido contra o rei, esta íntima reciprocidade segundo a qual declarar-se contra um é indissociavelmente declarar-se contra o outro ; é atingir a integridade do reino atingindo a integridade de um corpo, ou inversamente. Nenhum crime equivale a esta ameaça exercida sobre o « território-corpo », a falta mais grave de todas. Nenhum castigo parece ser suficiente para este desafio pensado nos termos mais físicos. Daí o extremo da punição imposta ao culpado, definitivamente punido pelo corpo que ele ousou desafiar, esta desproporção visível entre a onipotência do monarca e a indigência infinita do condenado. O suplício só pode ser inaudito : « o homem é submetido ao óleo fervente e ao chumbo fundido, torturado nas mamas, braços, coxas e barrigas das pernas » antes de ser « puxado e desmembrado por quatro cavalos, e os membros e corpo consumidos no fogo, reduzidos a cinzas, e suas cinzas jogadas ao vento »101. O crime de lesa-majestade mobiliza a metáfora corporal na sua mais implacável versão física : a de um corpo a corpo sangrento entre o culpado e o rei. 101. (VOUGLANS, M. Instructions criminelles suivant les loix et ordonnances du Royaume. Paris, 1762, parte I, p. 801) (VIGARELLO, 2005, p. 528-529).

Havia uma ambivalência entre o corpo do rei e o corpo do "criminoso", que poderia ser qualquer pessoa que subvertesse a ordem imposta, desafiando a autoridade real. Voltando nosso olhar à historiografia latino-americana, encontramos registros de julgamentos em que se aplicaram as referidas penas, que podem ser entendidos como uma mesma prática, adotada pelo Reino de Espanha, também no século XVIII. Um caso bastante emblemático concerne ao esquartejamento de Tupak Katari, na Bolívia, no dia 14 de novembro de 1781 (MAMANI; CHOQUE; DELGADO, 2010, p. 60), um *corpo simbólico* frequentemente reivindicado pelo presidente Evo Morales. O líder aymara foi condenado e supliciado perante os seus, em função de ter organizado levantes contra o Estado espanhol:

> Antes que nada y con base en ello, conviene hacer una referencia breve al proyecto histórico tupajkatarista de Tupaj Katari-Bartolina Sisa de 1781-83. Tal proyecto histórico ha sido definido en tres niveles básicos, a saber: a) el proyecto de la autonomía de los ayllus frente al estado español, b) la constitución de una hegemonía del sistema social indio sobre el español y c) la expulsión de los españoles de todo el territorio para sobre esta base constituir un estado y un gobierno próprio (THOMPSON, 2006) (MAMANI; CHOQUE; DELGADO, 2010, p. 59)
>
> [Tupaj Katari] Murió bajo la pena de descuartizamiento con cuatro caballos traídos desde Tucumán, Argentina (Del Valle, 1990; Thompson, 2006). El delito mayor de Tupaj Katari había sido el haber encabezado una guerra nacional de los ayllus y markas para liberarse del yugo español y, además, haber comandado un ejército indio y realizado la reconstitución de facto de un gobierno aymara en el extenso altiplano y los valles de los Yungas de La Paz, Oruro (Bolivia) y Puno (Perú). Esta herencia histórica tiene hoy, para los líderes y comunarios/rias, una alta importancia. Se sostiene que su legado es el haber levantado a los ayllus y markas del altiplano y los valles de La Paz, Oruro y Puno. Con base en ello se logró cuestionar el sistema de expoliación y dominación colonial española (MAMANI; CHOQUE; DELGADO, 2010, p. 60)

Junto a Tupak Katari-Julián Apaza, Bartolina Sisa liderava um exército aymara. Sisa era companheira de Katari, e também fora condenada ao martírio público, como mulher do "feroz" Tupak Katari, com sentença anunciada em 5 de setembro de 1782 (MAMANI; CHOQUE; DELGADO, 2010, p. 165). Nesses casos, a resistência que essas lideranças colocavam à coroa espanhola fora dizimada fisicamente, como se a extinção do corpo físico aniquilasse uma ideia de confronto ao Estado colonial. As mortes físicas de Katari e Sisa foram ressignificadas, e até hoje a memória de luta e resistência de ambos permanece viva nos movimentos indígenas da Bolívia.

Como dissemos, em *La prise de parole*, Michel de Certeau (1994) aborda esta questão da tortura do corpo indígena, uma condenação ressignificada na luta política. Entrecruzando os registros apresentados (VIGARELLO (2005); MAMANI et al. (2010); DE CERTEAU, 1994[1968]), observamos que essas práticas de extermínio de líderes constituíam um *modus operandi* das coroas espanhola, francesa e portuguesa, pois esses episódios de tortura pública e esquartejamento de corpos durante épocas coloniais não se restringem à história de Tupak Katari. Em *Ch'ixinakax Utxiwa: uma reflexión sobre prácticas y discursos descolonizadores*, Silvia Rivera Cusicanqui (2010) analisa gravuras de Waman Puma, cronista peruano:

> [...] vale la pena mencionar la visión de este cronista *qhichwa* sobre dos hechos fundamentales de la conquista: la captura y muerte de Atawallpa en 1532 y la ejecución de Tupaq Amaru I, el Inka rebelde de Wilkapampa. A través de sus dibujos, Waman Puma crea una teoría visual del sistema colonial. Al representar la muerte de Atawallpa lo dibuja siendo decapitado con un gran cuchillo por funcionarios españoles. La figura se repite en el caso de Tupaq Amaru I, ejecutado en 1571. Pero sólo este último murió decapitado, mientras que al Inka Atawallpa le aplicaron la pena del garrote. La "equivocación" de Waman Puma revela una interpretación y una teorización propia sobre estos hechos: la muerte del Inka que, efectivamente, un descabezamiento de la sociedad colonizada. Sin duda hay aquí una noción de "cabeza" que no implica una jerarquía respecto al resto del cuerpo: la cabeza es el complemento del *chuyma* – las entrañas – y no su dirección pensante. Su decapitación significa entonces una profunda desorganización y desequilibrio en el cuerpo político de la sociedad política (RIVERA CUSICANQUI, 2010, p.14-15).

Como aponta Rivera Cusicanqui, as práticas de condenação de lideranças incas orquestradas pelo governo espanhol não passaram em branco pela memória de seus descendentes. Felipe Guamán Poma de Ayala, Waman Puma, registra, critica e leva adiante uma outra versão dos fatos históricos em torno da execução de seus antepassados. Descendente de incas, Puma destaca-se como um cronista que preservou uma memória coletiva que, provavelmente, poderia perder-se na oralidade, com o passar dos anos. Ademais, a obra do cronista quéchua-peruano, quando dá centralidade ao aniquilamento do corpo de lideranças quéchuas, revela um dos lugares da materialidade de conflitos e confrontos pelos sentidos de "bom governo" e "conquista", como são intituladas algumas de suas gravuras (RIVERA CUSICANQUI, 2010).

Esta breve exposição de acontecimentos históricos referentes ao aniquilamento de sujeitos políticos contraventores da ordem tem sobretudo como propósito suscitar uma questão: as práticas de extermínio daqueles que questionam regimes de governo cessaram? Os sujeitos políticos carregam em si mesmos as vivências de sua coletividade. As tentativas de calar as vozes daqueles que se levantam passam por distintos processos. Nos casos supracitados, as autoridades coloniais esperavam que, com o desaparecimento forçado do corpo do sujeito criminalizado, outros atores sociais não se rebelassem. Porém, a memória do corpo torturado perdura por meio de um corpo social que se avoluma de experiências e injustiças por reclamar.

Como pudemos observar, distintas são as práticas de silenciamento, registradas ao longo da História, que se impunham como legalidade construída em prol do domínio de um setor privilegiado da sociedade sobre outros. Em contrapartida, as práticas de resistência de povos dominados, colonizados, explorados também antecedem as disputas contemporâneas por poder e representatividade política. Na temporalidade histórica supracitada, dava-se uma centralidade de ação sobre o corpo do sujeito político que desestabilizasse o sistema, portanto, aniquilava-se o sujeito, com base nas leis da época. Em nossos tempos, práticas brutais de silenciamento não se extinguiram de todo, lideranças sociais "perturbadoras da ordem" continuam a ser mortas.

Nas seções subsequentes, realizamos um apanhado de outras situações de conflitos políticos entre sujeitos políticos que disputam lugares de poder por meio da fala pública, tendo enfrentado processos de interdição, cerceamento ou silenciamento de fala. Estas especulações sobre como existem normas tácitas que impelem sujeitos sociais a determinados modos de dizer, práticas e subordinação àqueles que sempre governam podem ser vislumbradas em certos acontecimentos. Por meio da exposição destas ocorrências, visamos dar ênfase a processos de controle, exclusão e coerção por que passam sujeitos que ousam ocupar lugares para os quais outros estão predestinados.

2.4. RESISTÊNCIA E DESLOCAMENTOS: DISPUTAS POR LUGARES SOCIAIS

A partir dessas problematizações, entendemos que uma democracia não pode ser teorizada de modo tão idealizado a ponto de negar suas contradições sociais subjacentes. Em distintas temporalidades, setores da sociedade que não se veem incorporados aos ritos da legalidade democrática têm que se impor ou forjar sua visibilidade e participação nas situações mais banais do cotidiano até os principais lugares de poder. Frequentemente, ainda que considerados legalmente aceitos, seguem efetivamente excluídos das tomadas de decisão política.

Em tempos de discussões sobre crise de representação nos moldes do regime democrático, corpos outrora predestinados à exclusão disputam espaços de poder historicamente ocupados exclusivamente por um segmento social bastante específico. Em Montgomery, Alabama, nos Estados Unidos, no ano de 1955, quando Rosa Parks, uma mulher negra, desafia as normas de segregação racial, recusando-se a ceder seu assento a um branco, dentro de um ônibus, ela se utiliza de seu próprio corpo como instrumento para combater um discurso hegemônico de naturalização da discriminação e do racismo da época. Nesse caso, o corpo marginalizado é um corpo que resiste em ser atravessado por um discurso de dominação. Algumas vezes, questionar a ordem das coisas, regimes, leis, regras e normas, exige mais do que a palavra.

Por razões históricas e estruturais, alguns sujeitos sociais são mais estigmatizados, outros menos. Diante da deslegitimação de suas próprias existências, alguns impõem o próprio corpo como instrumento de emancipação política. Por bastante tempo, muitos foram impedidos de transitar por certos espaços, como praças públicas. Como a História não é uma linha contínua de evolução de acontecimentos, a expulsão de determinados grupos de alguns lugares públicos ainda pode e continua a acontecer. Por meios afins aos de outrora ou por outros meios, as práticas de exclusão se perpetuam. Em nossos dias, lemos ainda notícias de que alguma senhora quéchua fora expulsa de uma praça no interior do Peru ou que alguma jovem negra fora constrangida dentro de um estabelecimento comercial no Brasil ou ainda que alguma senhora quéchua vestida com *pollera* fora impedida de sentar ao lado de outra pessoa em um ônibus,[61] porque *não poderiam estar ali*. Falamos sobre lugares em que todas as pessoas supostamente teriam direito de estar. Entretanto, não se tem direito de estar, se, antes de qualquer coisa, não se tem direito de ser, não se tem direito de exercer plenamente sua condição humana de existência.

Em meio a convulsões sociais e viradas históricas, a subversão espreita as brechas das normas sociais impostas por grupos minoritários que sempre detiveram o controle sobre as maiorias. *É possível transgredir estando dentro?* A transgressão passa por um questionamento do lugar de privilégio do homem, branco, rico, heterossexual, cisgênero na estrutura da sociedade. Um sujeito que atenda a esses "pré-requisitos" não pode ser tomado como padrão de correção de valores morais simplesmente em função de ter nascido tal como é, e sujeitos que não estejam alinhados a esse padrão imposto têm lutado cada vez mais contra a eterna subalternidade. Na reflexão que empreendemos, pensamos com e sobre a América Latina, na diversidade de nossos corpos, na pluralidade de nossas línguas, no emaranhado de nossas culturas, tomando dois governantes provenientes das maiorias, como sujeitos de pesquisa.

---

61 Ver em: ACTO racista contra mujer indígena genera indignación en Bolivia. [S. l. s. n.] 2018. 1 vídeo (2 min). Publicado pelo canal teleSUR tv. Disponível em: https://www.youtube.com/watch?v=H3bKgdZnIxE. Acesso 20 mar. 2018.

Nesse exercício, percebemos a existência de um profundo abismo entre quem somos e quem sempre decidiu os rumos da nossa vida política.

Em *Our brand is crisis* (2005), documentário produzido por Rachel Boynton, vemos a construção da imagem de um candidato à presidência da República na Bolívia, que seria eleito em 2002. O mandatário em questão, Gonzalo Sánchez de Lozada Bustamante, conhecido popularmente como *Goni*, falava espanhol com acento do inglês estadunidense, em função de ter crescido nos Estados Unidos. Na Bolívia, um país majoritariamente formado por diferentes povos indígenas, muitas pessoas eram/são discriminadas socialmente devido às marcas e influências de suas respectivas línguas impressas no espanhol,[62] além da discriminação sofrida devido ao uso de vestimentas tradicionais. *Goni* funcionava como uma representação de paletó e gravata de como a maior parcela da população boliviana se encontrava completamente excluída da política de democracia representativa em vigência naquele país. Na película, vemos um candidato que participa de cerimoniais marcadamente indígenas, recorrendo a uma proximidade forjada para a campanha. Meses depois, Sánchez de Lozada fugiria para os Estados Unidos, sem cumprir seu mandato. A legitimidade do presidente eleito fora questionada e derrubada por um levantamento aymara organizado na histórica cidade de El Alto, nas proximidades de La Paz.

Em "El rugir de la multitud: levantamiento de La Ciudad Aymara de El Alto y caída del Gobierno Sánchez de Lozada", no livro *El rugir de las multitudes*, Pablo Mamani (2010) expõe detalhadamente a revolta política que desencadeou a renúncia do presidente. Segundo o analista político, dentre outros dizeres, circulavam os enunciados "no queremos ver al gringo vendepatria" (El ALTEÑO apud MAMANI, 2010, p. 155) e que aquele governo era "un gobierno hambreador" (MAMANI, 2010, p.155). Ao não aceitar ver os recursos naturais de seu país entregues ao capital estrangeiro, os manifestantes confrontavam o poder governamental carregando e ostentando símbolos históricos em suas marchas: "la pollera, sombreros y el lenguaje de los símbolos, yatiri, coca, pututus y whipalas que desde una posición de destierro social gestan actos y ritualidades alternas a los elementos simbólicos al Estado" (MAMANI, 2010, p.152). Assim, aquela massa politizada e organizada tornou-se um *corpo simbólico coletivo* que levou a cabo um acontecimento histórico que ficaria conhecido como a Guerra do Gás.

---

62 Ver REVISTA DE CIENCIA Y TECNOLOGÍA Nº1/2011. *Estudios Lingüísticos*. El Alto: Dirección de Investigación Ciencia y Tecnología, 2012.

A virada histórica da Bolívia implica igualmente uma virada linguística. O próximo presidente boliviano eleito seria um aymara que, como grande parte da população, fala espanhol com influências de aymara/quéchua, fala aymara, fala quéchua, enuncia dizeres do aymara e do quéchua em seus pronunciamentos, além de carregar tradições desses povos, como pessoa oriunda dessas culturas.[63] Quando Evo Morales postula sua candidatura à presidência da República na Bolívia, passa por diversos problemas diretamente relacionados a sua origem. Com relação a esses acontecimentos, Mamani narra alguns exemplos:

> [...] la chompa y la visita a los cuatro continentes en enero de Evo Morales han despertado un remolino de críticas, consejos y preguntas como éstas: ¿cómo iba vestirse el nuevo presidente indígena en la transmisión de mando? Aquí algunos ejemplos registrados en los medios. Un periodista de La Razón pregunta refiriéndose a esto: "La norma del protocolo obligan en el mundo occidental a que el día de la transmisión de mando se ponga traje y corbata ¿cómo se vestirá usted?". Evo responde diciendo que nadie le puede obligar a vestirse, sino uno debe vestirse tal como se viste todos los días: de camisa y chamarra (Ticona, 2006). Se armó entre 18 de diciembre y 22 de enero un escándalo tipo policiaco sobre esto y otros temas del presidente indígena. Era inaceptable que el presidente no llevara una corbata y un sacón. En esa misma línea también un parlamentario de la derecha y efusivo que no soporta ver, escuchar al presidente indio, Fernando Messmer, dijo que el "presidente tiene lapsus lingüístico" dejando traslucir que no "sabe hablar castellano", también achacada al exministro de Educación Patzi (esto desde la dirigencia troskista). El primero dado paso a un intérprete de la lengua legítima, el vicepresidente García Linera. O la afirmación de Jaime Navarro de UN (Unidad Nacional) cuando sostuvo que: "El presidente, en vez de usar un chaleco antibalas, lo que necesita es un bozal... porque está hablando mucho" (El Diario, 20/10/06). El propio Vargas Llosa ha argu-

---

[63] No ano de 2009, após a chegada de Evo Morales à presidência, com a fundação do Estado Plurinacional da Bolívia, foram reconhecidas 36 línguas como línguas oficiais do Estado (aymara, araona, baure, bésiro, canichana, cavineño, cayubaba, chácobo, chimán, esse ejja, guaraní, guarasu'we, guarayu, itonama, leco, machajuyai-kallawaya, machineri, maropa, mojeño-trinitario, mojeño-ignaciano, moré, mosetén, movima, pacawara, puquina, quéchua, sirionó, tacanha, tapiete, toromona, uru-chipaya, weenhayek, yaminawa, yuki, yuracaré e zamuco), assim como a língua espanhola. Tais línguas foram oficializadas pela Constituição Política do Estado Plurinacional, no artigo V, inciso I. Fonte: < http://www.sepdavi.gob.bo/cs/doc/159Bolivia%20Consitucion.pdf#page=12&zoom=auto,-193,78> Acesso em: 6 set. 2020.

Ver mais sobre plurilinguismo boliviano em: BLANCO, GONZALO. Los desafíos del plurilingüismo en el Estado plurinacional de Bolivia. In: ARNOUX, ELVIRA NARVAJA DE; BEIN, ROBERTO. *Política Lingüística y enseñanza de lenguas*. Ciudad Autónoma de Buenos Aires: Biblos, 2015.

mentado que el nuevo gobernante de Bolivia es un "trepador y un latero, y con vasta experiencia de manipulador de hombres y mujeres, adquirida en su larga trayectoria de dirigente cocalero y miembro de la aristocracia sindical" (Ticona, 2006: 172-173). En respuesta a esto último algunos le llamaron deminutivamente a este, el varguitas (MAMANI, 2007, p. 25).

Podemos observar, então, que, nesses casos, as críticas dirigidas ao presidente boliviano partem para ataques pessoais, pretensamente individualizados, personificados na figura central de um partido político (MAS) a quem supostamente se quis/quer combater, mas que se configuram como posições racistas e elitistas. Por que não se discute o programa do partido, mas os modos dos sujeitos políticos? Por que atentar para a fala do sujeito, chamando-o de "analfabeto"? Por que questionar a roupa que usa? Por que questionar o uso de um avião por um presidente da República que viaja a trabalho?[64] *Por que estes enunciados e não outros em seu lugar?*

Em *A voz de Lula na imprensa brasileira: discursos da mídia sobre a fala pública do ex-presidente*, Piovezani também descreve como Lula da Silva é criticado em função do modo como fala, como se expressa, o que nos leva a inferir que o ódio político que se manifesta contra o ex-presidente não se restringe à sua figura, mas à sua pertença social:

> Não nos resta dúvida alguma: à fala pública de Lula foram constantemente atribuídas a inaptidão linguística, e não raras vezes até mesmo uma ausência absoluta de qualquer habilidade com a língua, como se sua fala não fosse mais do que uma soma de erros ("agredindo o português, sem deixar quase nenhuma frase incólume"; "as aberrações linguísticas" etc.), e a rudeza de seus modos de expressão. As descrições, os julgamentos e as classificações de seu desempenho oratório depreciam, portanto, sua língua, mas nem por isso poupam seu corpo e sua voz, invariavelmente objetos de qualificações que vão do desdém aos ataques manifestos e aviltantes. Além disso, reiteradamente se afirma que sua linguagem é agressiva e, quando Lula passa ao largo de alguma ênfase ou de qualquer indício assertivo, optando por tons amenos e pela abertura ao diálogo, a acusação de sua condição bifronte está presente (PIOVEZANI, 2017, p. 24).

Essas questões permeiam nossas reflexões porque pensamos sobre modos de construir legitimidade e autoridade como governante quando se é desqualificado política e pessoalmente em decorrência de sua própria *identidade* enquanto pessoa humana. Tendo em vista essa problemática, adotamos a noção de *corpo* como *constructo social* (LE BRETON, 1990

---

64 No programa de reportagens *Salvados*, da televisão espanhola, produzido por Jordí Évole e Ramon Lara, o jornalista Jordí Évole questiona o luxo do avião utilizado pelo presidente Evo Morales em serviço, considerando que já tinha "vivido na extrema pobreza".

[2008], 2017 [1992]), lugar simbólico de disputas sociais, atravessado e constituído por sentidos históricos de movimentos e lutas coletivas.

Para o desenvolvimento de nossas análises discursivas, centramos nossa atenção em uma construção histórico-discursiva a respeito do que sejam *sujeitos socialmente aceitáveis*, dotados de um corpo discursivizado historicamente. Portanto, descrevendo o funcionamento discursivo de falas públicas dos sujeitos de nossa pesquisa, estamos discutindo coerções a que tais sujeitos sempre foram submetidos e suas disputas por lugares de poder para que se tornassem visíveis perante suas respectivas sociedades. Nesse sentido, na materialidade linguística recortada para análises, observamos como se movimentam os sujeitos do discurso em função de uma identidade engendrada e fundada em si mesmos e em suas relações com os outros.

Como veremos, as relações de identificação e desidentificação são alicerçadas nos modos de dizer sobre si, sobre os seus, sobre os outros e sobre adversários, sendo que tais efeitos de proximidade e distanciamento são moldados na língua a partir das subjetividades de cada sujeito. Quando analisamos pronunciamentos de Lula da Silva e Evo Morales, notamos que diferentes discursividades atravessam suas falas. Destacamos frequentemente respostas a imagens que outros fazem a respeito de tais representantes, em seus próprios pronunciamentos. E, não por acaso, as imagens que outros constroem sobre quem são Lula da Silva e Evo Morales coincidem com juízos de valor e preconceitos feitos sobre os segmentos sociais a que pertencem. Portanto, não tratamos um ou outro como elemento individual, como se *o Lula* ou *o Evo* fossem invenções de si mesmos e de seus partidos, enquanto políticos. Neste livro, nosso interesse diz respeito ao entendimento de como esses sujeitos enunciam também como *corpos simbólicos*, *constructos sociais* em disputa por espaços de poder em sociedade.

O *corpo* reúne em si uma espessura histórica a partir de que podemos resgatar indícios genealógicos da história de um povo. Um indivíduo, como parte de determinada sociedade, carrega uma historicidade latente que independe de escolhas pessoais, ou seja, ele é dotado de um simbolismo constituído socialmente que significa perante outros: « Les représentations du corps et les savoirs qui l'atteignent sont tributaires d'un état social, d'une vision du monde et à l'intérieur de cette dernière d'une définition de la personne. Le corps est une construction symbolique, non une realité en soi » (LE BRETON, 1990, p.13).

Existem *modos de existência em uma estrutura social* e as representações do *corpo* junto aos saberes concebidos sobre tais representações permeiam a vida social e política dos indivíduos em sociedade. Consideramos que existem efetivamente uma valoração e uma hierarquização social sobre os corpos que restringem e limitam o pleno direito a uma vida digna à maioria das pessoas, sobretudo em sociedades mais pobres. Entendemos que as limitações vividas pelos diferentes sujeitos marginalizados socialmente em razão de suas identidades não se deve a uma realidade em si de seus corpos, mas em função da construção de redes discursivas que sustentam juízos de valor sobre tais corpos.

Com vistas a discorrer sobre a exclusão e a depreciação sofridas por maiorias marginalizadas e por seus porta-vozes que trazem em seus próprios corpos as marcas das pertenças a esses grupos e classes sociais exploradas, estigmatizadas e silenciadas, mencionaremos no tópico seguinte alguns episódios nos quais tais porta-vozes foram alvo de discriminação. Tratamos, por vezes, de outros sujeitos políticos, que não Lula da Silva e Evo Morales, justamente para demonstrar que a presente discussão não se restringe a uma individualidade ou exceções referentes aos sujeitos da pesquisa. Sustentamos que sujeitos pertencentes a segmentos sociais majoritários, discriminados, marginalizados e excluídos das decisões políticas centrais de seus respectivos países atravessam processos similares de lutas no interior do sistema político de que fazem parte.

2.5. SUJEITOS MARGINALIZADOS, SUJEITOS POLITIZADOS

Caminhar por uma praça, usar um bebedouro, sentar-se em um ônibus, frequentar um restaurante, entrar em um banheiro, celebrar um culto religioso, cursar uma faculdade, comprar em uma loja, falar em uma tribuna, participar de um debate, concorrer a um cargo político... Desde as coisas mais cotidianas e triviais até aquelas que exigem mais recursos de um sujeito, não há como fugir de interdições. Quantos desses hábitos foram e são negados a diversas pessoas ao longo da história em função de classe social, cor da pele, orientação sexual, identidade de gênero, religião, dentre outros aspectos da vida humana?

Em nossas sociedades ocidentais ou *ocidentalizadas*, estamos submetidos a uma hegemonia de normas impostas como padrão a toda uma pluralidade de pessoas. Transitamos entre a submissão a tais normas e a luta por uma visibilidade forçosamente negada. Por mais democratizada que seja uma sociedade, notamos o quão são persistentes diversas formas de promoção das discriminações quando se disputa a ocupação de distintos postos sociais. Não raras vezes, sujeitos políticos são descredibilizados em função de seus *corpos simbólicos*. Em contrapartida, fazem de seus próprios corpos, daquilo que representam socialmente, um fator de legitimidade para representar grupos sociais. Vejamos.

Em 2016, Verónika Fanny Mendoza Frisch,[65] franco-peruana, antropóloga, psicóloga e política, candidata à presidência da República do Peru pela coalizão de partidos de esquerda denominada *El Frente Amplio por Justicia, Vida y Libertad*, chega à reta final de sua campanha eleitoral envolta por polêmicas. Em certa ocasião, fora interpelada em francês em uma entrevista[66] na tevê peruana, no programa *Sin Medias Tintas*, por ter dupla nacionalidade, situação de que se desvencilhou replicando em quéchua ao seu interlocutor.

De certo modo, ainda existe alguma contenção do dizer jornalístico nas redes televisivas. Mudando-se o dispositivo de veiculação dos dizeres, mudando-se os enunciadores, acentuam-se a gravidade das coisas ditas. Nas redes sociais, Mendoza era frequentemente referida como "terruca", alcunha para "terrorista", adjetivação dada por adversários políticos para desqualificar, marginalizar e criminalizar militantes de esquerda. Nada que já não fosse bastante conhecido por candidatos e candidatas que desviam das normas do que seja um *presidenciável* na América Latina. Afinal, quem está *apto* para ser governante neste continente? A despeito da descredibilização de suas origens, de sua língua, de sua capacidade intelectual e de seu posicionamento político, perpetrada por distintos opositores, Verónika Mendoza seguia.

No dia 3 de abril de 2016, após participar de um último debate entre presidenciáveis, a então candidata cedeu uma breve entrevista ao jornalista René Gastelumendi, do programa *Cuarto Poder*. Segue a transcrição do diálogo:

> **Jornalista RG**: ¿Dónde va a cerrar su campaña Usted?
>
> **Verónika Mendoza**: En Cusco, como tiene que ser, como cusqueña. Y luego, el siete, en Lima, en la plaza 12 de mayo. Están todos invitados.
>
> **Jornalista RG**: ¿Y de qué ha venido vestida? ¿De qué ha venido vestida?
>
> **Verónika Mendoza**: ¡De mí misma! De Verónica Mendoza. **Bueno, con un bordadito cusqueño alusivo a las polleras de Tinta...**

---

[65] Desde 2017, Verónika Mendoza encontra-se filiada ao Partido Nuevo Perú.

[66] Dentre outras veiculações sobre o episódio, o jornal *Peru 21* descreve em: https://peru21.pe/politica/veronika-mendoza-le-dijo-quechua-aldo-mariategui-video-210358. Acesso em: 6 set. 2020.

Jornalista RG: Tipo Evo Morales... Se parece a Evo Morales... el diseño...
Verónika Mendoza: ¡No! Tipo cusqueño, eso es de Tinta, una provincia en mi región Cusco. Una reminiscencia de todas las mujeres valientes de nuestro país...
Jornalista RG: Bueno, muchas gracias, señora Verónika Mendoza, por estar aquí en... Cuarto Poder... Muy amable por la entrevista. Y ya nos veremos en esta semana...
Verónika Mendoza: Muchas gracias.
(Transcrição de vídeo veiculado em RPP Noticias, 2016).

De 32 segundos de que dispunha para, porventura, reafirmar suas posições programáticas ou fazer um balanço sobre o debate, a candidata fora condicionada a dar explicações sobre sua vestimenta. *Polleras* são saias bordadas características e bastante usadas por mulheres de comunidades quéchuas e aymaras que ainda se vestem seguindo tradições de seus povos ancestrais. Mendoza não estava usando uma *pollera*, mas portava um traje com bordados característicos de uma. Dentre tantas questões que poderiam ter sido feitas a uma candidata à presidência da República, a pergunta formulada pelo jornalista René Gastelumendi, em tom jocoso, "¿De qué ha venido vestida?", provoca efeitos de estranhamento, exotificação e folclorização quanto ao uso daquela vestimenta naquele espaço de disputa presidencial. Em que circunstâncias um sujeito questiona a outro "de que está vestido"? Seria uma fantasia?[67]

Diante da questão, a candidata aparenta surpresa. No entanto, olhando para si mesma, responde e explica quais são as referências de sua roupa "¡De mí misma! De Verónica Mendoza. Bueno, con un bordadito cusqueño alusivo a las polleras de Tinta...". Como havia mencionado anteriormente no mesmo diálogo, a candidata reitera e reafirma sua naturalidade cusqueña por meio da explicação sobre seu traje, que é inspirado em vestes da região.

É interessante notar discursos constitutivos de processos de exclusão de segmentos sociais ditos minoritários que se cruzam e que se naturalizam neste tipo de intervenção jornalística. Regularmente, mulheres que concorrem a cargos políticos se veem obrigadas a dar explicações sobre suas roupas, se usam ou não usam maquiagem e joias, como arrumam o cabelo, como andam, como falam, como se comportam etc.

---

67 Candidata a vice-presidente da República Federativa do Brasil nas eleições de 2018, na chapa do Partido Socialismo e Liberdade (PSOL), Sônia Bone Guajajara recebia e recebe constantemente ofensas de cunho racista sobre como se apresenta (com cocar, pinturas, roupas e acessórios de tradição Guajajara), em suas redes sociais.

Essa recorrência de questionamentos sobre temas sensíveis ao que seria uma mulher em sociedade evidencia que a questão de gênero é tão relevante no contexto político que *desestabiliza a norma masculina* daquele lugar supostamente predestinado a homens (COULOMB-GULLY, 2011). Reiteradas vezes, fala-se sobre a ausência ou sobre o excesso daquilo que seria a feminilidade da mulher política, dentre outros temas recorrentes.[68] E um dos meios de questionamento sobre os limites da feminilidade na política faz-se por meio do debate sobre a roupa.

Dando continuidade ao diálogo, Gastelumendi associa a roupa usada por Verónika Mendoza ao presidente boliviano Evo Morales: "Se parece a Evo Morales... Tipo Evo Morales". A reiteração da comparação evoca distintas memórias implicadas nesse dizer sobre a roupa da candidata, já que não é um enunciado inédito ou jamais visto em entrevistas com ou sobre sujeitos políticos. Comumente, mulheres são atreladas como coadjuvantes em processos políticos, subjugadas à imagem de um homem político tomado como seu superior, seu líder. É bastante pertinente que não se vejam esses dados como fatos isolados, que acontecem aleatoriamente, em determinados países, mas não em outros.[69]

Além da questão da subjugação da ordem de gênero, existe todo um repertório de questionamentos dos trajes daquele sujeito evocado pelo jornalista, Evo Morales, com suas vestes de tradição aymara ou inspirados nessa tradição ou roupas casuais do cotidiano sobre as quais também era e é questionado. Não poucas vezes, as roupas do presidente boliviano foram ridicularizadas e tratadas como inadequadas para um chefe de Estado, como aponta Pablo Mamani (2007). Assim, a comparação feita pelo jornalista reforça efeitos de inadequação, o que evidencia a marginalização social da cultura quéchua no Peru. Não pode uma presidenciável fazer uso de uma *pollera* em um debate público? Em que se fundamenta essa norma?

Quando o jornalista diz que "se parece a Evo Morales... el diseño" revela também desconhecer as diferenças existentes entre vestimentas de seu próprio país e de países vizinhos. Embora possam ser parecidos tecidos, desenhos, traços, materiais e cores, as vestimentas quéchuas e aymaras também são marcantes por apresentar variedades que mar-

---

[68] Trabalhos como BITTENCOURT, 2018 e COULOMB-GOULLY, 2012.

[69] Sobre outras manifestações de misoginia na esfera pública, ver: POSSENTI, Sírio. *Discurso & Sociedad,* Vol.12(3), 2018, 581-593~ Sírio Possenti, *A misoginia como condicionante do golpe de 2016 no Brasil.* Disponível em: http://www.dissoc.org/ediciones/v12n03/DS12(3)Possenti.html.

cam distinções entre povos segundo suas regiões, tradições e origens. Nota-se então uma construção de homogeneização cristalizada de povos originários, o que historicamente tem sido uma das marcas de desprezo pelas culturas de distintos povos tomados como "uma coisa só".

Em réplica ao jornalista, Mendoza anuncia: "¡No! Tipo cusqueño, eso es de Tinta, una provincia en mi región Cusco. Una reminiscencia de todas las mujeres valientes de nuestro país...". Com tal formulação, a candidata reafirma suas origens, demarca a origem da própria vestimenta e reverbera outros sentidos para aquele objeto de questionamentos. Nessa situação enunciativa, podemos delimitar duas *posições-sujeito* antagônicas que se filiam a duas *discursividades* distintas sobre os sentidos daqueles bordados "cusqueños". Tem-se então, por um lado, a *posição* que se filia a um discurso que não reconhece ou não concebe aqueles elementos apresentados no *corpo simbólico* da candidata como comuns a uma cena política de disputa presidencial. Por outro, apresenta-se a *posição* que reivindica para seu *corpo simbólico* uma *memória discursiva* de resistência de mulheres, como "reminiscencia de todas las mujeres valientes de nuestro país".

A questão da disputa pela construção de *memórias* para certos temas – que são *politizados* –, como uma simples vestimenta, atravessa a luta pela ordem dos discursos daquilo que seria um corpo padrão na política. O corpo do sujeito político é simbólico, é construção social, é representativo de segmentos sociais, logo, uma pretensa neutralidade não se sustenta no *terno e gravata*. Pelo contrário, *terno e gravata* são distintivos sociais, de tal modo que também são questionados sujeitos a quem não caberia o uso ou que não fariam bom uso de tais distintivos. Trajes esses que supostamente só poderiam ser vestidos por aqueles a quem lhes seria de direito, setores das elites ou elitistas, que mais se assemelham a um padrão de homem rico estadunidense ou europeu do que com as camadas populares de países latino-americanos.

No mesmo dia em que publicara a entrevista de 32 segundos com a candidata Verónika Mendoza, o jornal *RPP Noticias* publica uma nova matéria, intitulada "¿Cuáles son los candidatos mejores vestidos del debate?". Para discutir o assunto, fora convidado um especialista em moda, chamado Carlos Vigil. E, após a polêmica gerada com as perguntas do jornalista do *Cuarto Poder*, mais uma vez, sob uma aura de avaliação equânime de todos os candidatos, a roupa da candidata do *Frente Amplio* fora analisada com efeitos de estranheza. Vejamos a sequência com todas as avaliações feitas pelo estilista:

Me parece que la candidata **Keiko Fujimori ha cuidado minuciosamente su vestuario**. Ella apostó por el blanco con negro, un saco bien hecho. Está bien acicalada, me parece que ha ido a la peluquería y está bien arreglada para esta ocasión.

Pedro Pablo (Kuczynski) me gustó el contraste de colores que se ha puesto, una linda corbata, el color plomo verdoso de su terno **me pareció super elegante**. Se le ve fresco a pesar de los años que tiene, está muy bien peinado. Me fijé que la camisa de él tenía el cuello largo en puntas y tenía dos botones que no lo hace tan formal su atuendo, me parece que está muy bien vestido.

Verónika Mendoza casi no la reconocí por el cambio brusco que ha tenido en usar el color fucsia que a mí me encanta, yo como diseñador apuesto por el color. **Me parece que le queda lindo. Pero** ha hecho un todo, un conjunto del, un **abuso del tono**, porque ha usado los pendientes, los aretes, ha usado el maquillaje de los labios, y un poco del rostro del mismo tono fucsia que tiene como chaqueta. Y otra cosa que, no es que me molestó, sino que me fijé bastante, era que la chaqueta tenía como un cierre que lo hacía más bien como si fuera una casaquita, una cosa más sport, **no le daba el nivel del evento**.

(Alfredo) Barnechea me pareció también que el saco eran dos tallas más grandes que él. Lo vi cansado, lo vi con el cuello de la corbata mal hecho. Parece que no fué a la peluquería para que lo peinaran. Lo vi un poco des... **No lo vi bien alineado.**

Alan García estaba muy bien vestido, se le veía con el terno oscuro que se había puesto, inclusive se le veía hasta un poco más delgado.

(Alejandro) Toledo fíjate que **lo vi bien vestido**, lo vi con su atuendo bien puesto, lo vi fresco, bien peinado, lo vi bien.

(Transcrição nossa de vídeo publicado por RPP Noticias, 2016).

Neste fragmento, podemos observar que a deslegitimação da candidata Mendoza em função de sua roupa não se trata de um problema estritamente relacionado ao gênero. Avalia-se outra candidata à presidência, mas não de um mesmo modo. Segundo o enunciador dessa sequência, Keiko Fujimori cuidou minuciosamente de seu vestuário, ou seja, atendeu ao que se espera de uma candidata à presidência. As observações feitas pelo estilista sobre os demais candidatos variam sobre cortes bem alinhados ou não, relacionados a tamanhos e medidas, penteados, avaliações sobre peso aparente, pescoço de gravata mal feito, contudo, mais uma vez, nota-se, a começar pelo tempo dispensado para tratar da roupa de Verónika Mendoza, como tudo o que porta a candidata é valorado negativamente como excesso, o que o leva a concluir com a formulação "no le daba el nivel del evento".

Sob a ótica construída do especialista, Keiko Fujimori, Pedro Pablo (Kuczynski), Alan García, Alejandro Toledo estavam "bem vestidos".

Alfredo Barnechea fora criticado pelo tamanho inadequado da roupa e por um aparente cansaço. Verónika Mendoza fora mais detalhadamente descrita e, ademais, manifestaram-se na fala do estilista notórios estigmas quanto aos acessórios, roupa e maquiagem usados pela candidata. Entendemos que uma conjunção de fatores possibilita tamanha naturalização de questionamentos desta ordem endereçados a candidatos(as) com alguma ascendência indígena, negra, mulheres, de origem pobre, LGBTQIA+, que, para sujeitos filiados a posicionamentos conservadores e reacionários, nunca estão de acordo com as normas de um mundo político ideal. Pode-se perceber nessas circunstâncias que a padronização se cristaliza na figura de um homem branco, de terno e gravata, rico, alinhado a um posicionamento ideológico conservador, cuja presença não provoque *transtornos ou incômodos visuais e/ou auditivos* a certos interlocutores. Quanto mais distante de tal padrão, mais será questionado o sujeito político, posto que suas características recorrentemente serão tomadas como falhas ou equívocos diante de uma norma tácita socialmente imposta.

Especificamente no que se refere à questão de gênero, em *Mulher, palavra e poder: construções discursivas do feminino em campanhas eleitorais para a presidência*, Joseane Bittencourt (2018) aborda quais seriam os padrões estabelecidos para as mulheres, no ocidente, desde o século XVIII, que as dividiam entre "moças de bem" e "mulheres públicas". Segundo a autora, com o crescimento das cidades naquela conjuntura, aumentavam os espaços de sociabilidade; assim sendo, a imagem da "mulher pecadora", "messalina", "herdeira de Eva", "prostituta" circulava em contraposição a um ideal de "moça de família", que deveria corresponder ao seguinte padrão:

> As "moças de família" devem tomar cuidado com o tipo de roupa que vestem, com o perfume e com a (quase nenhuma) maquiagem. Elas devem também cultivar boas maneiras: não fumar nem beber, não elevar a voz nem falar palavrão. Desse modo, a língua, o corpo e a voz servem como índice de identificação e repartição entre a "moça de família" e a "mulher pública" (BITTENCOURT, 2018, p. 98-99).

Com Bittencourt, entendemos que questões postas a uma mulher em campanha política constituem-se de discursividades cuja historicidade sustenta igualmente uma padronização daquilo que se espera de uma mulher em sociedade. Nesse lugar de debate presidencial, parece estranho que uma mulher se apresente? Está inadequada? Quais são as mulheres que podem ocupar esses espaços? Quais razões sustentam que uma mulher não esteja apta a participar de uma disputa presidencial? Distintos atravessamentos discursivos perpassam as falas e práticas sociais dos sujeitos envolvidos na polêmica sobre a suposta inadequação de roupa de Verónika Mendoza, tais como questões de classe, de raça e de gênero.

Não por acaso, o jornalista de *El Cuarto Poder* indaga a candidata peruana sobre *estar vestida de Evo Morales*. Frequentemente, o presidente boliviano é surpreendido por perguntas jornalísticas formuladas a partir da mesma posição discursiva. Em entrevista à série *Salvados*, de Jordí Évole, Evo Morales, na condição de presidente da Bolívia, fora questionado sobre suas vestimentas em um encontro oficial com o ex-presidente do governo da Espanha, José Luis Rodríguez Zapatero. Segue o diálogo:

> **Jornalista Jordí Évole**: La primera vez que Usted vino a España, nos sorprendió esta imagen [O jornalista apresenta uma foto de Morales ao lado de Zapatero]. Es verdad que nos fijamos en la estética, en aquel momento, **y nos sorprendimos mucho con el jersey con el que Usted se presentó a ser recibido por el presidente Zapatero**.
>
> **Presidente Evo Morales**: Estaba saliendo de mi casa... Pensé, en Europa, está pues invierno [...] si vuelvo a mi casa [...] ¿Por qué no uso corbata? La corbata divide el pensamiento de los sentimientos.[70]

Destacamos estes enunciados da entrevista, todavia, colocamos que, além dessa questão, o jornalista pergunta como o presidente se sente com os "hábitos palacianos", com os pratos servidos no palácio e com o avião que seria um "luxo" para quem veio "de baixo". O estranhamento com as vestimentas de políticos indígenas não é algo restrito à figura de Evo Morales, nem mesmo algo que se restringe ao campo da política. Nas sociedades ocidentais, existe uma construção histórica e discursiva sobre o "bem vestir", os "bons hábitos", os "bons modos", que orientam o olhar dos sujeitos, orientam suas práticas e sua percepção sobre o outro. Este outro como aquele que não se adequa a um padrão tomado como "normal", logo bem aceito. Com relação ao "índio", sabemos que circulam historicamente enunciados sobre o que pode ou não ser apropriado pelo sujeito. São recorrentes e comuns enunciados como "'índio' pode usar celular?", "pode usar tecnologia?", "pode usar que tipo de roupa?", dentre outros. Quantas vezes vemos jornalistas perguntarem a um presidente branco e rico por que usa avião?

Em *A distinção: crítica social do julgamento*, Pierre Bourdieu explana sobre razões pelas quais setores elitistas ou aqueles que reproduzem prá-

---

[70] (SALVADOS (TEMPORADA 1, EP 7). Evo. Série. Direção e produção executiva: Évole, Jordí. Lara, Ramón. 57min14seg. Barcelona: El Terrat/Atresmedia Televisión, 2008, son., color.).

ticas de elitismo conformam juízos de valor sobre gostos, vestimentas, comportamentos, hábitos alimentares, dentre outras práticas sociais: "Quem é nobre deve proceder como tal. As nobrezas são essencialistas: julgam a existência como uma emanação da essência, precisam provar que estão à altura de si mesmas" (BOURDIEU, 2015, p. 28). O que fundamenta esse tipo de norma social acerca de gostos funda-se em uma construção de um prestígio ou de uma diferenciação de uma classe dominante, supostamente superior às classes "subalternas". A *distinção* baseia-se em construções discursivas sobre práticas de elites econômicas e culturais que buscam sua diferenciação das camadas populares por meio de roupas, gostos culinários, hábitos, modas de variados tipos etc.

Nas ocasiões supracitadas, Verónika Mendoza e Evo Morales passam por situações similares. Ambos compartilham habitos de uma mesma região andina, que *insiste* em manter suas tradições. Vestimentas, como *polleras*, o uso de símbolos andinos que reivindicam uma ancestralidade local, dentre outros ornamentos, confrontam uma norma tácita vestida de *terno e gravata*. Quem são os indivíduos que adotam tais trajes de "alta costura"? Quem determina o que é "alta costura"? Quem pode usar tais roupas ditas "bem alinhadas"? Enquanto as maiorias vestem-se com roupas tradicionais ou são descendentes daqueles que ainda se vestiam com tecidos e costuras da região andina, as normas do mundo dito civilizado requerem que o representante daquela região deva usar terno e gravata, conforme as elites econômicas, que adotaram os hábitos de seus colonizadores. Até mesmo por meio das roupas que um sujeito político ostenta, impõe-se uma norma tácita: "Deve governar quem se veste bem". Quem se veste bem?

No tópico seguinte, discutimos como ocorre um entrelaçamento de narrativas de vida nas passagens de pronunciamentos de sujeitos políticos sistematicamente excluídos socialmente. Abordamos como uma fala pode carregar sentidos históricos de lutas por sobrevivência, modos de resistência, fundando-se especificamente em traços, aspectos e comportamentos de subjetividades humanas socialmente marginalizadas.

2.6. FALAR SOBRE SI: VIVÊNCIA E REPRESENTATIVIDADE

> Mais um corpo tombou... Ainda me resto e arrasto aquilo que sou.
> Conceição Evaristo, em *Olhos D'água*

Em 14 de março de 2018, um atentado ceifou a vida de Marielle Franco, vereadora eleita pelo Partido Socialismo e Liberdade (PSOL) do

Rio de Janeiro, e do motorista Anderson Gomes, que estava a trabalho com a vereadora. Horas depois, repercutiria por meio de diversas mídias, jornais, programas televisivos, redes sociais, em todo o mundo, a seguinte descrição da vítima: "mulher, negra, mãe, cria da Maré" – modo como Marielle se apresentava enquanto pessoa pública. Em seu último dia de vida, a vereadora participara de um debate intitulado "Jovens negras movendo as estruturas", na Casa das Pretas, Rua dos Inválidos, 122.[71] Tratava-se de uma atividade de mulheres negras, acadêmicas e ativistas, organização da vereadora como contribuição à campanha *21 dias de ativismo contra o racismo.*[72]

Bastante conhecida no Rio de Janeiro, Marielle Franco denunciava casos de abusos policiais vinculados a assassinatos de moradores das favelas; dava assistência a famílias de moradores das comunidades que tivessem entes perdidos em função da violência policial; dava assistência a famílias de policiais que fossem vítimas da criminalidade; organizava campanhas contra assédio sexual de mulheres; compunha atos em defesa da comunidade LGBTQIA+; organizava ações de combate ao racismo, com debates voltados para políticas públicas para a população negra e pobre, dentre algumas de suas ações. Enfim, Marielle era, efetivamente, uma defensora dos Direitos Humanos.

Sem dúvida, as pautas de Marielle Franco eram fundadas em seu próprio pertencimento aos segmentos de que tratava nas esferas públicas. A atuação da vereadora não se restringia à Câmara de Vereadores, mas era corpo a corpo: militava em ruas das favelas, debates acadêmicos, paradas LGBTQIA+, praias, reuniões políticas, ou seja, transitava por diferentes espaços, ocupando-os politicamente com seu *corpo simbólico*. Em muitas de suas falas, a militante do PSOL descrevia o dia a dia de mulheres negras e pobres do Rio de Janeiro, falava sobre elas, falava por elas, falava como se fosse elas, já que era uma delas.

Entendemos que as narrativas que um sujeito político faz de si, enredadas em uma construção discursiva, que carregue efeitos de sentido de compreensão de problemas vividos e indignação com situações adversas naturalizadas socialmente, são modos de enunciar que se fundam nas vivências do enunciador. Nesses casos, a vivência congrega distintas materialidades feitas presentes no próprio indivíduo que, quando

---

[71] Mais informações no site: https://www.mariellefranco.com.br/quem-e-marielle-franco-vereadora.

[72] Mais informações na página do evento: https://www.facebook.com/events/651932505137717/.

filiado a uma posição que lhe permite reconhecer o estado social das coisas para indivíduos do meio em que está inserido, torna-se sujeito de si, para si e para os outros. Referimo-nos a materialidades presentes no corpo, na língua, na voz do sujeito, que se estendem a práticas sociais, modos de manifestar-se, modos de sobrevivência, modos de resistência.

Existem mecanismos sociais de contenção das práticas sociais que apontam aqueles que não se adequam às normas como se fossem "os outros".[73] Essa alteridade forçada já fora tratada em manifestos de movimentos feministas, manifestos de movimentos negros, manifestos de movimentos indígenas, dentre tantos, porque, comumente, o homem-branco-rico é o padrão. Seguindo nessa linha discutida ao longo deste livro, os sujeitos aqui mencionados ou mais detalhadamente pensados são sujeitos históricos que tomaram para si um protagonismo de suas próprias histórias, ou seja, ocuparam espaços de poder por meio de disputas históricas que não se iniciam com eles. Percebe-se um processo de autorreflexão, consciência de si, consciência de quem são os outros, seguidos de uma não aceitação de sua condição social subalternizada.

O *sujeito-outro* do *sujeito-norma*, quando apontado, volta o olhar para si mesmo: *por que sou olhado, por que sou criminalizado, por que minha fala é errada, por que meu cabelo é ruim, por que minha roupa é inadequada, por que minha arte não é cultura, por que minha vida vale menos?* No entanto, estes questionamentos dependem de um processo de reconhecimento de pertença a um grupo socialmente marginalizado, já que "o lugar social não determina uma consciência discursiva sobre esse lugar" (RIBEIRO, 2017, p.69). Dependem de *processos de identificação* que permitam ao sujeito que considere que sua vivência é partilhada coletivamente, que as adversidades que enfrenta não dizem respeito somente a si, mas a grupos que herdam problemas sociais históricos, assim como outros grupos herdam privilégios, bens e fortuna.

Trazendo essa discussão mais especificamente a uma teorização discursiva, no artigo "'Lugar de fala': enunciação, subjetivação e resistência", Mónica Zoppi-Fontana afirma que

---

[73] Na esteira de Grada Kilomba, Djamila Ribeiro (2017) afirma, por exemplo, que a mulher negra é o *outro* de um *outro*, considerando que a mulher (branca) de quem comumente se fala em muitos tratados feministas é *o outro do homem* (branco). Assim, a mulher negra sofre opressões que não se restringem à opressão de gênero, mas se estendem à opressão racial, que, muitas vezes, é negligenciada nos debates feministas enquanto problema.

os lugares de enunciação, por presença ou ausência, configuram um modo de dizer (sua circulação, sua legitimidade, sua organização enunciativa) e são diretamente afetados pelos processos históricos de silenciamento. Esses modos de dizer mobilizam as formas discursivas de um eu ou um nós, de cuja representação imaginária a enunciação retira sua legitimidade e força performativa. É a partir desses lugares de enunciação, considerados como uma dimensão das posições-sujeito e, portanto, do processo de constituição do sujeito do discurso, que se instauram as demandas políticas por reconhecimento e as práticas discursivas de resistência (ZOPPI-FONTANA, 2017, p. 66).

Em muitos dos pronunciamentos de Marielle Franco, são observáveis tais processos de subjetivação que se filiam a práticas discursivas de resistência, que tomam por base material condições de vida adversas enfrentadas. A vereadora, ao falar de si, falava no plural, coletivizando e partilhando histórias com seus (suas) representados (as), sobretudo mulheres negras pobres moradoras de favelas. Em seu modo de enunciar, marcavam-se percursos silenciados de mulheres outras que não chegaram a "fazer história", mas que alicerçavam o caminho para que ela pudesse ali chegar e falar em nome de todas. Em 2016, quando disputou o cargo de vereadora na Câmara de Vereadores da cidade do Rio de Janeiro, narrou o seguinte percurso:

> Para nós, mulheres, luta é cotidiano. Nós sentimos todos os dias os seus reflexos. Quando levamos nossos filhos para a escola e não tem aula. Quando temos que trabalhar e não tem vaga nas creches. Sentimos quando somos desrespeitadas nos transportes, desvalorizadas no trabalho, assediadas nas ruas, violentadas no caminho. E entre os becos e vielas da favela, sobreviver é a nossa maior resistência. Agora chegou a nossa vez. Vamos ocupar o nosso lugar na cidade e na política, ter o que nos é de direito. Nossa voz, muitas vezes silenciada, terá de ser ouvida. Agora chegou a nossa vez. Agora é pra fazer valer. Sou força porque todas nós somos. Sigo porque seguiremos todas juntas. Eu sou Marielle Franco. Mulher, negra, mãe, da favela. Eu sou porque nós somos. (Marielle Franco, campanha "Eu sou porque nós somos").

É marcante e evidente como toda a enunciação é construída em primeira pessoa do plural, como todas as adversidades vividas pelas mulheres da favela são colocadas como conhecidas e vividas pela própria enunciadora. Nesse sentido, os processos de exclusão, de marginalização e de violência sofridos pelas mulheres, mães, negras, da favela, são mais que dizeres, são vivências, têm materialidade na vida de Marielle. Neste caso, a horizontalização não é produzida, é constitutiva do sujeito que fala em relação àqueles com quem fala, sobre quem fala. Igualmente, falar sobre si mesmo é um modo de falar sobre os outros e para os outros, de modo que a legitimidade para dizer se funda naquele *lugar de fala* de quem se constitui historicamente junto a outros em uma mesma rede de sentidos, reconhecendo sua pertença ao grupo de que é oriundo, reconhecendo problemas enfrentados cotidianamente e coletivamente.

O enunciado reforça sentidos de coletividade ao retomar um ensinamento de filosofia Ubuntu, "Eu sou porque nós somos", parábola de matriz africana, em que todos só podem seguir adiante se estiverem juntos – a reivindicação de uma ancestralidade comumente renegada ou silenciada funciona como resgate histórico de luta do povo negro cuja história fora escrita por outros. Essas falas do cotidiano tornadas práticas de resistência por meio de retomadas históricas constituem um sujeito discursivo que irrompe processos de desestabilização da norma tácita política, de um campo majoritariamente ocupado por uma minoria que detém o controle das decisões políticas e o monopólio de poder governar a todos.

Na véspera de sua morte, no dia 13 de março de 2018, Marielle Franco publica na rede social Twitter: "Mais um homicídio de um jovem que pode estar entrando para a conta da PM. Matheus Melo estava saindo da igreja. Quantos mais vão precisar morrer para que essa guerra acabe?" (FRANCO, 2018). Em meio a tantas declarações sobre o que se passava nas favelas do Rio de Janeiro feitas pela vereadora, este *tweet* ganhara uma dimensão inigualável, replicado e comentado massivamente nas redes sociais, em diversas línguas. A execução da vereadora desencadeou uma rede de manifestações em todo o mundo, começando pelo Rio de Janeiro, sua cidade.[74]

Nos dias posteriores ao atentado, na região da Candelária, centro do Rio de Janeiro, ecoavam vozes, sobretudo, de mulheres, de distintas faixas etárias, que entoavam em uníssono: "Marielle perguntou, eu também vou perguntar: 'Quantos mais têm que morrer pra essa guerra acabar?'" Nesse último enunciado, deu-se uma retomada de uma *memória* recente, avolumada nos corpos daqueles (as) que ocuparam as ruas da cidade, reivindicando e apropriando-se da dor e da luta da vereadora. Muitas das denúncias feitas por Marielle Franco tendiam não apenas ao esquecimento em razão da fluidez de comunicação das redes sociais, mas também eram invisibilizadas pelo valor social dispensado às vítimas da violência nas favelas, que, mortas, tornam-se números e estatísticas – não têm nome, não têm rosto, não têm identidade.

---

[74] Ver mais em: <https://www.brasildefato.com.br/2018/03/30/manifestacoes-em-solidariedade-a-marielle-franco-acontecem-no-pais-e-no-mundo/>. Acesso em: 30 mar. 2018.

Com essa reflexão, pretendemos dizer que a *corporeidade simbólica* do indivíduo que enuncia, constituindo-se como sujeito, filiando-se a uma rede de sentidos que o antecedem, não depende de teatralização pontual, com usos e empregos linguístico-corporais deliberadamente pensados para configurar legitimidade e autoridade políticas. Entendemos que os laços de representatividade entre sujeitos excepcionais (que furam o bloqueio das normas tácitas de representação política) e seus representados residem em suas próprias existências, resistência e sobrevivência diante do sistema sociopolítico.

Se a fala de Marielle Franco é autorreferente, entende-se que os problemas apontados em seu pronunciamento político são fundados nas experiências da população negra e pobre do país, ou seja, a enunciadora era um sujeito sócio-histórico *co-construído* que carregava em si mesma a materialidade da vida e do discurso que lhe conferiam legitimidade. "Sobreviver é a nossa maior resistência": Marielle encarnava e reverberava em seu próprio corpo os sentidos de sua luta, que estava implicada em suas formulações pluralizadas e coletivizadas. Quando a voz de Marielle é brutalmente silenciada, outras vozes ecoam: a *corporeidade simbólica* não é da ordem da matéria, ainda que se inscreva em materialidades diversas. O *corpo social simbólico* é da ordem do discurso, o que significa que não pode ser aniquilado, porque ganha materialidade em outras falas, em outros corpos e em outras vozes.

Marielle Franco é uma dentre tantas personagens históricas que carregavam em si mesmas suas causas, reivindicando direitos para segmentos jamais ouvidos, sempre negligenciados pelos poderes estabelecidos. Nesses casos, *falar sobre si* constitui uma das práticas de resistência a um silenciamento historicamente dado, *falar sobre si* é um modo de falar sobre uma maioria cujas demandas e necessidades não são contempladas pelos defensores da dita ordem. Em suas declarações, as narrativas são denúncias sobre problemas vividos cotidianamente por grupos ditos minoritários, mulheres, negros, LGBTQIA+, pobres, portanto, as questões não se restringem ao "indivíduo" Marielle.

De um modo análogo, os sujeitos desta pesquisa, Evo Morales e Lula da Silva, valem-se de uma fala sobre si como modo de falar sobre determinados segmentos sociais de seus respectivos países. Mais uma vez, nestas circunstâncias, ser autorreferente é um modo de fazer alusão a uma coletividade outrora silenciada, cotidianamente esquecida, politicamente excluída. As narrativas de vida enunciadas são histórias partilhadas coletivamente que dizem respeito não somente ao sujeito que enuncia enquanto indivíduo.

Nos capítulos III e IV, ilustraremos as discussões empreendidas anteriormente por meio das análises discursivas dos pronunciamentos de posse dos presidentes Evo Morales e Lula da Silva. Diante de um contingenciamento histórico que cerceia manifestações das subjetividades humanas, que não comporta sujeitos que não se adequem às normas históricas de representação política, observaremos como emergem ambivalências discursivas nas falas de tais sujeitos, quando opera a confluência entre o silenciamento e a tomada de palavra.

CAPÍTULO 3. EVO MORALES: *TODOS SOMOS PRESIDENTES*

Neste capítulo, versaremos sobre os pronunciamentos de posse ou de cerimônias de celebração da posse do presidente Evo Morales, destacando uma série de formas e mecanismos discursivos por meio dos quais se constroem relações de identificação e de proximidade entre o mandatário boliviano e segmentos sociais que representa, bem como consensos e conflitos entre Morales e partidários, críticos e adversários. Ao operar *recortes discursivos* nas declarações selecionadas para análise, priorizamos fenômenos discursivos que manifestem certos efeitos de *processos discursivos* materializados na fala do sujeito em questão, cuja constituição discursiva confere legitimidade ao sujeito histórico como liderança política na Bolívia.

Conforme anunciamos na introdução deste livro, os fenômenos discursivos que norteiam nossas análises são referentes a:

- Relação representante-representados, como a construção de uma identidade particular, que é engendrada em função daquilo que eles dizem a respeito de si mesmos e dos outros;
- Atenuações de conflitos e conciliações, como construção de uma identidade genérica republicana, que se processa em função do cargo visado ou ocupado (de presidente da República);
- Lideranças/Lutadores pelo caminho, como filiação a um histórico de lutas, com decorrente produção de legitimidade e autoridade políticas;
- Relação com adversários, conflitos que escapam ao rígido controle do preparo da fala, posto que emergem como atravessamentos do *discurso-outro* presente no discurso sobre si mesmo e sobre seus pares;
- Olhar para os mais necessitados, maiorias marginalizadas, materializados nas discursividades destacadas.

Por vezes, os fenômenos discursivos podem entrecruzar-se ao longo da discussão. E, ainda, fenômenos podem ser encontrados repetidas vezes em mais de um pronunciamento. Portanto, as reflexões de um tópico podem ser retomadas em outro, conforme o recorte selecionado em questão.

3.1. OS PRONUNCIAMENTOS DE POSSE DO PRESIDENTE JUAN EVO MORALES AYMA

Damos início aos trabalhos de análise operando *recortes discursivos* de pronunciamentos de posse de Evo Morales como presidente, referentes ao ano de 2006. Para a organização da discussão, tais *recortes* estão apresentados e divididos por fenômenos. Após a apresentação dos excertos selecionados, procedemos a uma breve descrição seguida de uma análise para a caracterização de *processos discursivos* que apontamos como regulares nas falas públicas do presidente boliviano. Ao longo das análises, evidenciamos a constituição do sujeito discursivo, tal como se materializa, no que ele diz e nas maneiras de dizer de suas formulações linguísticas. Por fim, discutimos as relações dos fenômenos discursivos com as reflexões referentes a *silenciamento*, *tomada de palavra* e *lugar de fala*, de que tratamos anteriormente.

3.1.1. ALIADOS E ATENUAÇÃO DE CONFLITOS

Começamos pela observância da construção de relações de identificação e desidentificações com setores aliados, bem como pelo exame da atenuação de conflitos entre tais setores, nas falas do presidente Evo Morales. Vejamos os primeiros *recortes* que retiramos de seu pronunciamento de posse, *Todos somos presidentes*:

> **RDE1**
> Muchísimas gracias por todo el apoyo que me dieron en la campaña, hermanas y hermanos, los aymaras, los quechuas, los mojeños.
>
> Les decía, hermanas y hermanos de las provincias del departamento de La Paz, de los departamentos de Bolivia, de los países de Latinoamérica y de todo el mundo, hoy día empieza un nuevo año para los pueblos originarios del mundo, una nueva vida en que buscamos igualdad y justicia, una nueva era, un nuevo milenio para todos los pueblos del mundo, desde acá Tiahuanacu, desde acá La Paz, Bolivia. (Tiahuanacu, 21 de enero de 2006, *Todos somos Presidentes*, MORALES, 2006).

Inicialmente, pode-se destacar como marca de horizontalização de tratamento nos pronunciamentos do presidente Evo Morales a nomeação de seus interlocutores como "hermanas" e "hermanos", termos empregados repetidas vezes pelo mandatário boliviano. Ao abordar pontos entre a sociolinguística e a análise de discurso, Françoise Gadet (2005, p. 54-55) aponta a *eliminação de marcadores ostentatórios de hierarquia, poder e status* como uma das tendências de democratização nas formulações linguísticas, o que seria um *fenômeno transnacional*. A autora sustenta que se dá uma tendência de atenuação de hierarquias, referindo-se aos usos de títulos herdados (como conde) ou adquiridos (como doutor) em francês (GADET, 2005, p. 55). No recorte supracitado, além de sua atenuação, ocorre uma quebra de hierarquia: tal forma de tratamento é bastante comum e usual nas comunidades aymaras. Além disso, assim como o presidente nomeia seus interlocutores como "hermanas" e "hermanos", também ele é nomeado como "hermano presidente" por partidários(as) na Bolívia.

Nesse fragmento, ocorre uma certa gradação de relevância de interlocutores, com ênfase a *quéchuas*, *aymaras* e *mojeños*, que são citados antes que se faça referência de modo abrangente a demais interlocutores do país e a povos do mundo inteiro. Assim, o recurso de dispor as referências de tais grupos em primeira ordem confere um efeito de destaque a esses segmentos sociais, além de que a nomeação se faz de modo mais preciso, enquanto os outros grupos são citados de forma mais genérica. Além disso, nota-se que a marcação de tais grupos por meio de artigos definidos "los" produz um efeito de que a totalidade desses setores apoiam o presidente, tomando "los aymaras", "los quéchuas" e "los mojeños" como um bloco homogêneo.

Nas falas públicas de Evo Morales, observamos continuamente a construção de uma *memória* nacional acerca dos povos originários bolivianos. Com bastante frequência, Morales fala aos e sobre *aymaras, quéchuas, mojeños*. A posse presidencial anunciada como marco histórico, uma ruptura, instaura discursivamente um recomeço para as comunidades indígenas da América, não se lhes endereça a fala em qualquer lugar. Há de se observar, neste excerto, que a liderança aqui se expande: Tiwanaku, historicamente, foi um centro de poder político para grande parte da América, antes do domínio Inca e da chegada dos espanhóis.[75] Enunciar em Tiwanaku marca uma posição de resgate com relação àquele passado remoto em que os aymaras governavam, antes de serem dominados por outros povos, outras culturas. Nesse processo histórico, de dominações internas e externas, a eleição de Evo Morales é frequentemente concebida como um marco, um lugar atravessado por distintas discursividades em confluência e/ou em conflito, uma conjunção de símbolos históricos em disputa, que instauram um sincretismo de códigos no sistema de democracia representativa boliviana.

---

75 Ver ROJO, Hugo Boero. *Descubriendo Tiwanaku*. 1ª ed. La Paz/Cochabamba: Editorial Los Amigos del Libro: 1980.

No seguinte excerto, observa-se como o sujeito enunciador mobiliza distintas pessoas discursivas para constituir aqueles com quem se identifica e outros com quem não se identifica:

RDE2

Muy emocionado, convencido que sólo con la fuerza del pueblo, con la unidad del pueblo vamos a acabar con el estado colonial y con el modelo neoliberal.

Este compromiso, en lo más sagrado de Tiahuanacu, este compromiso para defender a los bolivianos, para defender al pueblo indígena originaria, no solamente de Bolivia, como anoche nos dieron la tarea, defender a los pueblos indígenas de América, antes llamada Abayala.

Pero los resultados, el apoyo de todos ustedes, quiero decirles un compromiso serio y responsable, no de Evo Morales, sino por todos los bolivianos, por todos los latinoamericanos, necesitamos la fuerza del pueblo para doblar la mano al imperio (Tiahuanacu, 21 de enero de 2006, *Todos somos Presidentes*, MORALES, 2006).

Pode-se ver que "muy emocionado" corresponde a um "eu", "el pueblo" seria um "ele" que é associado a um nós político[76] em "vamos", com o qual se vai combater o "estado colonial" e o "modelo neoliberal", referentes aos outros, aos que estão do outro lado, "eles". Regularmente, Morales nomeia partidários e lideranças políticas filiados à tradição política que reivindica. Para compreender como se dá o processo de constituição da posição linguístico-discursiva do sujeito que enuncia, não basta notar a autoafirmação do seu lugar de fala. Além da afirmação e reivindicação de suas origens, a delimitação de sua posição discursiva se dá através das nomeações de correligionários, e também da nomeação daqueles que afirma combater politicamente. Assim, destacamos que o "estado colonial", o "modelo neoliberal" e o "imperio" são frequentemente colocados como adversários.

Há interdições relativas a nomear diretamente representantes desses "estados de coisas", sobretudo porque a designação dada ao *status quo* já configura em si mesma a ruptura de um silêncio secular, a partir daquele lugar social de presidente da República. Quem são os agentes do *estado colonial*, do *modelo neoliberal* e do *imperio*? Colocamos esta questão para evidenciar os distintos modos de enunciar sobre partidá-

---

[76] Com base nas teorizações de Indursky (1997) sobre o nós discursivo, analisaremos cada ocorrência conforme a referência anunciada pelo sujeito enunciador, tendo como parâmetro que: "Dado que nós designa conjuntos lexicalmente não-nomeados, nós os entendemos como uma *não-pessoa discursiva*. Ou seja, na *interlocução discursiva, a não-pessoa discursiva corresponde ao referente lexicalmente não-especificado ao qual eu se associa para constituir nós*" (INDURSKY, 1997, p. 66-67, grifos da autora).

rios e adversários, considerando que *qualquer um não pode dizer qualquer coisa, de qualquer modo, em qualquer lugar*. Enquanto a nomeação de opositores é feita de modo genérico, por meio de *sujeitos discursivos inanimados*, notamos que, quando se trata da nomeação de apoiadores, a designação é mais precisa (*aymaras, quéchuas, mojeños*). Tais grupos de apoiadores são designados como blocos homogêneos, ainda que haja heterogeneidades e divergências políticas no interior desses segmentos, que são apagadas em tal nomeação. Importa-nos também frisar que *aymaras, quéchuas* e *mojeños*, que são os apoiadores mais citados, são também os povos originários majoritários na Bolívia.

Quando o presidente fala em *defender a los pueblos indígenas*, podemos questionar: de quem/quê? Destaca-se um conflito, entretanto os agentes responsáveis pela ameaça que seriam expressos pelo complemento (objeto indireto), que exige a regência canônica quando do uso do verbo "defender", não são nomeados. Existe a indicação de um problema social, fala-se a respeito de uma parte da população oprimida, contudo, não se designa aberta e discriminadamente o adversário.

Ademais, nota-se uma identidade republicana genérica é engendrada por meio da nomeação de outro grupo: "bolivianos", cuja designação compreende outros setores da população, que não necessariamente estariam circunscritos em "quéchuas", "aymaras" e "mojeños". Cabe destacar ainda que a fala é dirigida igualmente a "latino-americanos", segmento mais abrangente, que compreende outras nacionalidades. Constrói-se assim uma contraposição entre estes setores e o império, adversário referido como sujeito inanimado.

RDE3

> Pero también quiero decirles, con mucho respeto a nuestras autoridades originarias, a nuestras organizaciones, a nuestros amautas, a controlarme, si no puedo avanzar empújenme ustedes, hermanas y hermanos.
>
> A corregirme permanentemente, es posible que pueda equivocarme, puedo equivocarme, podemos equivocarnos, pero jamás traicionar la lucha del pueblo boliviano y la lucha de la liberación de los pueblos de Latinoamérica (Tiahuanacu, 21 de enero de 2006, *Todos somos Presidentes*, MORALES, 2006).

"**...quiero decirles, com mucho respeto**" é um enunciado que nos permite afirmar que este é um modo de se constituir discursivamente como líder consideravelmente distinto do modo de fazer política no regime de democracia representativa tradicional. E, dirigir-se a seus interlocutores, com reverência, solicitando que seja *controlado, empurrado* e *corrigido* surte efeitos de submissão ao povo que representa. Pensando em uma historiografia sobre o povo aymara, podemos depreender também que pode se tratar de traços de organização política aymara, gestados pelos verbos "controlarme", "empújenme", "corregirme".[77] Na política aymara, os representantes devem responder pela responsabilidade delegada, portanto, devem também ouvir a comunidade, por quem serão cobrados. A liderança, então, se dá de modo que o representante é guiado e guia a partir das decisões comunitárias.[78] Evo Morales pode, portanto, responder a uma tradição aymara, vastamente descrita por historiadores, além de determinações históricas concernentes a uma horizontalização das relações na representação política.[79]

Entendemos que a utilização de tais verbos pode ser também um modo de atualizar o enunciado *"mandaré obedeciendo"*, um dos dizeres do presidente boliviano, retomado da liderança mexicana *Subcomandante Marcos*. Quando enuncia "empújenme", o representante se utiliza do modo imperativo, contudo, para que ele mesmo seja guiado.

> El triunfo del 18 de diciembre no es el triunfo de Evo Morales, es el triunfo de todos los bolivianos, es el triunfo de la democracia, es el triunfo, como una excepción, de una revolución democrática y cultural en Bolivia (Tiahuanacu, 21 de enero de 2006, *Todos somos Presidentes*, MORALES, 2006).

Aqui identificamos o uso de *quarta pessoa discursiva* (INDURSKY, 1997), quando o presidente se refere a si mesmo como se fosse um terceiro. Em seguida, enquanto coletiviza a conquista da ascensão à presidência, coloca-se como representante de "todos los bolivianos", utilizando-se de uma denegação "no es el triunfo de Evo Morales". Consideramos "bolivianos" como a marca da conciliação, que abrange distintos setores da sociedade (aymaras, quéchuas, mojeños, classe média, empresários, collas, cambas etc). O presidente se apresenta não somente como governante do segmento social a que pertence (aymara,

---

[77] Ver ALBÓ, Xavier. *Pueblos indios en la política*. La Paz: CIPCA, 2002. Cuadernos de Investigación CIPCA, nº 55.

[78] Não nos cabe afirmar se esta política foi levada a cabo no governo de Evo Morales. Referimo-nos sempre ao modo de enunciar e como esse modo é atravessado por essas influências de modos de fazer política de outra ordem.

[79] GADET, FRANÇOISE. As mudanças discursivas no francês atual: pontos de vista da análise de discurso e da sociolinguística. In: INDURSKY, Freda; FERREIRA, Maria Cristina Leandro. *Michel Pêcheux e a análise do discurso*: uma relação de nunca acabar. São Carlos: Claraluz, 2005. p. 51-74.

ROSANVALLON, PIERRE. *Le peuple introuvable*. Paris : Éditions Gallimard, 2010 ;
ROSANVALLON, PIERRE. *La société des égaux*. Paris : Éditions Points, 2013.

de origem pobre, cocalero, sindicalista), mas se coloca como representante de todos os bolivianos. Enfatizamos tais designações porque existem importantes deslizamentos de sentido entre "hermanos/as", "aymaras", "quéchuas", "mojeños", "bolivianos", que traçam a posição de quem enuncia com relação a seus interlocutores, posto que, à medida que nomeia, constitui a si mesmo como agente político, constitui seu próprio lugar de fala a partir do modo pelo qual se dirige e delimita cada segmento social do país a que se refere.

Tais deslizamentos dizem respeito a uma maior ou menor proximidade com tais segmentos, uma construção de identificação mais ou menos expressa, que se desloca de "hermanos aymaras" (mais próximos, com quem se fala) a "bolivianos" (de quem regularmente se fala).

> RDE4
> Pero también quiero decirles, muchos hermanos profesionales, intelectuales, clase media, se incorporaron al instrumento político de la liberación, hoy instrumento político del pueblo.
>
> Quiero decirles que yo, de esa gente, de esos profesionales intelectuales de la clase media me siento orgulloso como aymara, pero también les pido a los hermanos de la clase media, de la clase profesional, intelectual, empresarial, que ustedes también deben sentirse orgullosos de estos pueblos indígenas originários (Tiahuanacu, 21 de enero de 2006, *Todos somos Presidentes*, MORALES, 2006).

Tratados também como "hermanos", os setores citados são "muchos", não todos. Notamos como é distinto o modo de se referir ao apoio de aymaras, quéchuas e mojeños, que não são tratados como "muitos", mas como se fossem uma totalidade, marcada por artigos definidos: "*los aymaras, los quéchuas, los mojeños*". Ao começar a tratar do apoio da classe média, o presidente se refere a esse setor da sociedade boliviana como terceira pessoa, ou seja, nesse enunciado, ele continua a tomar como interlocutores privilegiados aymaras, quéchuas, mojeños. Posteriormente, desloca-se a "classe média" de terceira para segunda pessoa discursiva, por meio da interpelação "les pido" (a ustedes), de que falaremos adiante. Ao enunciar "**yo, de esa gente, de esos profesionales intelectuales de la clase media me siento orgulloso como aymara**", provoca um efeito de aproximação atravessado por um efeito de desidentificação materializado pela expressão "esa gente", que, em espanhol, é um modo relativamente cristalizado de marcar um distanciamento acerca de quem se fala, que se dá por meio do uso do pronome demonstrativo "esa". Quando se tem proximidade, frequentemente, no lugar de "esa", é utilizado o pronome possessivo "mi". Quando comparamos "esa gente" com "mi gente", podemos vislumbrar como se marca esse distanciamento de que falamos. Além disso, quando se endereça a esses setores da classe média por meio do pronome *ustedes*, é justamente para pedir que também se orgulhem dos povos indígenas, ou seja, apresenta-se um *pré-construído*[80] de que não se orgulham.

Nessa mesma direção, segue o uso de "**pero** también les pido a los **hermanos de la clase media, de la clase profesional, intelectual, empresarial**, que ustedes también deben sentirse orgullosos de estos pueblos indígenas originarios", partindo da conjunção adversativa, que instaura a oposição ao que havia dito antes, reaproxima os setores a quem se refere por meio, novamente, do termo 'hermanos", e então os interpela diretamente através do pronome "ustedes".

Compreendemos que, nesta sequência, é desencadeada e materializada uma série de conflitos, à medida que o presidente boliviano nomeia, fala sobre e interpela os diferentes setores da sociedade boliviana, constituindo-se a si mesmo, aos seus e aos outros por meio de sua inscrição histórica em já-ditos naquela sociedade. "Profesionales intelectuales de la clase media", "hermanos de la clase media", "de la clase profesional, intelectual, empresarial" são designações de setores tomados como um outro. Embora haja aymaras intelectuais, aymaras de classe média, aymaras empresários, entendemos que, por meio dessa alusão socioeconômica que apaga e, em certa medida, se opõe à questão étnica, o presidente está se referindo a brancos e *mestizos*. A aliança a que se refere no pronunciamento é também *encarnada* na figura de Álvaro García Linera, vice-presidente, intelectual branco de classe média e ex-preso político por militar no exército guerrilheiro Tupac Katari.

Neste próximo recorte, atentamos para a designação direta de um país aliado, o Brasil, representado na figura do presidente Lula da Silva. Destacamos o modo direto de nomeação, porque tal modo se diferencia da forma pela qual o presidente boliviano evocará adversários externos:

> **RDE5**
> Ojalá ese ansiado proyecto ya esté ejecutándose hacia Brasil, muchas gracias, antes dirigente, ahora presidente compañero Lula, por enseñarme, por orientarme, y por expresar también su apoyo a nuestro gobierno (Tiahuanacu, 21 de enero de 2006, *Todos somos Presidentes*, MORALES, 2006).

---

80 De acordo com Courtine, trata-se de "uma construção anterior, exterior, independente por oposição ao que é construído da enunciação" (COURTINE, 2009 [1981], p. 74).

De modo recorrente, o sujeito enunciador refere-se com reverência a autoridades ou a lideranças com as quais se identifica. Assim como quando evoca as autoridades originárias, coloca-se como um aprendiz diante da autoridade de Lula da Silva, como dirigente e presidente. Ao nomeá-lo como 'presidente companheiro', provoca o efeito de quebra de hierarquia frente ao título de seu referente. Nas falas do presidente Evo Morales, ocorre também uma certa gradação de proximidade com os aliados, observável nas formulações linguísticas. O modo de tratamento sob o sintagma 'presidente companheiro' não é o mesmo como quando se refere a 'esa gente' da classe média, por exemplo. Nesse sentido, por meio de pronomes de tratamento, pronomes possessivos, marcadores diversos, as redes de identificação oscilam conforme os sujeitos enredados na discursividade engendrada.

Por essa razão, cabe atentar para as interpelações genéricas, como 'todos os setores', bem como as designações mais específicas de segmentos, conforme recorte que segue:

RDE6
Buscar una unidad de todos los sectores, respetando la diversidad, respetando lo diferente que somos, todos tenemos derecho a la vida, pero si hablamos de Bolivia los pueblos aymaras, quechuas, mojeños, chapacos, vallunos, chiquitanos, yuracarés, chipayas, muratos son dueños absolutos de esta enorme tierra, y a sus dueños, las promesas hay que recordarlas para recordar el problema económico social de nuestra Bolivia (Tiahuanacu, 21 de enero de 2006, *Todos somos Presidentes*, MORALES, 2006).

Após destacar a unidade, reforça a pluralidade dos povos da Bolívia, marcando posição acerca de quem fala. Dessa feita, mais povos são nomeados, mais povos do que os grupos majoritários, que são mais citados (aymaras, quéchuas, guaranís, mojeños). O reconhecimento e a menção da diversidade do povo da Bolívia é um traço frequente nos pronunciamentos do presidente Evo. É um modo de enunciar de liderança que fala com todos e fala com cada um, marcando gênero, marcando povos, marcando classes sociais, marcando nível de escolaridade, marcando a singularidade de seus interlocutores.

É importante destacar como o sujeito se inscreve na "diversidade" de que fala, por meio do uso da primeira pessoa do plural em "respetando la diversidad, respetando lo diferente que somos". Em seguida, contrasta a totalidade "Bolivia" com os *donos absolutos da terra* que são aqueles povos que nomeia. Nesta formulação, ocorre um efeito de tratamento prioritário aos povos originários, que se manifesta no destaque conferido a esses setores na fala do presidente.

RDE 07

Hermanas y hermanos, sorprendido de esta gran concentración tan voluntaria, tan espontánea. Ni Evo ni Alvaro no han puesto ni un boliviano para que la gente pueda concentrarse, y ésta es la conciencia del pueblo boliviano.

Y las prebendas en Bolivia ya no van, acá el instrumento político ha puesto en balanza dos poderes: el poder de la prebenda, el poder económico y el poder de la conciencia. Felizmente y gracias a la madre tierra, gracias a nuestro Dios, decir gracias a mis padres, la conciencia ganó las elecciones, y ahora la conciencia del pueblo va a cambiar nuestra historia, hermanas y hermanos (Tiahuanacu, 21 de enero de 2006, *Todos somos Presidentes*, MORALES, 2006).

Assim como em outros enunciados, em "**Ni Evo, ni Álvaro no han puesto ni un boliviano para que la gente pueda concentrarse**", faz uso da *quarta pessoa discursiva* (INDURSKY, 1997) e, desse modo, distancia-se do lugar a partir do qual fala, referindo-se a si mesmo como se fosse um outro, sobre quem poderia falar como observador. A respeito da *sequência* supracitada, percebemos ainda um elemento do *discurso outro* que atravessa e produz sentidos na fala de Evo sobre não ter "colocado" nem "um boliviano" (peso boliviano, moeda nacional) naquele ato. Um *discurso* sobre partidos pagar pessoas, inscritos em sua militância ou não, para comparecer a atos emerge por meio da negação que Morales faz a esse tipo de prática. Então, o reforço de que seja pela "consciência do povo boliviano", é um reforço da legitimidade daquele acontecimento, que se basearia e se sustentaria naquela coletividade presente.

No excerto "la conciencia del pueblo va a cambiar nuestra historia", a marcação da palavra "historia" pelo pronome possessivo "nuestra", referente à primeira pessoa do plural, posiciona o próprio enunciador no interior de uma coletividade que representa – "hermanas y hermanos" – e a qual se dirige. A marcação do substantivo por meio desse pronome opera um resgate de uma memória compartilhada pelo grupo privilegiado nessa enunciação. Se há de se mudar, presume-se que seja algo que não esteja indo bem. Sendo um boliviano de origem pobre, aymara, cocalero, sindicalista, ex-pastor de llamas, quando enuncia sobre uma história que também é sua e precisa ser mudada, os efeitos de sentidos convergem para os problemas sociais vividos pela parcela mais pobre e mais numerosa da população. Se, por um lado, anuncia-se o conflito materializado no *pré-construído* do *discurso outro*, negado pelo sujeito, por outro, produz-se o consenso pela expansão da conquista da eleição a um coletivo: "la conciencia del pueblo va a cambiar nuestra historia".

RDE 08
> Por eso, por invitación de ustedes, por iniciativa de nuestras autoridades originarias, un saludo especial revolucionario a los ponchos rojos, a los hermanos jilakatas, a los mallkus, a los jiliri mallkus, a las mamatallas, muchas gracias autoridades originarias por realizar este acto tan originario nuestro, que me invitan a comprometerme para gobernar bien (Tiahuanacu, 21 de enero de 2006, *Todos somos Presidentes*, MORALES, 2006).

Destacamos que as *autoridades originárias* que compõem a cerimônia, "ponchos rojos", "jilakatas", "mallkus", "jiliri mallkus", "mamatallas", são de grande relevância para a construção da legitimidade do presidente Evo Morales como liderança que se propõe a representar todas as comunidades indígenas da América, para além da Bolívia. As autoridades citadas desempenham funções políticas importantes na organização política aymara: líderes políticos (as), conselheiros (as), organizadores (as) e cuidadores(as) das comunidades.[81] Além disso, o presidente, em Tiahuanacu, evidencia que fala como "convidado", o que reforça a legitimidade do ato de que participa como protagonista, mas também como quem não é anfitrião ou dono do lugar.

Mais uma vez, a enunciação de um compromisso firmado diante das comunidades é bastante representativo de uma luta de séculos, que não caberia nos moldes tradicionais da política da democracia representativa. A realização de uma cerimônia ancestral com a presença de sujeitos políticos daquela outra ordem organizativa em comunhão com os ritos democráticos surte um efeito de transgressão, dando visibilidade a um outro modo de fazer política, que não corresponde a dos brancos-ricos, que vinham governando o país nos moldes tradicionais de um modo de fazer política baseado em padrões externos.

---

[81] Para compreender mais sobre tais funções, ver Rivera Cusicanqui (1986), que, por sua vez, indica Albó (1972), cujo trabalho demonstra de modo mais aprofundado o sistema hierárquico nas comunidades aymaras: "Mallku (en AYMARA, lit. – cóndor) es el equivalente del KURAKA QHECHWA o del "cacique" importado del Caribe por los españoles. Es una autoridad tradicional a nivel de las instancias organizativas comunales más amplias o AYLLUS MAYORES (cf. Platt, 1976). JILAQATA (AYMARA, lit. – el "encargado mayor") es una autoridad de menor jerarquía, ya sea porque corresponde a AYLLUS más pequeños o que forman parte de un AYLLU mayor, siendo también comúnmente una autoridad rotativa de las estancias – unidades de residencia patrilocales – que forman parte de los AYLLUS. Para una descripción detallada del funcionamiento actual del sistema jerárquico de autoridades en una comunidad AYMARA del Altiplano, ver el trabajo de Albó (1972)." (RIVERA CUSICANQUI, 1986, p. 38)

RDE 09
> Sólo quiero decirles desde este lugar sagrado, con ayuda de ustedes hermanos y hermanas, quechuas, aymaras, guaraníes, queremos enseñar a gobernar con honestidad, con responsabilidad para cambiar la situación económica del pueblo boliviano (Tiahuanacu, 21 de enero de 2006, *Todos somos Presidentes*, MORALES, 2006).

A constituição de Evo Morales como líder se sustenta em referências que faz a apoiadores, sendo que tais sujeitos podem ser tidos ou ditos como iguais ou não, e nas referências que faz a adversários. E, conforme podemos observar nas sequências supracitadas, tais apoiadores compõem a cena enunciativa; e, adversários, como dissemos, são nomeados de modo mais genérico, sendo assim, não podem ser diretamente identificados. A presença massiva dos apoiadores é enunciada, destacada dessas condições de produção que conferem legitimidade ao sujeito que enuncia. Neste último excerto, se dá a repetição do protagonismo de aymaras, quéchuas, guaranís na condução política. Quando o presidente enuncia "queremos enseñar a gobernar con honestidad, con responsabilidad" diferentes efeitos de sentido são engendrados também na constituição desse sujeito que fala: o reforço do pertencimento a esse grupo de quem Morales pede ajuda para governar, quando se incorpora por meio da primeira pessoa do plural na conjugação de 'queremos'; 'enseñar' marca certo efeito de ponto de partida, de começo, com relação ao que havia antes, já que, se há que ensinar, é porque supostamente não sabem ou não quiseram governar como era preciso. E quem não teria governado com honestidade?

Assim como os interlocutores presentes, o lugar em si é um elemento importante da cena enunciativa. Evidenciar que fala em Tiwanaku, destacando a importância desse lugar, pode ser igualmente considerado um procedimento de legitimação de Evo Morales como liderança, pois, daquele lugar, líderes de tempos mais antigos falavam à civilização tiwanacota, governada pelos aymaras. Sendo um representante político aymara, ao operar o resgate dessa memória do simbolismo de Tiwanaku como lugar histórico, resgata a centralidade dos aymaras na cena política boliviana. Em contexto de uma crise internacional de representação, a legitimidade do governante se funda igualmente na apropriação simbólica de lugares outrora considerados centros de poder para grupo sociais que vinham sendo secularmente oprimidos desde que tiveram seus líderes ancestrais derrubados e condenados à morte, passando por um processo de colonização forçado.

É interessante notar também o deslizamento de aymaras, quéchuas, guaranis (povos) para *povo boliviano*. Frequentemente, Morales se refere aos povos mais numerosos (aymaras, quéchuas, mojeños e guaranis), contudo existem ainda mais povos na Bolívia. Assim sendo, percebemos processos de identificação distintos quando o presidente se diz representante das comunidades indígenas, como representante aymara e como representante do povo boliviano. Existem distintos modos de se constituir como presidente-representante-líder, considerando que os segmentos sociais destacados não são correspondentes. Como comunidades indígenas, aymaras e povo boliviano não são blocos homogêneos, nos cabe observar quais são os processos de identificação e contraidentificação com cada grupo nomeado, para circunscrever os *processos discursivos* por meio dos quais o presidente se constitui a si mesmo.

No pronunciamento proferido no Palácio Quemado, em cerimônia de posse de Evo Morales como presidente constitucional da Bolívia, no dia 22 de janeiro de 2006, ocorrem processos análogos. No próximo recorte, destacamos outro *processo discursivo* que ocorre regularmente nas falas do presidente Evo Morales, que diz respeito a uma *autoridade sob comando*, que reitera um lugar de protagonismo para o povo boliviano:

RDE 10

Cumpliré con mi compromiso, como dice el Sub Comandante Marcos,[82] mandar obedeciendo al pueblo, mandaré Bolivia obedeciendo al pueblo boliviano. Muchísimas gracias (DISCURSO DE POSESIÓN DEL PRESIDENTE CONSTITUCIONAL DE BOLIVIA, MORALES, 2006).

Este excerto constitui essa discursividade que produz o efeito de uma autoridade que se submete à vontade popular, das maiorias, do povo como aquela base social mais empobrecida da população, de quem se atenderia as demandas. É importante evidenciar esse tipo de formulação, considerando que esse segmento social "povo" não se refere a um setor mais rico ou elitizado da população, quando se observa o conjunto das declarações. Na tessitura discursiva, pode-se delimitar de quem se trata, posto que, sujeitos sociais como "investidores", "mercado", "empresários" são elementos ausentes do lugar de protagonismo dado por Evo Morales em suas falas, por exemplo. Em contrapartida, a centralidade é conferida a esse povo de que o sujeito enunciador é oriundo, de que afirma fazer parte e que diz obedecer.

Por meio dessas formulações, pode-se ver que os *processos de metonimização* (ZOPPI-FONTANA, 2017) que enredam o sujeito histórico Evo Morales e seu povo representado são bastante complexificados, ten-

---

82 Líder do Exército Zapatista de Libertação Nacional (México).

do em vista que mobilizam distintos atores sociais, não de um mesmo modo, não com um mesmo grau de relevância, com algumas nuances de efeitos de sentidos. No entanto, essa disposição de importância política dos sujeitos que constituem a fala do presidente e que, por sua vez, constituem-no como sujeito histórico, materializam-se discursivamente em seus pronunciamentos, como *processos* passíveis de descrição. Quando se colocam determinadas questões ao *corpus*, considerando diferentes enunciados, pode-se conceber como reformulações reverberam alguma regularidade de efeitos de sentidos. Com certa regularidade, emergem três tipos de *nós políticos*, que são: **nosotros-aymaras**, logo governam aymaras; **nosotros-pueblos**, logo governam aymaras, quéchuas, mojeños, guaranis e outros; **nosotros-presidentes**, nosotros indígenas somos presidentes. Além de tal pessoa no plural, emerge uma terceira pessoa, **povo boliviano**, que, ainda sendo um segmento mais abrangente, parece representar uma categoria socioeconômica, que inclui também não indígenas, no sentido de que sejam os "mais pobres".

Na fala de Tihuanacu, além de uma designação que privilegia setores marginalizados na fala pública oficial, o sujeito enunciador reivindica uma memória para este povo, história essa relegada ao esquecimento, e que, por meio da menção presidencial, é resgatada:

RDE 11

Tenemos ya una responsabilidad cerca, que es la Asamblea Constituyente. Para la prensa internacional, para los invitados de la comunidad internacional, el año 1825 cuando se fundó Bolivia, después de que muchos, o miles o millones de aymaras, de quechuas, de guaraníes participaron en la lucha por la independencia, ellos no participaron en la fundación de Bolivia; se marginó la participación de los pueblos indígenas originarios en la fundación de Bolivia en el año 1825, por eso los pueblos indígenas originarios reclaman refundar Bolivia mediante la Asamblea Constituyente (Tiahuanacu, 21 de enero de 2006, *Todos somos Presidentes*, MORALES, 2006).

A disputa pela *memória* nacional é parte do processo da constituição de Evo Morales como líder. Dar voz a essa narrativa histórica faz parte de um processo de reivindicação de uma história coletiva marginalizada. Existem as datas históricas mencionadas e existem as narrativas privilegiadas para registro dos fatos. Entretanto, quem foram os sujeitos que registraram os acontecimentos históricos? Quando Morales coloca no centro da discussão narrativas históricas negligenciadas e silenciadas, evidencia questões que são demandas antigas dos povos originários bolivianos, como a desnaturalização dos processos de exclusão social vividos pelas maiorias de seu país. Diversas são as organizações políticas indígenas existentes na Bolívia, portanto, Evo Morales, ainda que se apresente e seja reconhecido como representante das maiorias naquele país, por meio de seu posicionamento político, marca a reivindicação de um setor bem localizado dessas maiorias. Para elucidar essa questão de que falamos e que julgamos ser importante para delimitar a constituição do *sujeito* que enuncia, podemos rememorar que existem setores dos movimentos indígenas que reivindicam um Estado indígena,[83] dentre outras questões estratégicas. Sendo assim, a proposta de conciliação e apaziguamento de conflitos materializada nos pronunciamentos de Evo Morales não diz respeito ao posicionamento de todos os setores dos movimentos indígenas, posto que os posicionamentos são diversos – não se trata de um bloco homogêneo.

É interessante notar que a impessoalidade da conjugação verbal em "se marginó" em certa medida omite o conflito entre os grupos que participaram da fundação da Bolívia. Se, por um lado, indígenas originários são mencionados, por outro, brancos e mestiços, sujeitos cuja identidade não é revelada diretamente, são apagados, quando se trata de falar sobre o conflito. Nesse caso, tal modo de enunciar relaciona-se com a construção de uma identidade republicana genérica, em cuja expressão se dá uma interdição no que diz respeito a mencionar os setores dominantes da sociedade boliviana a que a maioria se encontra subjugada.

"Tenemos ya una responsalidad", "se fundó", "se marginó" e "los pueblos indígenas originarios reclaman refundar Bolivia" marcam o deslocamento de pessoas em aproximação ou conflito instaurado. Em "tenemos", o sujeito se inscreve no segmento que representa, como aquele que pretende refundar a nação. Por meio das conjugações "se fundó" e "se marginó" omite sujeitos responsáveis pela marginalização dos povos originários na fundação do país. Por fim, marcadamente, nomeia aqueles que reivindicam refundar a Bolívia, aos quais se filiara anteriormente por meio da conjugação do verbo "tener" em primeira pessoa do plural, com sentido de dever. A mobilização de distintas pessoas materializa os processos de identificação e desidentificação entre o sujeito enunciador e segmentos sociais.

Falamos já acerca de uma não homogeneidade dos movimentos indígenas na Bolívia. No recorte que segue, observa-se como o sujeito enunciador constrói consenso entre segmentos que, porventura, possam ser distoantes, mas com os quais se pode dialogar:

---

[83] Ver: ALBÓ, Xavier. *Pueblos indios en la política*. La Paz: CIPCA, 2002. Cuadernos de Investigación CIPCA, nº 55; MAMANI, Pablo. *Geopolíticas indígenas*. El Alto: CADES (Centro Andino de Estudios Estratégicos), 2005.

RDE 12

Quiero pedirle al nuevo Parlamento Nacional, que hasta los días febrero o marzo debe aprobarse la ley de convocatoria para la Asamblea Constituyente.

Una ley de convocatoria para la Asamblea Constituyente para garantizar la elección de Constituyente el 2 de julio de este año, y el día 6 de agosto en la capital histórica de fundación de Bolivia, Sucre Chuquisaca, instalaremos la Asamblea Constituyente para acabar con el Estado colonial.

Quiero pedirles hermanas y hermanos, unidad, unidad sobre todas las cosas. Ustedes han visto anoche el movimiento indígena de toda América concentrado en Bolivia, saludándonos, emitiendo resoluciones de apoyo, de fortaleza a este movimiento político que quiere cambiar nuestra historia, y no solamente los movimientos sociales de América, o de Europa, o del Asia. Ustedes han visto hermanas y hermanos, este movimiento político levantó en alto a Bolivia, a nuestro país en toda la comunidad internacional.

Han visto también ustedes hermanas y hermanos, no estamos solos a nivel mundial, gobiernos, presidentes apoyan a Bolivia y a este gobierno apoyan. Compañeras y compañeros, no debemos sentirnos solos.

Estamos en tiempos de triunfos, estamos en tiempos de cambio, y por eso reclamo nuevamente, queremos unidad. (Tiahuanacu, 21 de enero de 2006, *Todos somos Presidentes*, MORALES, 2006).

Quando Morales enuncia "Quiero pedirles hermanas y hermanos, unidad, unidad sobre todas las cosas", entendemos que na palavra "unidad" está a marca do desacordo. Como são diferentes grupos, com posicionamentos políticos diversos e divergentes, quando a liderança que se alça enuncia, ela tende a uniformizar as diferenças. Dentre tantos grupos, Morales é proveniente de um. Sendo assim, como líder, e, como presidente, exerce esse papel de negociador político entre as lideranças para quem se dirige. Adiante, o presidente destacará alguns nomes importantes da cena política boliviana.

Destacamos também o enunciado "**Han visto también ustedes hermanas y hermanos, no estamos solos a nivel mundial, gobiernos, presidentes apoyan a Bolivia y a este gobierno apoyan. Compañeras y compañeros, no debemos sentirnos solos.**" Damos ênfase a esse modo de enunciar, que se repete sob diferentes formas, porque a necessidade da repetição desse dizer nos coloca diante de outra questão a respeito da legitimidade de um presidente na Bolívia. Os votos da maioria em si mesmos não conferem legitimidade e estabilidade política ao presidente? Por que anunciar que outros presidentes do mundo o apoiam? Parece-nos que não basta o estabelecimento de *horizontali-*

dade por meio dos processos de identificação materializados nas falas para a construção de legitimidade. Entendemos que nas falas do presidente Evo, assim como do presidente Lula, *falar sobre o medo dos outros a respeito de seus governos* é um vestígio do atravessamento da fala dos adversários políticos em suas falas, que se atualiza por meio desses enunciados.[84] Entendemos que a ascensão política dessas lideranças não se sustenta exclusivamente naqueles movimentos sociais de onde emergiram. A construção de suas respectivas legitimidades se faz também por meio desse reconhecimento de setores que estão para além de suas bases sociais, ou seja, notamos que Evo Morales fala aos seus partidários, aos seus potenciais adeptos – e responde a eles – e ainda a seus adversários. E a interlocução com esse *outro* também exerce uma função determinante na construção de seu papel de líder.

Na fala de 22 de janeiro, durante a cerimônia de posse no Palácio Quemado, o presidente boliviano declara:

RDE 13

> Debemos tener toneladas de acuerdos firmados en papeles, que nunca han resuelto nuestros problemas, nunca han podido entendernos, y dijimos: hay que pasar de las protestas a las propuestas. Nosotros mismos nos gobernaremos como mayorías nacionales. Ahí felizmente encontramos gente consciente, sana, de las ciudades, profesionales que se suman y el compañero Alvaro García Linera es uno de los intelectuales profesionales de la clase media de la ciudad que se suma para apoyar al movimiento indígena originario. Mi respeto, mi admiración al hermano Linera. (DISCURSO DE POSESIÓN DEL PRESIDENTE CONSTITUCIONAL DE BOLIVIA, MORALES, 2006).

Nesse enunciado, o sujeito enunciador filia-se discursivamente às maiorias nacionais como se elas mesmas fossem governo. Interessa-nos aqui apontar como o setor blanco-mestizo classe média emerge encarnado na figura do vice-presidente, Álvaro García Linera, que é referenciado como *terceira pessoa*, e está presente na cerimônia de posse. Cabe observar o contraste entre as *maiorias nacionais* conjugadas em primeira pessoa do plural à pessoa do presidente e a *classe média blanco-mestiza* tomada como terceira pessoa ou como objeto direto do verbo "encontrar" (gente consciente, sana, de las ciudades, profesionales, intelectuales). Ainda nesta circunstância enunciativa, na sede do Palácio Quemado, centro do governo, as maiorias são implicadas

---

[84] No Capítulo IV, falamos mais sobre os sentidos do medo nos pronunciamentos do presidente Lula da Silva.

na fala do presidente como interlocutores privilegiados. A classe média é um setor *outro*, que se soma, de quem se aceita o apoio, o que reflete a filiação e formação política do presidente, que admite tais alianças com setores blanco-mestizos. De todo modo, é notória essa gradação de tratamento e consideração entre os setores sociais: aqueles que outrora eram invisibilizados e marginalizados alcançam um patamar de protagonismo na fala do presidente Evo Morales.

Após termos dedicado algumas análises de excertos representativos de processos de identificação e desidentificação com aliados, que também manifestam algumas relações com adversários, analisaremos mais detidamente a ocorrência de conflitos sociais e a produção de consensos na fala do presidente Morales. Assim como no item 3.1.1, fenômenos referentes a outros itens podem ser comentados na discussão em função de sua aparição nos recortes.

3.1.2. CONFLITOS SOCIAIS E PRODUÇÃO DE CONSENSOS

Nas próximas sequências, destacamos outras marcas de apaziguamento de conflitos sociais por meio da interpelação de lideranças da Bolívia, com ênfase dada a Felipe Quispe.

> **RDE 14**
>
> Quiero decir con mucho respeto, a los dirigentes, ex dirigentes, al hermano Felipe Quispe, convoco a unirnos todos para seguir avanzando hacia adelante, hermanas y hermanos (Tiahuanacu, 21 de enero de 2006, *Todos somos Presidentes*, MORALES, 2006).

Reiteramos que é importante atentar para a nomeação dada a apoiadores e opositores, bem como para a *impessoalidade* por meio de que são tratados alguns adversários. Por vezes, estes são tratados como agentes que não podem ser identificados. No que diz respeito a Felipe Quispe, além de nomeá-lo explicitamente, Morales o trata como "hermano". Quispe é um político aymara que liderou grandes manifestações políticas na Bolívia e candidatou-se também à presidência da República, porém com ideias distintas das propostas de Evo Morales.[85] O chamado a uma proximidade com Felipe Quispe funciona discursivamente como um chamado de proximidade com a base que o líder aymara dirige, ou seja, nomear Felipe Quispe consiste também em um *processo metonímico* de diálogo com as comunidades lideradas por ele.

---

[85] Para conhecer mais sobre as ideias de Felipe Quispe, ver: QUISPE, Felipe. *Tupak Katari*. Vive y vuelve...carajo.4 ed. La Paz: Ediciones Pachakuti, 2007 [1988].

Observaremos abaixo como se configura mais uma dessas formulações que produz o efeito de conciliação:

RDE 15

> A todos los dirigentes, ex dirigentes, a nombre de nuestros antepasados, comportarnos, unirnos porque llegó la hora de cambiar esa mala historia de saqueo a nuestros recursos naturales, de discriminación, de humillación, de odio, de desprecio (Tiahuanacu, 21 de enero de 2006, *Todos somos Presidentes*, MORALES, 2006).

Além do pedido expresso pelo verbo "comportarnos", que, mais uma vez, insere o presidente no interior dos movimentos indígenas – ainda que o lugar social de presidente seja um impeditivo para que convoque manifestações contra o próprio governo, a conciliação se dá por meio do anúncio de uma causa em comum com aquelas lideranças e movimentos a quem se dirige: "cambiar esa mala historia de saqueo a nuestros recursos naturales, de discriminación, de humillación, de odio, de desprecio". Essa pauta funciona como um ponto de construção de consenso, mesmo que haja diferenças e divergências políticas entre os grupos. Além disso, apresenta-se um *pré-construído*, a apresentação de uma *evidência com efeito de apagamento de sujeito* (GADET, 2005, p. 62): "esa mala historia de saqueo...".

Na próxima passagem, outros tipos de formulações produzem os efeitos de relações conflituosas entre setores:

RDE 16

> Los aymaras y quechuas no somos rencorosos, y si hemos ganado ahora, no es para vengarse con nadie, no es para someter a alguien, sólo reclamamos unidad, igualdad, hermanas y hermanos (Tiahuanacu, 21 de enero de 2006, *Todos somos Presidentes*, MORALES, 2006).

Aqui, os conflitos histórica e socialmente engendrados são remetidos por meio da *negação* de possíveis discursos e desacordos com que o líder deve lidar. Podemos observar que circulam na sociedade boliviana *dizeres* sobre os povos indígenas, a que o presidente eleito responde: "são rancorosos" e "querem vingança". Neste recorte, ocorre a manifestação da *negação do discurso do outro*, já que *o marcador da negação se faz explícito no discurso*, estabelecendo uma *fronteira* com um discurso antagônico (INDURSKY, 1997, p. 217). Vejamos uma projeção de contraste entre dizeres em circulação:

- No somos rencorosos X Son rencorosos;
- No es para vengarse con nadie X Es para vengarse;
- No es para someter a alguien X Es para someter.

Pode-se notar que circulam discursos antagônicos sobre fatos históricos em comum que contrapõem: *reivindicar unidade e igualdade* versus *ser rancorosos*. Neste caso, ocorre um processo de *negação do pré-construído do outro*, uma negação de um *interdiscurso* advindo de outras discursividades. Ao passo que nega, o sujeito enunciador evidencia o *discurso outro* em sua fala.

No trecho que segue, uma vez mais, pode-se vislumbrar a designação dos indígenas como protagonistas de uma história, como responsáveis por sua própria emancipação, enquanto os adversários não são explicitados:

RDE 17

Hermanas y hermanos, nuevamente quiero decir acá, que esa campaña internacional que empezaron nuestros dirigentes de América, la campaña llamada 500 años de resistencia indígena y popular, el '88, '89, espero no equivocarme, el '92, acaba los 500 años de resistencia de los pueblos indígenas de América contra políticas, contra el colonialismo interno.

Después de reflexionar y escuchar a los hermanos indígenas que se reunieron ayer, y están acá seguramente muchos, a esos hermanos indígenas de América que están presentes, que están allá, un saludo, saludemos con un voto de aplauso a los hermanos indígenas de toda América, que están presentes acá.

Y quiero decirles a ellos, a ustedes hermanas y hermanos: de la resistencia a la toma del poder. Se acabó sólo resistir por resistir. Hemos visto que organizados y unidos con los movimientos sociales de las ciudades, del campo, combinando la conciencia social, con la capacidad intelectual es posible derrotar democráticamente los intereses externos. Eso pasó en Bolivia (Tiahuanacu, 21 de enero de 2006, *Todos somos Presidentes*, MORALES, 2006).

Assim, no fio discursivo, "nuestros dirigentes de América" contrapõem-se a "colonialismo interno" e "intereses externos". Este excerto é um daqueles em que podemos afirmar que não há um chamado direto a uma conciliação, mas uma passagem sem marcação linguística precisa dos agentes sociais envolvidos no acordo político, por meio do enunciado "Se acabó resistir sólo por resistir". Os inimigos são caracterizados de modo genérico ou apagados. O governo deixa de ser um adversário, afinal, o *porta-voz* agora ocupa aquele lugar outrora questionado.[86]

Quando enuncia "es posible derrotar democráticamente los intereses externos", aqui, há um chamado para a democracia. Se "derrotar los intereses externos" soa radicalizado no âmbito da política oficialista,

---

[86] Sobre a condição de porta-voz nessa condição de transição de líder opositor para governo, ver: ZOPPI-FONTANA, Mónica. *Cidadãos modernos*: discurso e representação política. Campinas, SP: Ed. da UNICAMP, 1997.

o advérbio de modo "democráticamente" atenua tal efeito de sentido e marca a posição do presidente Evo Morales como uma liderança que defende o regime democrático.

O presidente Evo Morales reivindica regularmente processos de lutas sociais e uma política comunitária, como modelo de gestão para as questões nacionais. Além de declarar ideais de esquerda, como a defesa de distribuição de renda, justiça social, o governante fala aos seus interlocutores como liderança que organiza uma base social, não necessariamente como aquele que governa os demais, mas que resolve os problemas do país *com* as maiorias. Tal modo de enunciar, bastante característico de líderes sindicais, marca a fala do presidente boliviano com um aspecto mais horizontalizado, uma fala mais próxima e mais dialógica com relação a quem se dirige.

Na próxima seção, analisaremos como a memória de lideranças emerge nas falas do presidente, constituindo um sujeito que se filia a uma tradição histórica de líderes que construíram percursos pelos quais futuramente o presidente boliviano se afirmaria. Nas formulações linguísticas sobre antepassados, notamos como a construção de parte da legitimidade de Evo Morales se sustenta na reivindicação daqueles que ocuparam lugares de protagonismo na história dos movimentos sociais bolivianos.

3.1.3. LIDERANÇAS POLÍTICAS PELO CAMINHO

Quando da constituição do sujeito histórico como representante oriundo das massas de que se destaca como guia, constrói-se um trajeto de legitimação. Muitas vezes, esse percurso é fundado na reivindicação de líderes outros daquele mesmo campo político. Nos próximos recortes, vemos como o sujeito político se enreda na trajetória de lideranças políticas antepassadas, de modo que se filia a uma história que o antecede, na rede de lutas por emancipação política.

> **RDE18**
>
> Por eso quiero decirles a los hermanos de América, de todo el mundo: unidos y organizados cambiaremos políticas económicas que no resuelven la situación económica de las mayorías nacionales. A esta altura nos hemos convencido que concentrar el capital en pocas manos no es ninguna solución para la humanidad; el concentrar el capital en pocas manos no es la solución para los pobres del mundo.

> Por eso tenemos la obligación de cambiar esos problemas económicos de privatización, de subasta. Eso tiene que terminar, y estamos empezando acá juntos. Todos de América, movimientos sociales, queremos seguir avanzando, avanzando para liberar nuestra Bolivia, liberar nuestra América, esa lucha que nos dejó Túpac Katari sigue, hermanas y hermanos, y continuaremos hasta recuperar el territorio, la lucha que dejó Che Guevara, vamos a cumplir nosotros, hermanas y hermanos, así que podemos recordar de muchos líderes indígenas de la clase media que se organizaron para recuperar los recursos naturales (Tiahuanacu, 21 de enero de 2006, *Todos somos Presidentes*, MORALES, 2006).

Nesta sequência, a reivindicação de lideranças históricas opera uma confluência de memórias sobre líderes que correspondem a diferentes conjunturas históricas da Bolívia, com diferentes reivindicações em função de distintas formações políticas. De um lado, Tupak Katari, referente de lutas pela auto-organização e autogestão dos povos originários bolivianos; de outro, Che Guevara, referente de combate ao sistema capitalista, de formação comunista, logo sua luta era em prol da libertação econômica dos trabalhadores de todos os povos. Como essas reivindicações de distintas lideranças afetam a constituição do presidente Evo Morales no lugar de líder?

Em alguns momentos, vemos expressa a marcação da diferença com os líderes que toma como influências; não há de todo uma plena identificação, e essa contraposição, assim como a adesão, é manifesta por meio de reformulações linguísticas que marcam atenuações sobre como dirigir, como governar, como organizar as lutas sociais. Nesse sentido, a adesão aos ideais de Tupac Katari manifesta-se, por exemplo, por meio da afirmação de "unidos y organizados cambiaremos políticas económicas que no resuelven la situación económica de las mayorías nacionales", enquanto a desidentificação com o katarismo-indianismo se dá por meio do reconhecimento de alianças com setores não indígenas.[87]

Quanto à adesão ao líder argentino-cubano, esta pode ser identificada no enunciado que recupera pensamentos de tradição marxista: "A esta altura nos hemos convencido que concentrar el capital en pocas manos no es ninguna solución para la humanidad; el concentrar el capital en pocas manos no es la solución para los pobres del mundo". É notória a complexidade da composição discursiva dos posicionamentos do presidente Evo Morales, que carregam fortes e aparentes con-

---

87 Ver MAMANI, Pablo *et al*. Análisis, pensamiento y acción de los pueblos en lucha. Entornos blancoídes, Rearticulación de las oligarquías y Movimientos indígenas. *Revista Willka*. N. 1, El Alto, Bolivia. La Paz : Centro Andino de Estudios Estratégicos, 2007.

tradições, que constroem um sujeito que engendra discursividades na *repetição*, reconstruindo *processos discursivos*, instaurando uma política de complexas ramificações e deslocamentos.

> **RDE19**
>
> Con seguridad estamos en la obligación de hacer una gran reminiscencia sobre el movimiento indígena, sobre la situación de la época colonial, de la época republicana y de la época del neoliberalismo. (DISCURSO DE POSESIÓN DEL PRESIDENTE CONSTITUCIONAL DE BOLIVIA - MORALES, 2006).

A questão da reivindicação da memória, da necessidade de reminiscência, faz-se bastante presente nas falas do presidente Evo Morales. Regularmente, ocorrem retomadas históricas, balanços, resgates, reconstituições de fatos históricos, que são construídos discursivamente como confronto a uma discursividade (outrora) hegemônica sobre os povos indígenas. A defesa da importância e do papel social dos movimentos sociais indígenas conferem um pertencimento do presidente àqueles lugares outrora marginalizados. A centralidade de atenção dos movimentos indígenas na fala do presidente funcionam como uma via de dupla legitimação, que implicam autoridade ao presidente e aos líderes e militantes dos movimentos sociais. O constante resgate das lutas dadas em diferentes tempos históricos produzem efeitos de uma continuidade de embates, que, conforme escapa à fala do governante, por vezes não cessaram após sua posse. A nomeação do reconhecimento, a defesa da memória e a reverência aos movimentos forjam aliados na ordem do discurso, sujeitos sociais engajados em uma mesma causa, ainda que haja divergências internas.

Nos excertos que seguem, pode-se observar algumas das ocorrências que apontam algumas ramificações da política boliviana:

> **RDE 20**
>
> Por eso tenemos la obligación de cambiar esos problemas económicos de privatización, de subasta. Eso tiene que terminar, y estamos empezando acá juntos. Todos de América, movimientos sociales, queremos seguir avanzando, avanzando para liberar nuestra Bolivia, liberar nuestra América, esa lucha que nos dejó Túpac Katari sigue, hermanas y hermanos, y continuaremos hasta recuperar el territorio, la lucha que dejó Che Guevara, vamos a cumplir nosotros, hermanas y hermanos, así que podemos recordar de muchos líderes indígenas de la clase media que se organizaron para recuperar los recursos naturales (Tiahuanacu, 21 de enero de 2006, *Todos somos Presidentes*, MORALES, 2006).

Em RDE 20, o presidente Evo Morales levanta uma reivindicação comum entre os movimentos sociais na Bolívia: a luta contra as privatizações. Nas mais recentes manifestações travadas nos anos 2000, Guerra da Água e Guerra do Gás, as causas que unificavam setores indigenistas e indianistas, sobretudo, eram a defesa dos recursos naturais bolivianos e a defesa da estatização de tal patrimônio. Assim, o anúncio da resolução do problema se apresentava ali como uma reafirmação de compromisso com todos esses setores, fossem adeptos do partido MAS ou não, com toda a militância engajada nesta causa.

Além disso, o presidente defende igualmente uma liberação de toda a América; este é um modo de afirmação indígena, posto que funciona como uma paráfrase de que, se a América tem que ser liberada, é porque não é governada por quem deveria ser de direito. Em outros enunciados, o presidente enuncia essa proposição de modo mais explícito, como quando diz que "Esa es nuestra historia; a estos pueblos jamás los reconocieron como seres humanos, siendo que estos pueblos son dueños absolutos de esta noble tierra, de sus recursos naturales" (RDE5).

As referências a Tupak Katari, Che Guevara e líderes indígenas da classe média evocam igualmente distintos setores que se identificam e reivindicam tais influências, que não necessariamente estão de acordo entre si. Há setores kataristas-guevaristas, kataristas-não guevaristas, guevaristas-não kataristas, dentre outras combinações, o que significa que a retomada de tais líderes constrói uma certa identificação para o presidente, ou seja, delimita sua própria caracterização política, ao passo que estabelece diálogo com uma pluralidade de setores dos movimentos sociais bolivianos.

Nessa direção, a retomada de memória sobre uma luta por recursos naturais autoriza o presidente a empreender o processo de estatização dos recursos reivindicados pelos movimentos. Portanto, existe toda uma rede de autoridade e legitimidade conferida não somente pelo voto, mas por um histórico de manifestações de grandes proporções na Bolívia pela nacionalização das riquezas nativas do território boliviano. Tais mobilizações foram organizadas e protagonizadas pelos movimentos indígenas do país, sobretudo aqueles provenientes de El Alto, nas proximidades de La Paz, localidade majoritariamente aymara.

No próximo recorte, o sujeito enunciador marca o lugar de onde enuncia, nomeando um conjunto de lideranças, heróis nacionais, outrora marginalizados dos lugares de poder:

RDE 21

Para recordar a nuestros antepasados por su intermedio señor presidente del Congreso Nacional, pido un minuto de silencio para Manco Inca, Túpac Katari, Túpac Amaru, Bartolina Sisa, Zárate Villca, Atihuaiqui Tumpa, Andrés Ibáñez, Che Guevara, Marcelo Quiroga Santa Cruz, Luis Espinal, a muchos de mis hermanos caídos, cocaleros de la zona del trópico de Cochabamba, por los hermanos caídos en la defensa de la dignidad del pueblo alteño, de los mineros, de miles, de millones de seres humanos que han caído en toda América, por ellos, presidente, pido un minuto de silencio. ¡Gloria a los mártires por la liberación! (DISCURSO DE POSESION DEL PRESIDENTE CONSTITUCIONAL DE BOLIVIA, MORALES, 2006).

No Congresso Nacional boliviano, uma fala como essa emerge como *acontecimento discursivo*, considerando que foram tomados para a visibilidade, para um lugar de valorização e não de marginalização, líderes perseguidos, criminalizados e mortos em outros períodos históricos pelo Estado boliviano. Trazê-los para um centro de poder estatal, referenciados na condição de heróis da pátria, opera uma virada histórica no campo do discurso, no campo da enunciabilidade política no governo boliviano. A *tomada de palavra* do presidente Evo Morales funciona como um confronto a um silenciamento secularmente imposto, de que ele próprio enquanto sujeito político fora vítima. Naquele acontecimento, os *processos discursivos* de criminalização dos movimentos sociais perdiam força de hegemonia, com aquele sujeito social, naquele lugar, naquele momento histórico.

Vejamos o último recorte que apresentamos dessa sequência:

RDE 22

Podemos seguir hablando de nuestra historia, podemos seguir recordando como nuestros antepasados lucharon: **Túpac Katari para restaurar el Tahuantinsuyo, Simón Bolívar que luchó por esa patria grande, Che Guevara que luchó por un nuevo mundo en igualdad.**

Esa lucha democrática cultural, esta revolución cultural democrática, es parte de la lucha de nuestros antepasados, **es la continuidad de la lucha de Túpac Katari; esa lucha y estos resultados son la continuidad de Che Guevara. Estamos ahí, hermanas y hermanos de Bolivia y de Latinoamérica**; vamos a continuar hasta conseguir esa igualdad en nuestro país, no es importante concentrar el capital en pocas manos para que muchos se mueran de hambre, esas políticas tienen que cambiar pero tienen que cambiar en democracia (DISCURSO DE POSESION DEL PRESIDENTE CONSTITUCIONAL DE BOLIVIA, MORALES, 2006).

No referido recorte, o presidente especifica as lutas nas quais se engajaram os líderes que nomeia e reivindica. Entre Tupak Katari, Simón

Bolívar e Che Guevara, pode-se notar uma gradação de lutas por espaços, por governo de territórios: Tahuantinsuyu, Pátria Grande e mundo inteiro. Tahuantinsuyu, antigo reino que se estendia da Colômbia até a Argentina;[88] *Pátria Grande, que corresponde à América* Latina; e mundo. São líderes que almejam distintas proporções de emancipação política, que, de algum modo, têm em comum ideais de liberação, mas não correspondem aos mesmos projetos. Digamos que a interseccionalidade de lutas propostas pelo sujeito enunciador instaura processos discursivos entremeados de conflitos de interesses que são, por sua vez, conjugados no sintagma "revolução cultural democrática". Com esta expressão, especificamente pelo termo "democrática", o presidente afasta do horizonte de opositores e partidários uma inteireza de concordância com o líder guerrilheiro Che Guevara, por exemplo, cujas vias de tomada de poder reivindicadas seriam por meio da luta armada. Igualmente, distancia-se de Tupak Katari, na medida em que um projeto de Katari não correspondia a um governo do Estado boliviano, mas um autogoverno aymara. Quanto a Simón Bolívar, este propunha a liberação de toda a América do jugo do colonialismo espanhol.

Nesse sentido, a retomada destas lideranças e o modo como são apresentadas irrompem o *novo na repetição*. Não se trata de uma repetição fundada em plena identificação, mas um modo de apropriar-se, reconfigurar e transformar sentidos em circulação no campo da política estatal boliviana. Seguramente, tais sentidos circulavam marginalmente, assim, quando o sujeito enunciador passa a protagonizar a cena política boliviana, sentidos outrora estigmatizados ocupam novos lugares de poder.

Com esses recortes, pode-se vislumbrar como os *processos discursivos* entranhados nas falas do presidente Evo Morales carregam lutadores pela emancipação e libertação do povo boliviano, e de toda a América Latina, filiando-se a distintas ramificações dos movimentos indígenas e dos movimentos de esquerda latino-americanos, congregando elementos de diferentes grupos, forjando novas discursividades em um lugar de poder central do Estado boliviano.

Além da nomeação e reivindicação de lideranças que o autorizam a falar sobre certas pautas dos movimentos sociais bolivianos, o modo de referir-se às maiorias marginalizadas situa o presidente Evo Morales como sujeito que partilha, conhece e pode falar, não somente como testemunha ocular, mas como quem vivenciou determinados tipos de problemas

---

88 Ver CANSECO, María Rostworowski De Diez. *Historia del Tahuantinsuyu*. Lima: IEP/PROMPERÚ, 2012[1999].

sociais. No item que segue, analisamos recortes que dizem respeito a essa construção de relação de identificação específica com setores ainda mais oprimidos ou mais detidamente especificados pelo presidente.

3.1.4. MAIORIAS MARGINALIZADAS

No recorte abaixo, pode-se constatar outros processos, que dizem respeito, mais especificamente, ao histórico de marginalização das maiorias bolivianas:

>**RDE 23**
>
>Los pueblos indígenas –que son mayoría de la población boliviana–, para la prensa internacional, para que los invitados sepan: de acuerdo al último censo del 2001, el 62,2% de aymaras, de quechuas, de mojeños, de chipayas, de muratos, de guaraníes. Estos pueblos, históricamente hemos sido marginados, humillados, odiados, despreciados, condenados a la extinción. Esa es nuestra historia; a estos pueblos jamás los reconocieron como seres humanos, siendo que estos pueblos son dueños absolutos de esta noble tierra, de sus recursos naturales.
>
>Esta mañana, esta madrugada, con mucha alegría he visto a algunos hermanos y hermanas cantando en la plaza histórica de Murillo, la Plaza Murillo como también la Plaza San Francisco, cuando hace 40, 50 años no teníamos derecho a entrar a la Plaza San Francisco, a la Plaza Murillo. Hace 40, 50 años no tenían nuestros antepasados el derecho de caminar en las aceras. Esa es nuestra historia, esa nuestra vivencia (DISCURSO DE POSESIÓN DEL PRESIDENTE CONSTITUCIONAL DE BOLIVIA, MORALES, 2006).

No pronunciamento, o presidente nomeia mais povos que formam a Bolívia. E quando diz "hemos sido marginados..." coloca-se como parte desse segmento sobre quem fala, ou seja, fala como parte de um problema social a ser sanado: um histórico de "marginalização, humilhação, ódio, desprezo, condenação à extinção" dos povos indígenas na Bolívia. A mesma autorreferência com relação a esse histórico de exclusão se dá por meio de "no teníamos derecho a entrar a la Plaza San Francisco...", "no tenían nuestros antepasados el derecho de caminar en las aceras"..., "esa es nuestra historia", "esa nuestra vivencia".

A marcação de pronomes possessivos na primeira do plural é recorrente, o que funciona como inscrição do sujeito discursivo nas vivências de grande parte da população. Nessas passagens, pela necessidade de se explicitar tais fatos, a tomada de posição consiste em uma disputa pela narrativa histórica. No lugar de presidente, Evo Morales coloca em pauta uma história marginal, vivida pela maior parte da população pobre, de que também é oriundo. Nesse caso, um discurso de resistência acaba, mais uma vez, por manifestar-se no centro da discussão sobre o país. Em discursos oficiais, quando presidentes se esmeram para falar sobre economia, desenvolvimento, relações internacionais, projetos diversos, se um presidente fala sobre coisas cotidianas, sobre discriminações diárias e corriqueiras sofridas pelos mais pobres, destoa da norma seguida por outros mandatários, tal como se inaugurasse, assim, o que se poderia denominar como uma nova língua política naquele lugar de maior destaque no interior do regime democrático.

> **RDE 24**
>
> Bolivia parece Sudáfrica. Amenazados, condenados al exterminio estamos acá, estamos presentes. Quiero decirles que todavía hay resabios de esa gente que es enemiga de los pueblos indígenas, queremos vivir en igualdad de condiciones con ellos, y por eso estamos acá para cambiar nuestra historia, este movimiento indígena originario no es concesión de nadie; nadie nos ha regalado, es la conciencia de mi pueblo, de nuestro pueblo. Quiero decirles, para que sepa la prensa internacional, a los primeros aymaras, quechuas que aprendieron a leer y escribir, les sacaron los ojos, les cortaron las manos para que nunca más aprendan a leer, escribir. Hemos sido sometidos, ahora estamos buscando cómo resolver ese problema histórico, no con venganzas, no somos rencorosos (DISCURSO DE POSESION DEL PRESIDENTE CONSTITUCIONAL DE BOLIVIA, MORALES, 2006).

No excerto "esa gente que es enemiga de los pueblos indígenas", o presidente se refere de modo genérico a tais inimigos, marcando distanciamento por meio do pronome possessivo "esa" diante do substantivo "gente". No entanto, não marca polarização, já que somente afirma querer igualdade: "queremos vivir en igualdad de condiciones con ellos". Em seguida, relata mais uma vez a história interditada outrora, ou seja, existe uma necessidade de dizer, de contar, para que todos saibam, o que tem a ver com narrativas que sempre foram silenciadas nesse espaço de poder. E, mais uma vez, assim como no pronunciamento em Tiwanaku, declara "no con venganzas, no somos rencorosos", como resposta a um *já-dito* sobre ter o que vingar ou ter por que ser rancoroso. De todo modo, as razões pelas quais os povos indígenas poderiam ser vingativos e rancorosos são explicitadas no próprio pronunciamento: extermínios, torturas, exclusão social, proibição de práticas de letramentos etc. Estas práticas de aniquilamento e exclusão social constituem a historicidade das maiorias outrora alheias ao centro de discussões da política de Estado boliviana.

Destaca-se também a comparação com a África do Sul, que parece guardar um *pré-construído* partilhado socialmente sobre um povo pobre e sofrido, o que não necessitaria de tantas explicações, além do próprio anúncio da comparação. Além disso, o presidente dá ênfase à sobrevivência dos povos indígenas da Bolívia representados em sua própria pessoa, pois se dá uma conjunção entre Evo Morales e tais povos marcada no uso da adjetivação seguida do emprego da primeira pessoa do plural: "Amenazados, condenados al exterminio, estamos acá, estamos presentes". Este enunciado se torna muito significativo tendo em vista que "acá" pode designar tanto o lugar simbólico da presidência quanto o espaço físico do Palácio Quemado, lugares predestinados a uma elite *blanco-mestiza*, que monopolizava os lugares de poder estatais.

O presidente segue com um querer dizer sobre seu saber, que diz respeito a uma história marginal da Bolívia, supostamente ignorada por interlocutores externos: "Quiero decirles, **para que sepa la prensa internacional**, a los primeros aymaras, quechuas que aprendieron a leer y escribir, les sacaron los ojos, les cortaron las manos para que nunca más aprendan a leer, escribir". Nessa formulação, materializa-se uma narrativa histórica que é apresentada ao público como fato negligenciado, silenciado, calado, omitido, mas que deve ser dito. Esse enunciado resgata uma memória sobre um percurso marcado pela exclusão social, levada a cabo por meio do martírio daqueles que burlassem as normas da marginalização. De "aprender a ler e escrever" até a eleição de um presidente, a caminhada dos povos indígenas fora construída à revelia de sucessivos maus tratos, punições e humilhações. Neste resgate de memória, nota-se a centralidade das práticas de letramento como objeto de disputa entre setores sociais, o que, posteriormente, seria utilizado como fator de deslegitimação política contra aqueles que supostamente ou literalmente não dominariam práticas de leitura e de escrita em espanhol. Dito de outro modo, mesmo após a conquista do direito à alfabetização na língua dos colonizadores, aqueles que não têm pleno domínio da norma padrão da língua espanhola, nas modalidades oral e escrita, sofrem, na Bolívia, discriminação social em razão dessa condição.[89]

---

89 "La Revolución Agraria de 1952 fue el inicio de la democratización y homogenización cultural del pueblo boliviano, un processo que entre otras cosas mejoró los derechos humanos de los indígenas dado que obtuvieron el derecho de ciudadanía política y el acceso a educación formal y gratuita fue mejorado en las áreas rurales. Sin embargo, la revolución no garantizó que las lenguas indígenas fueran legalizadas, y por eso la exclusión social no desapareció. Como consecuencia, entre 1952 y 1978, aproximadamente el 70 % del pueblo boliviano no podia ejercer sus derechos de ciu-

Dando prosseguimento à fala, Morales se dirige então, sobre o mesmo tema, aos seus:

> **RDE 25**
>
> Y quiero decirles sobre todo a los hermanos indígenas de América concentrados acá en Bolivia: la campaña de 500 años de resistencia indígena-negro-popular no ha sido en vano; la campaña de 500 años de resistencia indígena popular empezada el año 1988, 1989, no ha sido en vano.
>
> Estamos acá para decir basta a la resistencia. De la resistencia de 500 años a la toma del poder para 500 años, indígenas, obreros, todos los sectores para acabar con esa injusticia, para acabar con esa desigualdad, para acabar sobre todo con la discriminación, opresión donde hemos sido sometidos como aymaras, quechuas, guaraníes (DISCURSO DE POSESIÓN DEL PRESIDENTE CONSTITUCIONAL DE BOLIVIA, MORALES, 2006).

É interessante observar, ainda, como o presidente Evo Morales expande sua liderança a todos os povos da América quando se dirige a "hermanos indígenas de América" e fala sobre a "resistencia indígena-negro-popular". Por meio da formulação "Estamos acá para decir basta a la resistencia", marca-se a chegada do presidente aymara à presidência, ao passo que leva consigo os movimentos sociais. A resistência é posta no passado por meio do referido enunciado e com a conjugação do verbo "ser" no "pasado perfecto" do espanhol: la resistencia... **no ha sido** en vano. Ademais, os agentes que submeteram os aymaras, quéchuas e guaranís à injustiça, à desigualdade, à discriminação e à opressão são omitidos. Nesse caso, o uso da voz passiva apaga adversários ou inimigos históricos desses povos, dando destaque ao sofrimento por que passaram, mas, de certo modo, atenuando um possível conflito provocado por uma nomeação direta.

> **RDE 26**
>
> Respetamos, admiramos muchísimo a todos los sectores, sean profesionales o no profesionales, intelectuales y no intelectuales, empresarios y no empresarios. Todos tenemos derecho a vivir en esta vida, en esta tierra, y este resultado de las elecciones nacionales es, justamente, la combinación de la conciencia social con la capacidad profesional. Ahí pueden ver que el movimiento indígena originario no es excluyente. Ojalá, ojalá otros señores también aprendan de nosotros (DISCURSO DE POSESION DEL PRESIDENTE CONSTITUCIONAL DE BOLIVIA, MORALES, 2006).

---

dadanía porque la educación, la administración pública y todos los servicios en general sólo se realizaban mediante el español (FERNÁNDEZ, 2004)" CANCINO, 2011, p. 58). Ver mais sobre políticas linguísticas na Bolívia em De la intolerância linguística a la revalorización lingüística: la política lingüística de Evo Morales, capítulo de Rita Cancino. In *Preconceito e intolerância*: reflexões linguístico-discursivas. Org: Diana Luz Pessoa de Barros. São Paulo: Universidade Presbiteriana Mackenzie, 2011.

Apesar de delimitar as diferenças entre os segmentos sociais da Bolívia e destacar a vivência dos povos indígenas, como aqueles mais discriminados e prejudicados socialmente, o presidente Evo Morales acentua recorrentes vezes a conciliação entre todos os setores da sociedade, finalizando com "todos tenemos derecho de vivir en esta vida" e retomando o conflito e a diferença com outros políticos em "ojalá otros señores también aprendan de nosotros". "Otros señores" é também uma designação encontrada para adversários. Entretanto, embora seja genérica, é mais precisa quanto ao léxico e ao sentido. Fazendo um encadeamento com outros enunciados ditos, em contraposição àqueles que nunca governaram e sempre foram excluídos, "señores" pode designar uma elite econômica poderosa, que, de certo modo, coincide com quem sempre governou a Bolívia, que, por sua vez, é responsável pela exclusão repetidas vezes anunciada. Se o movimento indígena originário não é excludente, é porque há outros que excluem. Portanto, o *dito* evidencia o *não-dito*, que permanece *não-dito*. Quem é excludente? Outros movimentos, outras organizações, outros partidos, *outros senhores*?

RDE 27

Yo quiero decirles con mucha sinceridad y con mucha humildad, después de que he visto muchos compañeros de la ciudad, hermanos de la ciudad, profesionales, la clase media, intelectuales, **hasta** empresarios, que se suman al MAS. Muchas gracias, yo me siento orgulloso de ellos, de nuestra clase media, intelectual, profesional, **hasta** empresarial, pero también les invito a ustedes que se sientan orgullosos de los pueblos indígenas que son la reserva moral de la humanidade (DISCURSO DE POSESION DEL PRESIDENTE CONSTITUCIONAL DE BOLIVIA, MORALES, 2006).

Nesta sequência, os aliados são demarcados: "compañeros de la ciudad", "hermanos de la ciudad", "profesionales", "la clase media", "intelectuales", "hasta empresarios". Destacamos o "hasta" (até) diante de "empresarios" como marca sobre um sintagma que não é óbvio na rede de relações enunciadas. Desse modo, marca-se linguisticamente o conflito social existente entre setores sociais que apoiam o presidente Evo Morales e empresários na Bolívia.

RDE 28

Podemos seguir hablando de nuestra historia, podemos seguir recordando como nuestros antepasados lucharon: Túpac Katari para restaurar el Tahuantinsuyo, Simón Bolívar que luchó por esa patria grande, Che Guevara que luchó por un nuevo mundo en igualdad.

Esa lucha democrática cultural, esta revolución cultural democrática, es parte de la lucha de nuestros antepasados, es la continuidad de la lucha de Túpac Katari; esa lucha y estos resultados son la continuidad de Che Guevara. Estamos ahí, hermanas y hermanos de Bolivia y de Latinoamérica; vamos a continuar hasta conseguir esa igualdad en nuestro país, no es importante concentrar el capital en pocas manos para que muchos se mueran de hambre, esas políticas tienen que cambiar pero tienen que cambiar en democracia (DISCURSO DE POSESION DEL PRESIDENTE CONSTITUCIONAL DE BOLIVIA, MORALES, 2006).

Neste excerto, vemos a reivindicação de lideranças históricas que atuaram não somente na Bolívia, mas em toda a América Latina. De certa maneira, as lutas travadas por Tupac Katari, Simón Bolívar e Che Guevara convergem para uma defesa de soberania e autodeterminação de povos subjugados ou oprimidos, feita de modo obstinado e radicalizado por meio da organização de verdadeiras batalhas contra as oligarquias dominantes. Se observarmos bem, ele cita os nomes em um crescendo: Katari está para o Tawantinsuyu, assim como Bolívar para a Pátria Grande/América Latina e Guevara para o mundo.

Nos pronunciamentos do presidente Morales, é marcante a sustentação de que se filia historicamente à atuação de tais líderes, o que pode surtir efeitos de sentido de bastante radicalidade política, se considerarmos que o presidente governa sob ideais republicanos. Todavia, Morales marca sua diferença política com os homens políticos que cita por meio do enunciado: "esas políticas (de concentração do capital) tienen que cambiar **pero tienen que cambiar en democracia**". Entendemos que seja também um modo de responder a discursos-outros que caracterizam ou podem caracterizar o político aymara como um "terrorista" ou um "ditador", em função de seus posicionamentos políticos, que são bastante estigmatizados socialmente em meios mais conservadores.

RDE 29

No es importante Evo; no estamos en campaña ya, sólo estamos recordando nuestra historia, esa historia negra, esa historia permanente de humillación, esa ofensiva, esas mentiras, de todo nos han dicho. Verdad que duele pero tampoco estamos para seguir llorando por los 500 años; ya no estamos en esa época, estamos en época de triunfo, de alegría, de fiesta. Es por eso, creo que es importante cambiar nuestra historia, cambiar nuestra Bolivia, nuestra Latinoamérica.

Estamos acá en democracia, y quiero que sepan –sobre todo la comunidad internacional–, como nuestro vicepresidente de la República decía en una conferencia: queremos cambiar Bolivia no con bala sino con voto, y esa es la revolución democrática (DISCURSO DE POSESIÓN DEL PRESIDENTE CONSTITUCIONAL DE BOLIVIA, MORALES, 2006).

Quando enuncia "No es importante Evo…", entendemos que, além do uso da *quarta-pessoa discursiva* que provoca um efeito de distanciamento do fato narrado, haja uma reafirmação do processo de metonimização por meio de que se estende uma história pessoal para a coletividade, ou seja, a representatividade consiste no fato de que o presidente tenha vivido/sofrido aquela historia de humilhações por que passam muitos bolivianos de ascendência indígena. Isto é, não se trata de um fato isolado, mas de uma história de vida em comum. Aí reside a autoridade para falar em nome do outro, que implica legitimidade em função de um saber partilhado com a sociedade que governa.

Em seguida, o presidente Evo Morales realiza uma demarcação de diferença entre a posição de seu governo com relação às lideranças que reivindica, por meio da expressão "Queremos cambiar Bolivia **no con bala sino con voto**, y esa es la **revolución democrática**." Este enunciado se inscreve em uma cadeia de enunciados em que o presidente boliviano afirma "no somos rencorosos", como modo de sustentar que defende o regime democrático, que operará transformações no país seguindo as normas de tal sistema.

Atentamos para o sintagma *revolução democrática*. Se a palavra *revolução* pode configurar um interdito em um regime de democracia representativa, quando se tem um governo que se reivindica de esquerda, o adjetivo *democrática* atenua o que seria um sentido mais radicalizado das distintas memórias em disputa sobre a palavra revolução no campo da política na América Latina.

RDE 30

¿Y por qué hablamos de cambiar ese estado colonial?, tenemos que acabar con el estado colonial. Imagínense: después de 180 años de la vida democrática republicana recién podemos llegar acá, podemos estar en el Parlamento, podemos estar en la presidencia, en las alcaldías. Antes no teníamos derecho.

Imagínense. El voto universal el año 1952 ha costado sangre. Campesinos y mineros levantados en armas para conseguir el voto universal – que no es ninguna concesión de ningún partido –, se organizaron; esa conquista, esa lucha de los pueblos (DISCURSO DE POSESIÓN DEL PRESIDENTE CONSTITUCIONAL DE BOLIVIA, MORALES, 2006).

Aqui, destacamos distintas pessoas discursivas no emprego da primeira pessoa do plural. De *hablamos* para *tenemos* e *podemos*, distintas pessoas são mobilizadas no pronunciamento. Se quem *fala* sobre *mudar o Estado colonial* é o presidente, associamos a conjugação verbal de "hablamos" ao uso de um plural que se refere ao governo. Por outro lado, "tenemos que acabar con el estado colonial" expande a ação aos interlocutores, por meio de um modo imperativo atenuado pelo uso da primeira pessoa do plural. Em seguida, os indígenas são interpelados no enunciado "recién **podemos** llegar acá, **podemos** estar en el Parlamento, **podemos** estar en la presidencia, en las alcaldías. Antes no **teníamos** derecho." Ainda que se utilize do plural na última sequência, o segmento a que se refere fica restrito aos indígenas, que não participavam da política oficial do país até 1952, quando conquistaram o direito ao voto.[90]

Nos próximos excertos, recortes do pronunciamento realizado em Tiahuanacu, em cerimônia de posse *ancestral*, o presidente Evo Morales declara:

RDE 31

Muchas gracias hermanas y hermanos; esta lucha no se para, esta lucha no termina, en el mundo gobiernan los ricos o gobiernan los pobres. Tenemos la obligación y la tarea de crear conciencia en el mundo entero para que las mayoría nacionales, los pobres del mundo, conduzcan su país para cambiar la situación económica de su país, y desde acá impulsaremos que los pobres también tenemos derecho a gobernarnos, y en Bolivia los pueblos indígenas también tenemos derecho a ser presidentes (Tiahuanacu, 21 de enero de 2006, *Todos somos Presidentes*, MORALES, 2006).

No recorte, percebe-se a construção de distintos *lugares enunciativos* por meio dos quais circula o *sujeito discursivo*. Ora "pobre", ora "povos indígenas", ora "presidente". Nesses lugares, o sujeito se inscreve por meio do uso da primeira pessoa do plural, fundando um *nós político* que abrange representante e representados em uma só pessoa. De acordo com Indursky (1997, p. 66), para operar as análises, o *nós* diz respeito a todos os elementos linguísticos que se referem à primeira pessoa do plural: nós, nos, nosso, e desinência verbal de primeira pessoa do plural. No entanto, esta pessoa é considerada uma *não-pessoa discursiva*, posto que, ao representar *mais de um* ou *um eu ampliado*, não designa seus referentes lexicalmente. Sendo assim, a referência pode ser depreendida na circunstância enunciativa, na formulação linguística, conforme a *posição-sujeito* discursiva daquele que enuncia. Com base nas inscrições do sujeito enunciador em uma coletividade de que é oriundo ou de que faz parte, observa-se um efeito de arrai-

---

[90] O voto dos povos originários foi um direito conquistado no ano de 1952, quando houve uma Revolução Nacional, que reivindicava reforma agrária, educação gratuita e obrigatória e o voto dos "indígenas". Ver Andrade, Everaldo de Oliveira. *A revolução boliviana*. São Paulo: Editora UNESP, 2007.

gamento político entre aquele que enuncia e aqueles interlocutores privilegiados, ou seja, não todos, uma parte de interlocutores, que correspondem aos mais pobres e aos movimentos indígenas.

Nesse mesmo pronunciamento, o presidente Evo Morales enuncia:

RDE 32

Por eso, hermanas y hermanos, gracias al voto de ustedes, primeros en la historia boliviana, aymaras, quechuas, mojeños, somos presidentes, no solamente Evo es el presidente, hermanas y hermanos.

Muchísimas gracias (Tiahuanacu, 21 de enero de 2006, *Todos somos Presidentes*, MORALES, 2006).

É notório como a representatividade enunciada é delimitada. Ocorre uma demarcação daqueles que se encarnam na pessoa pública do presidente: aymaras, quéchuas e mojeños – com mais frequência, além do conjunto dos povos indígenas. Nesse recorte, além da inscrição enunciativa na *não pessoa discursiva*, marcada na desinência verbal de primeira pessoa do plural, em "somos presidentes", o *sujeito da enunciação* distancia-se do *sujeito do enunciado*, como *quarta pessoa discursiva*:[91] "no solamente Evo es el presidente". Além do distanciamento enunciativo da pessoa, faz-se o uso da negação de um *pré-construído* "Evo es el presidente". Desse modo, constrói-se um efeito de coletivização da conquista da presidência da República, bem como sentidos sobre um governo dos aymaras, quéchuas e mojeños, indígenas em geral.

No seguinte tópico, por meio das análises, evidenciaremos como o sujeito discursivo se constitui ao delimitar-se dos outros, os adversários políticos. Na relação com os outros, aqueles que não são seus partidários ou aliados, o sujeito enunciador constrói a si mesmo. Portanto, a delimitação de quem são seus adversários políticos permeia igualmente a construção de proximidade com sujeitos com os quais o presidente estabelece relações de identificação. Nessas referências, emergem as ambivalências sobre transformações e concessões a um poder preestabelecido por ser mantido, questionado ou desestabilizado.

---

[91] "... a ***quarta-pessoa discursiva*** distingue-se da ***não-pessoa discursiva***. Inicialmente, diremos, apenas, que a ***não-pessoa discursiva*** remete para grupos lexicalmente não-nomeados que se associam ao sujeito do discurso, enquanto a ***quarta-pessoa discursiva produz a impessoalização desse sujeito: ele abdica de dizer eu, cedendo espaço para o acontecimento discursivo***. Ou seja, não há inclusão do outro nessa forma de representação. Através dela, *o sujeito representa-se como se fosse um outro*" (INDURSKY, 1997, p.76, grifos da autora).

3.1.5. ADVERSÁRIOS

Nas falas do presidente Evo Morales, diversas são as modalidades de apresentação de seus adversários políticos. Ora são designados manifestamente, ora são apresentados como sujeitos inanimados, ora são omitidos ou referidos por modos impessoais. Nesta seção, serão destacadas e analisadas algumas ocorrências de referências a opositores por parte do sujeito enunciador, que constituem os modos de dizer do sujeito discursivo.

Começamos por um recorte que, além de destacar oponentes, evoca uma *memória discursiva* de processos históricos representativos para os povos indígenas na Bolívia:

> **RDE 33**
>
> Esta mañana un compañero, Héctor Arce, nuestro abogado, me recordaba, antes de salir acá a esta sesión, y me dice, Evo, un día como hoy, 22 de enero, te expulsaron del Congreso Nacional.
>
> ¿Recuerdan algunos compañeros? Que Evo es asesino, Evo es narcotraficante, Evo es terrorista. Yo dije en ese momento, me estarán expulsando pero voy a volver con 30, 40 parlamentarios, si es posible con 70, 80. Lo que dije un día en el 2002 se ha cumplido.
>
> No me arrepiento. Más bien aportaron con esa clase de actitudes para que el pueblo boliviano, el movimiento indígena gane las elecciones del año pasado. Muchas gracias.
>
> Algunos decían en su debate acá para expulsarme: hay que acabar con el radicalismo sindical; ahora nos toca decir, hay que acabar con el radicalismo neoliberal, hermanas y hermanos.
>
> Pero lo vamos a hacer sin expulsar a nadie, no somos vengativos, no somos rencorosos, no vamos a someter a nadie. Acá deben mandar razones, razones por el pueblo, razones por los pobres, razones por los pueblos indígenas que son la mayoría nacional de nuestro país.
>
> No se asusten compañeros parlamentarios electos posesionados de otros partidos que no son del MAS. No haremos lo que ustedes nos han hecho a nosotros, el odio, el desprecio, la expulsión del Congreso Nacional. No se preocupen, no se pongan nerviosos. Tampoco va haber rodillo parlamentario.
>
> Con seguridad el movimiento indígena originario, así como nuestros antepasados, soñaron recuperar el territorio y cuando estamos hablando de recuperar el territorio estamos hablando de que todos los recursos naturales pasen a manos del pueblo bolivianos, a manos del Estado boliviano (DISCURSO DE POSESION DEL PRESIDENTE CONSTITUCIONAL DE BOLIVIA, MORALES, 2006).

De início, destacam-se no excerto marcas de impessoalidade ao referir-se a adversários por meio da não designação dos sujeitos dos verbos em "te expulsaron", "me estarán expulsando", "aportaron". A indefinição de quem seriam esses adversários segue com o pronome indefinido "algunos"; contudo, adiante, o presidente delimita com precisão sobre quem fala: "parlamentarios electos posesionados de otros partidos que no son del MAS". É interessante notar como os nomeia igualmente de "compañeros", ainda que os confronte diretamente. Na formulação, por meio da alusão à expulsão de Evo Morales do Congresso Nacional, pode-se notar uma correlação de memória com históricos de expulsões de indígenas de espaços públicos, por meio dos sintagmas encadeados "odio", "desprecio", expulsión". Nesse mesmo pronunciamento, o presidente boliviano havia anunciado: "cuando hace 40, 50 años no teníamos derecho a entrar a la Plaza San Francisco, a la Plaza Murillo. Hace 40, 50 años no tenían nuestros antepasados el derecho de caminar en las aceras. Esa es nuestra historia, esa nuestra vivencia". E, ainda, parafraseia um enunciado cristalizado de tradição indígena "Volveré y seré millones", com a formulação: "me estarán expulsando pero voy a volver con 30, 40 parlamentarios, si es posible con 70, 80".

Mais uma vez, faz uso da quarta-pessoa discursiva, no entanto, para reportar ao *discurso-outro*: "Que Evo es asesino, Evo es narcotraficante, Evo es terrorista". Essa confluência de memórias mobilizadas neste trecho da declaração do presidente Evo Morales, que remete à expulsão de indígenas do espaço público, carrega um histórico de discriminações perpetradas contra os povos originários, e não se constitui como um caso isolado, mas como mais um episódio de exclusão e de criminalização dos movimentos sociais indígenas e de esquerda. Nesses enunciados, o sujeito discursivo se filia a processos metonímicos de não participação dos povos indígenas em lugares de poder, de impedimento da representatividade pública, de não ter direito a estar em lugares públicos, portanto o *acontecimento discursivo* diz respeito a essa marcação de chegada a um lugar outrora impossível.

Adiante, outros excertos que se relacionam com essa oposição a adversários:

RDE 34

No es posible que algunos sigan buscando cómo saquear, explotar, marginar. No sólo nosotros queremos vivir bien, seguramente algunos tienen derecho a vivir mejor, tienen todo el derecho de vivir mejor, pero sin explotar, sin robar, sin humillar, sin someter a la esclavitud. Eso debe cambiar, hermanas y hermanos.

Quiero decirles, a ese movimiento popular, a esa gente andina honesta de las ciudades, especialmente al movimiento indígena originario, para que vean, no estamos solos, ni en los movimientos sociales ni en los gobiernos de América, de Europa de Asia, de Africa, aunque lamentablemente, hasta los últimos días, la guerra sucia, la guerra mentirosa eso no va; eso hay que cambiar, es verdad que duele. En base a la mentira, en base a la calumnia nos quieren humillar.

¿Recuerdan? En marzo del año pasado, en esta Plaza Murillo querían hacer colgar a Evo Morales, querían descuartizar a Evo Morales. Eso no debe ocurrir, eso no puede seguir compañeras y compañeros. Ex presidentes entiendan eso no se hace, no se margina, se lucha; se trabaja para todos y para todas (DISCURSO DE POSESION DEL PRESIDENTE CONSTITUCIONAL DE BOLIVIA, MORALES, 2006).

A nomeação dos adversários é dada por sintagmas como *Otros señores* (RDE 26), *Algunos, ex presidentes*, pela elipse do outro e pela impessoalidade gramatical. No enunciado "querían hacer colgar a Evo Morales, querían descuartizar a Evo Morales...", reconhecemos dois fenômenos discursivos referentes ao uso de *quarta-pessoa discursiva*, quando se refere a si mesmo como se fora um terceiro; e, não-pessoa discursiva, quando deixa um traço de impessoalidade no uso de "querían hacer colgar". Mas, em seguida, declara quem são esses adversários – "ex presidentes". A constituição do sujeito político enquanto representante, líder, governante, passa também pelo modo como nomeia, caracteriza ou delimita quem são seus opositores políticos, bem como aquilo que diz combater.

Como dissemos anteriormente, *otros señores* sintaticamente é definido, constituindo um sintagma que não determina de quem fala o presidente, configurando-se como uma expressão genérica usada para designar aqueles que têm práticas e posições distintas das suas. Do mesmo modo, o pronome indefinido *algunos* surte um efeito de *indeterminação referencial*, o que Indursky (1997, p. 120) conceitua como o que pode ser *mencionado mas não identificado*. Por outro lado, se contrastado com a rede de enunciados ditos a respeito de quem é o presidente, quem são seus iguais (tomados como apoiadores) e quem são seus aliados (diferentes, mas partidários), o efeito de *vaguidade* provocado por tais recursos lexicais e gramaticais implica, na mesma fala, que se trata de uma parcela minoritária da população branca/ mestiça, rica e poderosa, contudo interditada na fala, não explicitada nominalmente. Nesse sentido, o confronto verbal direto com esse segmento parece um interdito, considerando que o presidente também conta com setores de políticos brancos/mestizos/classe média que o apoiam. Por essa razão, a não caracterização étnica e socioeconômica de quem são esses adversários é bastante significativa na conjuntura política boliviana. Se determinados opositores desqualificam o presidente em função de sua origem étnica, o presidente não toma o mesmo posicionamento discursivo, o que o distingue de seus adversários e de movimentos sociais mais próximos politicamente.

A formação política do presidente Evo Morales, baseada no *katarismo-indigenismo*, admite alianças com setores sociais que abrangem outros atores políticos, não exclusivamente indígenas. Sendo assim, o espectro ideológico dessa corrente política é composto também por ideais de esquerda. Nesses casos, especificamente, compreendemos que a elipse do outro, ou apagamento, implica uma tomada de posição, que diz respeito à ascendência política do presidente Evo Morales. Além disso, podemos depreender desse funcionamento discursivo uma construção de uma identidade republicana mais genérica, que possa constituir o efeito de que governa para todos (as), não somente para alguns.

Como veremos adiante, dentre outras formulações, o presidente boliviano também fala de modo impessoal para referir-se a adversários, sem especificar sobre quem fala:

RDE 35

Para cambiar ese Estado colonial habrá espacios, debates, diálogos. Estamos en la obligación, como bolivianos, de entendernos para cambiar esta forma de discriminar a los pueblos.

Permanentemente antes se hablaba de la democracia, se lucha por la democracia, se hablaba de pacto por la democracia, pacto por la gobernabilidad. El año 1997, cuando llegué a este Parlamento no he visto personalmente ningún pacto por la democracia ni por la gobernabilidad, sino los pactos de la corrupción, pacto de cómo sacar plata de dónde y cómo, felizmente había tenido límite y se acabó gracias a la conciencia del pueblo boliviano.

Maniobras más maniobras. La forma de cómo engañar al pueblo, la forma de cómo subastar al pueblo. Nos dejaron un país loteado, un Estado loteado, un país subastado. Yo estoy casi convencido: si hubieran sido inteligentes administradores del Estado, si hubieran querido esta patria, amado esta patria y no como algunos sólo quieren a esta patria para saquear y enriquecerse, si realmente hubiera habido gente responsable para manejar amando a esta patria, a su pueblo, Bolivia sería mejor que Suiza (DISCURSO DE POSESION DEL PRESIDENTE CONSTITUCIONAL DE BOLIVIA, MORALES, 2006).

Nesse excerto, o sujeito aponta o 'Estado colonial' como sujeito por ser combatido. Nas próximas formulações, os adversários são referidos de modo impessoal por meio do uso do "se" como índice de indeterminação do sujeito em: 'se hablaba', 'se lucha'. Nesse mesmo sentido, os sintagmas 'pacto' e 'maniobras' que requerem agentes de ação não trazem complementos. Por exemplo: Entre quem seriam os pactos ou de quem seriam as manobras?

Assim, de modo genérico, o sujeito enunciador caracteriza oponentes. Igualmente, em 'la forma de engañar al pueblo', não há uma formulação que defina os responsáveis por tal prática. Entretanto, quando afirma 'nos dejaron un país loteado...' direciona a rede de sentidos anteriormente abstrata: ainda que não apresente os sujeitos da ação, o verbo 'dejar' evoca antecessores. Adiante, a apresentação dos sujeitos é definida por 'si hubieran sido inteligentes administradores del Estado'. Nessa passagem, marca-se então quem são os outros, de quem se fala. Em seguida, ao enunciar '**algunos** sólo quieren a esta patria para saquear y enriquecerse', por meio do pronome indefinido 'algunos', retorna a imprecisão. 'Algunos' pode produzir efeitos de que aqueles que querem roubar a pátria são os adversários como um todo ou poucos dentre eles, enfim, não se delimita de modo preciso quem seriam os *saqueadores da pátria*.

No recorte seguinte, os opositores são contrastados, de modo mais específico, com as autoridades originárias:

RDE 36

Hermanas y hermanos, nuestras autoridades originarias saben exactamente que cuando uno asume ser autoridad, es para servir al pueblo, y estos temas hay que cambiar pues, y están aquí parlamentarios para servir, si realmente están decididos, a servir los 5 años. Eso quisiéramos, en todo caso hay que tomar ciertas medidas para que el pueblo entienda.

No es posible que se privaticen los servicios básicos. No puedo entender cómo los ex gobernantes privaticen los servicios básicos especialmente el agua. El agua es un recurso natural, sin agua no podemos vivir, por tanto el agua no puede ser de negocio privado, desde el momento que es negocio privado se violan los derechos humanos. El agua debe ser de servicio público.

Las luchas por agua, por coca, por gas natural nos han traído acá, hermanas y hermanos. Hay que reconocer que esas políticas equivocadas, erradas, interesadas, recursos naturales subastados, servicios básicos privatizados, obligó a que haya conciencia del pueblo boliviano. Estamos en la obligación de cambiar estas políticas.

Estas políticas económicas implementadas por instrucciones externas, por recomendaciones externas, ¿qué nos han dejado?: desempleo. Nos dijeron hace unos 10, 15 años o 20 años que aquí la empresa privada va a resolver los problemas de la corrupción y los problemas del desempleo. Pasan tantos años, más desempleo, más corrupción, que por tanto ese modelo económico no es solución para nuestro país, tal vez en algún país europeo o africano puede ser una solución. En Bolivia el modelo neoliberal no va (DISCURSO DE POSESION DEL PRESIDENTE CONSTITUCIONAL DE BOLIVIA, MORALES, 2006).

Nessa sequência, a contraposição entre 'las autoridades originarias' e 'ex-gobernantes' funciona como determinante de que políticas seriam seguidas. Assim, as concepções e ações políticas dos grupos mencionados são apresentadas:
a. *Água como recurso natural versus Água como negócio privado;*
b. *Lutas por água, coca e gás natural versus políticas equivocadas, erradas, interessadas, recursos naturais leiloados, serviços básicos privatizados.*

Ambos os segmentos são referidos em terceira pessoa do plural. Ao longo da enunciação, configura-se uma descrição de tais setores que se opõem. Há de se notar que existe um modo de inscrição discursiva na representação construída para autoridades originárias. Quando diz '**nuestras** autoridades originarias saben exactamente que cuando **uno** asume ser autoridad, es para servir al pueblo', por meio do uso do pronome possessivo 'nossas' coloca-se como pertencente ao grupo alinhado às pessoas sobre quem fala. "Nossas" corresponde a um *nós político inclusivo* que abrange presidente e aqueles interlocutores privilegiados, a saber, movimentos indígenas organizados em luta pelos recursos naturais. "Uno", que equivale ao "a gente" do português brasileiro, também funciona como um *nós político*, mas, nesse caso, de modo genérico, direciona o *eu presidencial* ao sentido de que também é uma autoridade originária. Em seguida, reforça tais sentidos com base na formulação "eso quisiéramos". Mais uma vez, filia-se, por meio da desinência verbal de primeira pessoa do plural, a esse *nós politico* que o identifica ao grupo que defende as políticas das autoridades originárias.

Se, de um lado, o sujeito inscreve-se como parte dos setores que defendem que os recursos naturais não devem ser privatizados, de outro, associa aos adversários uma subserviência a 'instruções externas', 'recomendações externas'. Mais uma vez, adversários, nesse caso estrangeiros, são descritos de modo abstrato. Pelas redes de sentidos, pela descrição de posicionamentos políticos, constroem-se os sujeitos sociais que se opõem na fala do presidente. Assim, delimita quem seriam seus pares e quem seriam os outros, segundo as posições enunciadas, identificando-se com os movimentos indígenas e distanciando-se de ex-governantes. Quando enuncia '**nos** han dejado' e '**nos** dijeron', coloca-se, uma vez mais, na posição daqueles atores que sofreram as consequências das decisões políticas tomadas por grupos opositores, reforçando sentidos de pertencimento aos grupos indígenas, com o uso do nós político, marcado pelo pronome 'nos'.

Continuamente, o presidente Evo Morales parte de formulações mais gerais para questões mais específicas. Na sequência de recorte seguinte, os problemas sociais vividos pelas maiorias marginalizadas são detalhados:

RDE 37

Imagínense, escuelas rurales llamadas seccionales, sin luz. Estamos en el tercer milenio, que me acuerdo donde nací, donde por primera vez he ido a una escuela seccional, hace dos años ha llegado la luz, pero en otras escuelas seccionales como Acunami, Chivo, Rosapata, Arcorcaya, todavía no hay luz. ¿Cómo será en otras comunidades?, no hay camino carretero, el profesor tiene que caminar horas y días para llegar a la escuela seccional. ¿Qué han hecho esos gobernantes? ¿Acaso no sienten lo que sufren las mayorías nacionales, los niños? En vez de juntar plata en los bancos, en vez de ahorrar plata en Estados Unidos, en Europa o en Suiza, ¿por qué esa plata no la han invertido en su país, si son solidarios?

Imagínense ustedes, en el campo sobre todo, la mayor parte de los niños muere y muy pocos se salvan de esa muerte. Estos temas quisiéramos solucionarlos, no solamente con la participación de los bolivianos, sino también de la cooperación internacional. Resolver, no para Evo; no estoy pidiendo participación de la comunidad internacional para Evo, sino para el pueblo boliviano.

Es verdad que va a ser importante. ¿Cómo buscar mecanismos que permitan reparar los daños de 500 años de saqueo a nuestros recursos naturales? Será otra tarea que vamos a implementar en nuestro gobierno.

Por esa clase de injusticias nace este llamado instrumento político por la soberanía, un instrumento político del pueblo, un instrumento político de la liberación, un instrumento político para buscar la igualdad, la justicia, un instrumento político como el Movimiento Al Socialismo, que busca vivir en paz con justicia social, esa llamada unidad en la diversidad.

Tantas marchas, huelgas, bloqueo de caminos, pidiendo salud, educación, empleo, respeto a nuestros recursos naturales, que nunca han querido entender.

Como no podemos resolver sindicalmente, el movimiento campesino boliviano se atrevió a resolver políticamente, electoralmente, es el Movimiento Al Socialismo, es el instrumento político por la soberanía de los pueblos.

Para información de la comunidad internacional este movimiento *no* nace de un grupo de politólogos. Este instrumento político, el Movimiento Al Socialismo *no* nace de un grupo de profesionales. Aquí están nuestros compañeros dirigentes de la Confederación Sindical Unica de Trabajadores Campesinos de Bolivia, de los compañeros de CONAMAQ (se refiere al Consejo Nacional de Marcas y Ayllus del Llasuyu), de los compañeros de la Federación Nacional de Mujeres Bartolina Sisa, la Confederación Sindical de Colonizadores de Bolivia, estas tres, cuatro fuerzas, algunos hermanos indígenas del Oriente boliviano, el año 1995 empezamos a construir un instrumento político de liberación. Frente a tantos problemas, nos hemos preguntado cuándo se iban a cumplir tantos convenios que firmamos gracias al poder sindical, al poder de la lucha, de la fuerza comunal, que sólo los acuerdos se acababan en papeles (DISCURSO DE POSESION DEL PRESIDENTE CONSTITUCIONAL DE BOLIVIA, MORALES, 2006).

Em RDE 37, segue um funcionamento discursivo que constitui os adversários em oposição às maiorias e a si. Nessa sequência, outras pessoas são mobilizadas. Quando faz uso do verbo no imperativo 'imagínense' para convocar interlocutores a que se atentem a sua narrativa, interpela sujeitos que supostamente não fariam parte daqueles que experimentam as situações de que trata. Para descrever o problema social a ser enfrentado, instaura-se um sujeito discursivo que narra e é parte da população que vivencia as situações mencionadas. Para tanto, o presidente fala em primeira pessoa do singular 'donde nací', 'donde he ido a una escuela', conferindo, por meio da vivência anunciada, autoridade ao seu dizer. Após relatar o problema, distancia-se dos adversários pela formulação "¿Qué han hecho esos gobernantes? ¿Acaso no sienten lo que sufren las mayorías nacionales, los niños?".

Com essa fala, o efeito de distanciamento com relação aos seus opositores ocorre pelo uso do pronome demonstrativo "esos" e pelas perguntas retóricas, que evidenciam o distanciamento dos 'ex-governantes' da maioria da população. Nota-se então um deslizamento entre pessoas discursivas: um 'yo', que experimentou os problemas sociais citados; um 'ellos', *esos gobernantes*; um 'ustedes' (imagínense), interlocutores que supostamente não vivem tais problemas; um 'ellos' de quem se fala e com quem se fala, *los bolivianos*, identidade genérica nacional, que engloba não indígenas, interpelados para a solução do problema; um *nós político*, marcado na desinência de primeira pessoa do plural de 'quisiéramos', mais identificado com o governo; e, ainda, uma *quarta-pessoa discursiva*, em 'no para Evo'.

As oposições seguem entre:
a. 'saqueo de nuestros recursos naturales' versus 'nuestro gobierno';
b. 'esa clase de injusticias' versus 'Movimiento al Socialismo';
c. 'nunca han querido entender' versus 'marchas, huelgas y bloqueos de caminos'.

Desse modo, a disposição das pessoas discursivas, que se materializam nos pronomes pessoais e outros referentes, constrói uma imagem para os adversários, ao passo que apela para memórias de lutas sociais, com as quais se identifica o presidente. O governo é referido então como parte dessas organizações, que outrora não eram ouvidas, cujas demandas não eram atendidas. Por fim, remete ao *discurso outro* quando afirma que o movimento **não nasce de um grupo de politólogos**, **não nasce de um grupo de profissionais**, mas de dirigentes de organizações sociais. A negação operada evidencia alguns *já-ditos* sobre o movimento e partido MAS, o que remete aos dizeres de adversários.

Outro campo de opositores destacados pelo presidente boliviano integram parte das mídias:

> **RDE 38**
>
> Quiero reconocer a **algunos medios de comunicación**, profesionales que permanentemente nos recomendaban para aprender, pero también a **algunas periodistas mujeres**. Permanentemente satanizaron la lucha social, permanentemente la condenaron con mentiras. **Estamos sometidos por algunos periodistas y medios de comunicación a un terrorismo mediático, como si fuéramos animales, como si fuéramos salvajes.**
>
> Estoy muy sorprendido, yo no soy banquero, me he reunido con el sector financiero en La Paz, en Santa Cruz y lo demuestran, hay estabilidad económica, **no hay ningún miedo, ni a Evo Morales ni a los movimientos sociales, menos al Movimiento Al Socialismo.**
>
> **Eran mentiras cuando decían: si Evo es presidente no va haber ayuda económica, si Evo es presidente va haber un bloqueo económico. Quiero agradecer la visita del representante del gobierno de Estados Unidos, señor Shannon. Anoche me visitó a mi humilde vivienda donde vivo en Anticrético para expresarme que debe fortalecerse las relaciones bilaterales, para desearnos éxito en nuestro gobierno.**
>
> Hablando del gobierno de Estados Unidos, acabando en el gobierno de Cuba de Fidel Castro, tenemos apoyo internacional, hay solidaridad internacional, y dónde está **lo que decían: si Evo es presidente no va a haber apoyo internacional.**
>
> Felizmente, el pueblo es sabio. Esa sabiduría del pueblo boliviano hay que reconocerla, hay que respetarla y hay que aplicarla. **No se trata de importar políticas económicas o recetas económicas desde arriba o desde afuera, y la comunidad internacional tiene que entender eso: el querer importar políticas a Bolivia es un error. Las organizaciones sociales, los consejos de amautas que admiro muchísimo, en el Altiplano paceño, esos sindicatos del campo y de la ciudad, esas organizaciones llamadas capitanías en el Oriente boliviano, son el reservorio de conocimientos, el reservorio de conocimientos científicos de la vida para defender a la vida, para salvar a la humanidad. Se trata de coger de esas organizaciones para implementar políticas y no se trata de imponer políticas al servicio de grupos de poder en Bolivia o en el exterior.**
>
> Y esos pueblos dieron la victoria en las elecciones del año pasado. Nuestro gran agradecimiento a quienes pensaron para cambiar nuestra Bolivia.

> Al momento de dejar este Congreso como parlamentario, quiero expresar mis malos recuerdos como también buenos recuerdos. Recuerdo cuando llegamos 4 parlamentarios acá: **Román, Néstor, Félix**, presentábamos proyectos de ley, ¿qué decían?, **no hay que aprobar la ley o proyecto de ley de Evo Morales, si aprobamos vamos a potenciar a Evo Morales**, cómo **me bloquearon** acá los proyectos de ley que traíamos, entendiendo lo que pensaban nuestros compañeros, sin embargo, protestaban permanentemente, Evo bloqueador, cuando desde acá nos enseñaron a bloquear (DISCURSO DE POSESION DEL PRESIDENTE CONSTITUCINAL DE BOLIVIA, MORALES, 2006).

Nessas sequências, pode-se observar a referência a *parte* da imprensa como 'algunos medios de comunicación', 'algunas periodistas mujeres', 'algunos periodistas' que caracterizariam o presidente e os seus como 'animales' e 'selvajes'. Em seguida, o sujeito remete a uma série de *discursos-outros*, referindo-se a si mesmo como terceira pessoa, de modo que atualiza uma memória de dizeres sobre sua pessoa e sobre os seus, em parte das mídias. Para resgatar os *pré-construídos* do *discurso outro*, apagamos os *marcadores de negação* (INDURSKY, 1997, p. 217) que os antecedem, a saber:

a. '**no** hay **ningún** miedo, **ni** a Evo Morales **ni** a los movimientos sociales, **menos** al Movimiento Al Socialismo' seria 'hay miedo a Evo Morales, a los movimientos sociales y al Movimiento Al Socialismo', por exemplo.

O funcionamento discursivo das negações segue quando o sujeito enunciador faz uso do *discurso direto* em:

a. 'Eran mentiras cuando **decían**: si Evo es presidente **no** va haber ayuda económica, si Evo es presidente va haber un bloqueo económico';

b. 'y dónde está lo que **decían**: si Evo es presidente **no** va a haber apoyo internacional';

c. 'Recuerdo cuando llegamos 4 parlamentarios acá: Román, Néstor, Félix, presentábamos proyectos de ley, ¿qué **decían**?, **no** hay que aprobar la ley o proyecto de ley de Evo Morales, si aprobamos vamos a potenciar a Evo Morales.

Nesses casos, o enunciador faz negações das negações dos opositores, para declarar que haverá 'ajuda econômica' e 'apoio internacional' à Bolívia, e que goza de apoio para seus projetos.

No recorte seguinte, o presidente boliviano interpela parlamentares que não são do MAS:

RDE 39

Pero sólo quiero decirles una cosa, **los parlamentarios que no son del MAS, los partidos o las agrupaciones, si apuestan por el cambio, bienvenidos. El MAS no margina, el MAS no excluye a nadie.** Juntos desde el Parlamento cambiaremos nuestra historia.

Y quiero pedirles a los parlamentarios del MAS: no aprendamos la mala costumbre de bloquear. Si **algún parlamentario de UN, de Podemos, del MNR,** traen una ley para su sector o para su región, bienvenida, hay que apoyarla, hay que enseñar cómo se aprueba esas leyes sin bloquearlas (DISCURSO DE POSESION DEL PRESIDENTE CONSTITUCINAL DE BOLIVIA, MORALES, 2006).

Ao evocar tais parlamentares de oposição, faz uso, reiteradas vezes, das *negações*:

a. El MAS no margina, el MAS no excluye a nadie.

Nessa formulação ocorre a negação de uma prática atribuída ao adversário. Por fim, desses recortes destacamos distintos modos de referenciar adversários e algumas nomeações dadas:

a. "El Estado colonial";
b. "se hablaba de la democracia…";
c. "pactos de la corrupción, pacto de como sacar plata de dónde y cómo" e "Maniobras"; "La forma de cómo engañar al pueblo…";
d. "Nos dejaron un país loteado", "si hubieran sido inteligentes administradores del Estado";
e. "algunos";
f. "ex-gobernantes";
g. "instrucciones externas, recomendaciones externas";
h. "modelo neoliberal";
i. "algunos periodistas y medios de comunicación";
j. "los parlamentarios que no son del MAS" (UN, PODEMOS, MNR): "bienvenidos".

Como se pode observar, são diversas as formas de referenciar os adversários que vão desde *nominalizações de sujeitos inanimados*, como "Estado colonial", "modelo neoliberal" a designações mais precisas, como "parlamentarios que no son del MAS". A indefinição é dada por meio de pronomes indefinidos como "algunos" ou com uso de modo impessoal "se hablaba…". Em "Nos dejaron un país loteado" soma-se a indeterminação do sujeito com o destaque dado ao *nós discursivo* na construção sintática, como aqueles que sofreram a ação de um outro.

Assim, as escolhas lexicais combinadas com as construções sintáticas constroem regularmente certos efeitos de sentido relacionados com sua identificação ou desidentificação com segmentos sociais do país que preside. Em quaisquer falas de sujeitos, o léxico e a sintaxe operam com um número limitado de possibilidades de formulações, bem como restringem possibilidades de sentidos. Simultaneamente, o *discurso* limita as manifestações de escolhas lexicais e construções sintáticas, provocando um certo controle do dizer, segundo as redes de sentidos em circulação.

***

Com base nas análises empreendidas, de que fala o presidente Evo Morales? Como sujeito *histórico,* o presidente boliviano enuncia sobretudo sobre seus pares e, por extensão, sobre quem é. Ao mesmo tempo, produz enunciados sobre *um outro*, os adversários, como sujeitos por vezes indeterminados ou bem definidos. Morales caracteriza-se etnicamente (aymara, quéchua, povos indígenas), politicamente (Movimiento al Socialismo – MAS) e socioeconomicamente (pobre, maiorias nacionais). Discursivamente, inscreve-se nos grupos que nomeia: *pueblos indígenas originários,* aymara, quéchua, MAS (Partido Movimiento al Socialismo), pobre, maiorias nacionais. Distancia-se de adversários, ao nomeá-los ou ao fazer referências abstratas a eles, como: *Estado colonial, imperio, modelo neoliberal* – pronomes que indeterminam o sujeito de que fala – e *ex-gobernantes*.

No que diz respeito aos aliados, o sujeito político remete a intelectuais, classe média, e *até* empresários como elementos outros, como segmentos alheios, distanciados dos problemas vivenciados pelos povos indígenas, mas que se somam ao governo. Assim, os modos de designar, caracterizar, evidenciar ou apagar apoiadores e opositores constituem uma importante dimensão da construção discursiva de Evo Morales como governante, dirigente, representante e líder político, na medida que, a partir de tais declarações, opera delimitações e aproximações políticas daquelas posições discursivas com as quais se identifica ou desidentifica como sujeito político. O presidente fala também sobre processos de opressão e exclusão, ora mais e ora menos, anunciando, interpelando ou apagando agentes responsáveis.

Nas falas do presidente Evo Morales, uma confluência de dizeres e saberes de distintos setores da sociedade boliviana se manifesta. A relação do presidente com os movimentos sociais, as negociações entre movimentos antagônicos, as contendas com setores sociais opositores, o diálogo com atores internacionais fazem dos pronunciamentos uma vasta rede de história política da Bolívia. Delimitando-se a si, aos seus e aos outros, constitui-se um sujeito discursivo afetado por complexas ramificações de segmentos sociais que historicamente se conflitam em sociedade. Nas redes de consensos e confrontos, materializam-se processos de lutas, *silenciamentos, tomadas de palavra* e defesa de um *lugar de fala* que outrora não poderia se fazer presente em uma presidência da República.

As construções histórico-discursivas não dependem exclusivamente de um sujeito que enuncia. Nas formulações linguísticas do presidente Evo Morales, pode-se notar as coerções discursivas sobre o que se pode, o que se deve e o que se está autorizado a falar a partir daquele *lugar de fala* e da ocupação daquele lugar social de presidente. O *acontecimento discursivo* reside na centralidade dada a narrativas históricas outrora marginalizadas e excluídas do cenário da política estatal boliviana. De um lado, a despeito de um silenciamento histórico, emergem nomes de lideranças ancestrais (Tupak Katari, Bartolina Sisa) e revolucionários marginais (Che Guevara),[92] relatos sobre práticas de exclusão, designação e reconhecimento de povos pelos respectivos nomes, menção às autoridades originárias como figuras importantes para a organização política do país, nominalizações de adversários que monopolizavam as decisões políticas dos rumos do país, dentre outros avanços sobre as estruturas de poder. De outro, algumas produções de atenuação de conflitos e produções de consensos no âmago da sociedade boliviana, diversa, plural e complexa.

Quando *toma a palavra*, Evo Morales atualiza e reconfigura uma *memória discursiva* sobre as narrativas históricas da Bolívia, dando centralidade a processos de lutas históricos por protagonismo políticos de povos secularmente oprimidos pelo Estado. Em tais declarações, manifestam-se as ambivalências que dizem respeito a transformações pelas disputas e certas concessões ao poder instaurado por meio das modalizações, atenuações e contenção de conflitos latentes em sociedade.

---

92 Ernesto Che Guevara, revolucionário cubano-argentino, fora executado pelo Estado boliviano, em território boliviano.

CAPÍTULO 4. LULA DA SILVA: O REENCONTRO DO BRASIL CONSIGO MESMO

Dando início aos trabalhos de reflexão sobre a análise das falas do presidente Lula da Silva, aludimos aos *processos históricos* de que tratamos neste livro, sem os quais não poderíamos resgatar sentidos de *processos discursivos* destacados nos recortes selecionados para este exercício analítico. No capítulo anterior, destacamos construções discursivas que estabelecem relações de identificação e de proximidade entre o presidente Evo Morales e segmentos sociais que representa, além de produção de consensos e conflitos do mandatário boliviano para com partidários, críticos e adversários.

Neste capítulo, adotamos igualmente os fenômenos com que trabalhamos anteriormente, para realizar as análises das falas em pronunciamentos de posse do presidente Lula da Silva, que aqui repetimos:

- Relação representante-representados, como a construção de uma identidade particular, engendrada em função daquilo que eles dizem a respeito de si mesmos e dos outros;
- Atenuações de conflitos e conciliações, como construção de uma identidade genérica republicana, que se processa em função do cargo visado ou ocupado (de presidente da República);
- Lideranças/Lutadores pelo caminho, como filiação a um histórico de lutas, com decorrente produção de legitimidade e autoridade políticas;
- Relação com adversários, conflitos que escapam ao rígido controle do preparo da fala, posto que emergem como atravessamentos do *discurso-outro* presente no discurso sobre si mesmo e sobre seus pares;
- Olhar para os mais necessitados, maiorias marginalizadas, materializados nas discursividades destacadas.

Reiteramos que alguns fenômenos podem estar sobrepostos em certos recortes. Sendo assim, a discussão pode abordar aspectos de outros tópicos em um item referente a outro tema. Nessas análises, pautamos a construção forjada da possibilidade de dizer de um operário na presidência: como são abertas brechas nas contingências históricas para que esse sujeito se coloque a si e aqueles sempre marginalizados em um lugar de protagonismo operário nunca experimentado na história do Brasil.

4.1. OS PRONUNCIAMENTOS DE POSSE DO PRESIDENTE LUIZ INÁCIO LULA DA SILVA

Vínhamos traçando um percurso histórico coletivo de sujeitos sociais que pavimentou a ascensão política de um dos seus à presidência da República. Não há como se negar as origens de Lula da Silva, seu lugar de emergência e seu trânsito para lugares de poder pouco prováveis para quem parte de onde ele partiu. Sair do Nordeste em um "pau de arara" e chegar a subir a rampa do Palácio do Planalto contraria rotundamente estatísticas sociológicas. A história de um operário que tenha se tornado presidente de um país é um fenômeno, uma excepcionalidade, ainda nos moldes da democracia representativa. Não raras vezes, tal acontecimento histórico guarda os rastros de gerações de sujeitos sociais que construíram um caminho em direção ao palácio presidencial ou a outros lugares de poder e de visibilidade.

A constituição do sujeito histórico Lula da Silva pode ser observada nos modos como ele fala sobre si, mas também como fala sobre outros, sobre problemas e conflitos sociopolíticos, sobre o país, sobre quem são os brasileiros etc. A partir desses *processos de identificação e desidentificação*, traçamos a constituição do sujeito discursivo que emerge nas falas oficiais de posse do presidente brasileiro. Assim, a fim de elucidar nossas questões de trabalho, passamos por outras que sustentam a *discursividade* do sujeito em questão em direção a uma representatividade. Para tanto, dividimos a discussão por temas, para o desenvolvimento das reflexões.

4.1.1. ATENUAÇÃO DE CONFLITOS E CONCILIAÇÃO

Para descrever e analisar procedimentos discursivos de *atenuação de conflitos* nos pronunciamentos de posse do presidente Lula, vamos aos recortes discursivos (RD):

RDL1

Mudança: esta é a palavra-chave, esta foi a grande mensagem da sociedade brasileira nas eleições de outubro. A esperança, finalmente, venceu o medo e a sociedade brasileira decidiu que estava na hora de trilhar novos caminhos. Diante do esgotamento de um modelo que, em vez de gerar crescimento, produziu estagnação, desemprego e fome; diante do fracasso de uma cultura do individualismo, do egoísmo, da indiferença perante o próximo, da desintegração das famílias e das comunidades, diante das ameaças à soberania nacional, da precariedade avassaladora da segurança pública, do desrespeito aos mais velhos e do desalento dos mais jovens; diante do impasse econômico, social e moral do país, a sociedade brasileira escolheu mudar e começou, ela mesma, a promover a mudança necessária. Foi para isso que o povo me elegeu presidente da República: para mudar (LULA DA SILVA, Brasília/DF, Congresso Nacional, 2003).

No primeiro pronunciamento de Lula da Silva como presidente, notamos uma emergência das palavras *mudança, esperança* e *medo*, mas em que esta observação se relaciona com as discussões que estamos empreitando neste livro? *Mudança* de quê? *Esperança* para quem? *Medo* de quê ou de quem? A ocorrência desses temas implica disputas por construção de memórias históricas em torno de fatos da História do Brasil. Primeiramente, destacamos que o sujeito que enuncia descreve um estado de coisas no país, por meio de *nominalizações*, designações de situações e acontecimentos sociais. Pode-se notar que os problemas elencados não apresentam agentes causadores ou responsáveis. Quando o presidente Lula da Silva diz que "um modelo produziu estagnação...", além da indefinição de que modelo seria – marcada pelo artigo, se dá ainda um "efeito de processo sem sujeito-humano" já que "um nome inanimado toma o lugar de sujeito discursivo" (GADET, 2005, p.63). Desse modo, a construção linguística não aponta responsáveis políticos pela estagnação e demais problemas sociais citados pelo presidente eleito. Nesse tipo de formulação linguística, não há um confronto direto com adversários, ainda que se anuncie problemas, de forma genérica, por meio de *nominalizações*, que são: 'estagnação', 'desemprego e fome', 'cultura do individualismo, do egoísmo, da indiferença perante o próximo', 'desintegração das famílias e das comunidades', 'ameaças à soberania nacional', 'precariedade avassaladora da segurança pública', 'desrespeito aos mais velhos' e 'desalento dos mais jovens', 'impasse econômico, social e moral do país'.

Naquele 1º de janeiro de 2003,[93] mais do que um país ou um continente, um mundo inteiro assistia ao primeiro pronunciamento oficial

---

[93] Em *UNASUR y sus discursos: integración regional, amenaza externa, Malvinas*, Elvira Arnoux (*et al.* 2012, p. 68) aborda a cortesia e o dizer verdadeiro, atentando para o modo como o controle da linguagem pode atenuar conflitos políticos. Ao falar sobre a reunião de presidentes latino-americanos em Bariloche, realizada pelo organismo internacional União de Nações Sul-Americanas (UNASUR) no ano de 2009, transmitida ao vivo por meios de comunicação, a autora aponta para uma situação específica de enunciação, quando dirigentes tiveram que se preocupar com distintos interlocutores, espectadores de países da América do Sul, em geral e de seus respectivos países, sujeitos com distintas posições ideológicas, o que, certamente, condicionou suas produções discursivas, já que deveriam dialogar com uma diversi-

do presidente eleito. Sobretudo, porque, além de se tratar da posse presidencial do mandatário do maior país da América latina, assumia um político com certas particularidades que o tornavam objeto de grande repercussão especulativa e variados interesses: nascido pobre, trajetória difícil de vida, nordestino, de esquerda, operário, sindicalista. Em razão do caráter excepcional daquele fato histórico, uma rede de *memórias discursivas* foi mobilizada em consonância com o que representava aquele homem público. Nessas circunstâncias, construía-se uma imagem do presidente eleito, bem como o sujeito projetava uma imagem de si, em certa oposição ou em certa conformidade com aquelas projeções co-construídas para ele.

Nesse pronunciamento, transmitido, gravado e posteriormente transcrito para ampla veiculação, o presidente dialoga com diversos setores nacionais e internacionais. De modo geral, seus interlocutores poderiam reconhecer quem seriam seus principais adversários, seus antecessores. E, ainda, conforme normas cerimoniais tradicionais e preestabelecidas, espera-se que o presidente faça uma análise de conjuntura e balanço de anos anteriores em sua posse. No fragmento supracitado, observa-se como as escolhas lexicais, as designações operadas, as construções sintáticas do enunciador distanciam-no de um confronto direto com opositores, engendrando um certo efeito de diplomacia para tratar de desacordos e divergências com aqueles que o antecederam no governo.

No fragmento RDL 01, o encadeamento de *mudança, esperança* e *medo* resgata uma série de memórias discursivas referentes à participação do Partido dos Trabalhadores nas disputas presidenciais. Como abordamos brevemente, nascido com a redemocratização do Brasil, o partido congrega desde sua fundação um conjunto de movimentos sociais, que, antes do término da ditadura militar, jamais puderam se organizar à luz do dia. Sabe-se que outros partidos foram fundados quando da possibilidade de eleições diretas, nos anos 1980. Todavia, sentidos estigmatizados de 'radical', 'esquerdista', 'comunista', 'ameaça vermelha', 'antidemocrático', 'ditador', dentre outras construções, foram herdados pelo PT.

Em pronunciamento, Lula da Silva não explicita de que seria esse medo, contudo sua fala está atravessada por *já-ditos* sobre 'ameaças', 'riscos', 'terror' políticos que circundavam (circundam) sua imagem. Dentre

---

dade de ouvintes. Nesse mesmo sentido, há de se considerar a fala de Lula da Silva, em *condições de produção* que são outras, em outra conjuntura, mas que guardam algumas similaridades com a reunião de Bariloche, no que diz respeito ao conjunto complexo de receptores presentes e ausentes.

as ocorrências históricas da palavra 'medo' em uma campanha eleitoral, tornou-se marcante o discurso político veiculado pela voz de Regina Duarte, em propaganda para o candidato José Serra, do Partido da Social Democracia Brasileira (PSDB). De que seria esse medo de que falava a atriz no horário gratuito de propaganda eleitoral de 2002? A palavra 'medo' retomada pela fala de Lula da Silva em sua posse não tem complemento. É um 'medo' de um *não-dito*, mas que reverbera(va) sentidos contra os quais se lutou/luta por bastante tempo. Restaram, àqueles que partilham da mesma história do presidente, os sentidos da 'esperança'.

Na mesma rede de sentidos, "A esperança, finalmente, venceu o medo" retoma *pré-construídos do discurso-outro* sobre uma certa imagem reiterada por opositores desde a fundação do Partido dos Trabalhadores, como a *de que o PT colocaria o Brasil em risco*. A fala da atriz sobre o risco se encadeia, por sua vez, com outras memórias. Desde os primeiros debates de que Lula da Silva participara com Fernando Collor de Mello, em 1989, enunciados como "nossa bandeira jamais será vermelha" já circulavam. Na disputa presidencial de 2002, especificamente, pleito vencido pelo PT, enunciados como "o Brasil pode virar uma Venezuela", também.[94] Pode-se notar que o vermelho da bandeira do PT sempre fora objeto de construções discursivas sobre uma suposta 'ameaça comunista', discurso sobre ameaça que atravessa as falas dos políticos brasileiros, seja para afirmação, seja para refutação.

Além dessas menções em enunciados de opositores, a palavra 'medo' também é uma frequente nas campanhas do partido desde que se lançou aos pleitos eleitorais. Na música de campanha petista de 1989, "Lula lá, brilha uma estrela", 'medo' e 'esperança' são trazidas, mais uma vez, juntas:

> Passa o tempo e tanta gente a trabalhar. De repente essa clareza pra votar [...] Sem medo de ser feliz, quero ver você chegar. Lula lá, brilha uma estrela. Lula lá, cresce a esperança [...] Um primeiro voto pra fazer brilhar nossa estrela. Lula lá é a gente junto. Lula lá, valeu a espera (Lula lá/PT, 1989).

No recorte RDL1, o uso do advérbio de tempo "finalmente" acentua efeitos de sentido do verbo "vencer" com relação a um passado duradouro, em "a esperança finalmente venceu o medo". A 'esperança' e o 'medo' estão relacionados a uma perenidade, algo que perdura. Na música de campanha petista de 1989, efeitos de tempo transcorrido se davam com a formulação "valeu a espera", associados à possibilidade de candidatura de Lula da Silva

---

[94] Matéria jornalística: "Serra ataca e diz que país pode virar Venezuela se Lula vencer". *Folha de São Paulo*, de 11 out. 2002. Disponível em: https://www1.folha.uol.com.br/folha/brasil/ult96u40275.shtml. Acesso em: 7 set. 2020.

(ou, quem sabe, à possibilidade de que simplesmente houvesse eleições, já que aquelas seriam as primeiras eleições diretas desde o golpe civil-militar de 1964). Portanto, nessa discursividade, não se trata de uma vitória pontual, mas remete à derrota de algo contínuo no tempo, que se estendia e chegou a um fim. Interessa-nos apontar a memória de uma coletividade que emerge nesses enunciados. Na passagem de "Lula lá é **a gente junto**" para "**a sociedade brasileira** escolheu mudar e começou, **ela mesma**, a promover a mudança necessária" e para "**o povo** me elegeu", acontecem deslizamentos de sentidos que materializam na própria fala (modo de dizer) de Lula da Silva a história do Partido dos Trabalhadores. E, ainda, os efeitos de que é 'a sociedade' ou 'o povo' ou 'somos nós' *quem governa* será uma constante nos dizeres do presidente brasileiro, como veremos adiante.

Dando continuidade aos destaques sobre *atenuação de conflitos*, vejamos o fragmento seguinte:

RDL2
Vamos mudar, sim. Mudar com coragem e cuidado, humildade e ousadia, mudar tendo consciência de que a mudança é um processo gradativo e continuado, não um simples ato de vontade, não um arroubo voluntarista. Mudança por meio do diálogo e da negociação, sem atropelos ou precipitações, para que o resultado seja consciente e duradouro (LULA DA SILVA, Brasília/DF, Congresso Nacional, 2003).

Ainda sobre 'mudar', o presidente permanece com uma fala atravessada por *interdiscursos* que podem ser depreendidos quando se nota a modalização daquilo que seria a 'mudança' em seu governo. Afastando-se de uma construção argumentativa autoritária, combina *coragem* com *cuidado*, *ousadia* com *humildade*, ou seja, faz uma conjunção de escolhas lexicais que amenizam sentidos de uma 'mudança radical'. Deste modo, faz uma contraposição discursiva aos *pré-construídos* sobre o 'medo' anunciado por opositores. Em seguida, por meio das formulações '**não** um simples ato de vontade', '**não** um arroubo voluntarista', opera uma negação de *pré-construídos* sobre transformações sociais abruptas. Mais uma vez, o *discurso-outro* sobre o que seria o governo petista se manifesta na fala do presidente, sendo retomado por meio da negação:[95] *a mudança com o PT seria um simples ato de vontade, um arroubo voluntarista*. Por fim, nesse recorte, afirma uma necessidade de 'negociação' e 'diálogo', para mudar o país.

---

95 "A negação é um dos processos de internalização de enunciados oriundos de outros discursos, podendo indicar a existência de operações diversas no interior do discurso em análise" (INDURSKY, 1997, p. 213).

Em "As imagens de Lula presidente", no livro *Lula presidente: televisão e política na campanha eleitoral*, Antônio Albino Canelas Rubim (2003, p. 57), aponta que, na conjuntura de campanha de 2002, dada uma crise socioeconômica no país, Lula da Silva sustentava sua capacidade política de negociador, como capital simbólico para afirmar-se como capaz de governar um país em crise:

> Ao tornar presente a imagem de Lula negociador, alicerçada em seu passado e trajetória, a campanha petista posicionou politicamente a candidatura na cena eleitoral de modo muito preciso e pertinente, considerando a conjuntura existente no país, dominada por uma latente crise socioeconômica. A crise potencial aparece como questão vital a ser enfrentada e este enfrentamento – para ser efetuado de modo satisfatório – solicita habilidades e capacidades bastante precisas, especialmente aquelas voltadas para a construção coletiva de alternativas societárias e para a aglutinação das forças presentes no cenário político e social. Neste contexto, a imagem do Lula negociador não só serviu para diminuir resistências, como aconteceu privilegiadamente com a imagem do "Lulinha paz e amor". Politicamente posicionou o candidato em um lugar privilegiado na circunstância de crise, dotando-o da possibilidade simbólica de liderar, via negociação, um processo de reconstrução de alternativas para o país (RUBIM, 2003, p.57).

Pela ótica de análise de Rubim, mas também em outros lugares, constatava-se que se impunham resistências à candidatura de Lula da Silva, ainda naquela conjuntura.[96] Portanto, quando o enunciador fala em *medo*, *mudança* e *esperança*, para, em seguida, falar em *negociação* e *diálogo*, distintas memórias são evocadas. É importante frisar que circulam na sociedade brasileira antagônicos discursos sobre sindicalistas. Não todos concordam sobre que sejam trabalhadores que se politizam, se organizam e reivindicam seus direitos frente aos patrões. Há, pelo menos, dois posicionamentos hegemônicos a respeito de sindicalistas. Por um lado, existe um certo imaginário de que os sindicalistas são 'vândalos', 'agressivos', 'perigosos', 'manipuladores', 'não gostam de trabalhar' ou 'não trabalham', dado cristalizado nas falas de certos setores da sociedade brasileira. Por outro, há quem entenda o engajamento de sindicalistas como algo necessário para a defesa de direitos trabalhistas. Portanto, assim como Rubim, entendemos que, para desconstruir uma pejorativização historicamente construída e uma imagem negativa so-

---

96 Dizemos "ainda" porque, em 2002, a Federação das Indústrias do Estado de São Paulo (FIESP) já declarara seu apoio à candidatura de Lula da Silva, ou seja, setores cruciais das elites nacionais apoiavam o PT. No entanto, persistia uma desconfiança de setores mais conservadores da sociedade brasileira que o viam como um risco aos seus interesses.

bre ser sindicalista, um dos possíveis atravessamentos que constituem um suposto 'medo' de adversários, o sujeito enunciador evoca sentidos eufóricos das palavras 'negociação' e 'diálogo'. Nessas sequências, já se pode notar como o sujeito histórico responde a uma pluralidade de interlocutores e interpelações: falando aos seus, responde a outros.

Em outras passagens, o presidente formula seus dizeres de forma que dialoga com distintos setores da sociedade:

RDL3

Em face do clamor dos que padecem o flagelo da fome, deve prevalecer o imperativo ético de somar forças, capacidades e instrumentos para defender o que é mais sagrado: a dignidade humana. Para isso, será também imprescindível fazer uma **reforma agrária pacífica, organizada e planejada. Vamos garantir acesso à terra para quem quer trabalhar, não apenas por justiça social, mas para que os campos do Brasil produzam mais** e tragam mais alimentos para a mesa de todos nós, tragam trigo, soja, farinha, o nosso feijão com arroz. Para que **o homem do campo** recupere sua dignidade sabendo que, ao se levantar com o nascer do sol, cada movimento de sua enxada ou do seu trator irá contribuir para **o bem-estar dos brasileiros do campo e da cidade**, vamos incrementar também a **agricultura familiar**, o **cooperativismo**, as formas de **economia solidária**. Elas são perfeitamente compatíveis com o nosso vigoroso apoio à **pecuária** e à **agricultura empresarial**, à **agroindústria** e ao **agronegócio**; são, na verdade, complementares tanto na dimensão econômica quanto social. Temos de nos orgulhar de todos esses bens que **produzimos** e que **comercializamos**. **A reforma agrária será feita em terras ociosas**, nos milhões de hectares hoje disponíveis para a chegada de famílias e de sementes, que brotarão viçosas, com linhas de crédito e assistência técnica e científica. **Faremos isso sem afetar de modo algum as terras que produzem**, porque **as terras produtivas se justificam por si mesmas e serão estimuladas a produzir sempre mais**, a exemplo da gigantesca montanha de grãos que colhemos a cada ano (LULA DA SILVA, Brasília/DF, Congresso Nacional, 2003).

É interessante notar como a *construção discursiva* do pronunciamento do presidente brasileiro congrega atores sociais que historicamente se confrontam. O tema da "reforma agrária" mobiliza memórias antagônicas fundadas em conflitos de interesses por terras – conflito que jamais foram resolvidos no Brasil. Quando fala, nesse lugar social de presidente, ele destaca setores em disputa, direcionando-os para um acordo, uma conciliação e uma resolução de conflitos. Vejamos. Nas redes discursivas que afetam a fala do presidente, o sintagma "reforma agrária" remete à luta do Movimento dos Trabalhadores Rurais Sem Terra (MST),[97] um dos movimentos sociais de luta por reforma agrária,

---

[97] Para saber mais sobre o MST, ver: http://www.mst.org.br/.

próximo ao PT, e bastante estigmatizado socialmente. A adjetivação dada ao sintagma "reforma agrária", "pacífica, organizada e planejada", responde a uma rede de enunciados que criminalizam aqueles que lutam pelo direito à terra, tratados regularmente como "terroristas", "desordeiros", "invasores", "criminosos", dentre outras conhecidas pejorativizações. A fala segue carregada de históricos de contradições sociais que são conciliadas por meio de *interdiscursos* ressignificados e da sintaxe empregada: "Vamos garantir acesso à terra **para quem quer trabalhar, não apenas por justiça social**, mas para que **os campos do Brasil** produzam mais...". Os sintagmas "justiça social" e "campos do Brasil" interpelam desde militantes de movimentos sociais até agroempresários, considerando que se relacionam com diferentes demandas: "justiça social" para os trabalhadores sem-terra; "que campos do Brasil produzam mais", para os patrões do agronegócio.

Além dessas interpelações por meio de sintagmas, para compreender a historicidade dessa formulação, basta contrapor em cadeia parafrástica possibilidades de dizeres:

a. "garantir acesso à terra **para quem quer trabalhar**";
b. "garantir acesso à terra **para todos**";
c. "garantir acesso à terra para os **sem-terra**".

Entre *a*, *b* e *c*, a diferença reside no efeito de conciliação, efeito de que o enunciador atenderá a distintos interesses, por meio da retomada de um *pré-construído* sobre uma oposição entre "quem quer" e "quem não quer trabalhar", que passa a fazer parte de uma fala apaziguadora. Por que se faz pertinente projetar outras formulações possíveis para o enunciado efetivamente dito? As distintas formulações linguísticas surtem distintos efeitos, a presença de uma *memória discursiva* afeta a formulação do enunciador, que pacifica uma contenda discursiva pré-construída, retomando e ressignificando enunciados de setores mais conservadores da sociedade que se opõem à existência do MST, por exemplo, que, além de imputarem estigmas como aqueles referidos anteriormente, dizem que "os sem-terra não querem trabalhar".

No Brasil, é de se perder de vista enunciados sobre "quem não quer trabalhar". Lembremo-nos de que os sem-terra negros, mestiços, em geral, são aqueles mesmos herdeiros de negros que foram escravizados, cujos senhores de terras despejaram à própria sorte. Portanto, existe todo um complexo jogo discursivo sobre os sentidos do trabalho braçal no Brasil, marcados pela história da escravidão:

> O negro torna-se vítima da violência mais covarde. Tendo sido animalizado como "tração muscular" em serviços pesados e estigmatizado como trabalhador manual desqualificado – que mesmo os brancos pobres evitavam, é exigido dele agora que se torne trabalhador orgulhoso de seu trabalho. O mesmo trabalho que pouco antes era o símbolo de sua desumanidade e condição inferior. Ele foi jogado em competição feroz com o italiano, para quem o trabalho sempre havia sido motivo principal de orgulho e de auto-estima. Belo início da sociedade "competitiva" entre nós (SOUZA, 2017, p. 77).

Há de se levar em consideração a historicidade desse dizer sobre "quem quer trabalhar", para examinar o que o presidente diz adiante. O enunciador segue com uma construção sintática que o posiciona *entre* os setores em conflito: "**não apenas** por justiça social, **mas para** que os campos do Brasil produzam mais…". Como anunciamos, "justiça social" remete à palavra de ordem dos movimentos sociais frente a uma história de abandono das classes empobrecidas e "que os campos do Brasil produzam mais" produz efeitos de que os proprietários de terras teriam igualmente seus interesses garantidos. A operação de negação que se dá em "não apenas por justiça social" produz também um efeito interessante, por ser uma negação de exclusividade, ou seja, não nega que seja por "justiça social". O uso do advérbio de negação somado ao uso do advérbio de exclusão seguido do uso da conjunção adversativa "mas" no período seguinte produzem esse efeito de conciliação de interesses opostos.

A combinação de "agricultura familiar", "cooperativismo", "economia solidária" com "pecuária", "agricultura empresarial", "agroindústria", "agronegócio" também reforça sentidos de conciliação quando o enunciador fala em compatibilidade entre tais setores. Uma vez mais, a *nominalização* de ações funciona apaziguando as nomeações de agentes carregadas de uma complexidade de sentidos ideológicos em disputa sobre os atores sociais desses campos: sem-terras, fazendeiros, pecuaristas, agroempresários, dentre outros. Ademais, "o homem do campo" que "recupera a sua dignidade", designação possível para "trabalhador rural sem-terra", é conciliado com "os brasileiros do campo e da cidade", cujo bem-estar vai ser assegurado pela contemplação das necessidades daquele que não têm terras para produzir. Por fim, o enunciado "a reforma agrária será feita em terras ociosas… **sem afetar de modo algum as terras que produzem**" corrobora a promessa de resolução de conflito agrário sem que nenhum dos lados seja prejudicado. Por meio do marcador de negação "sem", ocorre a *negação de um pré-construído de um discurso outro*, que seria "a reforma agrária afetará as terras que produzem", além da negação do *pré-construído* de que se faz reforma agrária "apenas por justiça social". Ademais, opera-se uma intensificação do efeito de negação, dada pela locução adverbial de negação "de modo algum". Há de se atentar para a disposição dos sujeitos sociais mobilizados para a construção da atenuação de conflitos, considerando que se coloca em destaque "Em face do clamor dos que padecem o flagelo da fome", ou seja, constrói-se o efeito de que os "flagelados pela fome" são prioridade do governo.

Não podemos desconsiderar igualmente que a atenuação de conflitos na fala de Lula da Silva segue como desdobramento de *silenciamentos* que antecedem sua palavra na posse. Não tratamos esse processo como um ato deliberado, ainda que se saiba que os pronunciamentos presidenciais passam por consultoria especializada para posterior declaração. As normas colocadas aos sujeitos que (re)produzem os discursos são históricas e não podem ser negligenciadas. Uma série de coerções sobre o *corpo*, os *gestos*, o *semblante*, o *modo de falar*, as *vestes* etc, foram implicadas nesse sujeito histórico para que ele chegasse *lá* e pudesse falar. As condições de enunciabilidade estão relacionadas a interdições históricas que condicionam aquela fala. Naquela conjuntura, diante de uma construção político-midiática histórica de uma suposta radicalidade de Lula da Silva, propagada em jornais, televisão, revistas, comícios, produziram-se atenuações nas formulações linguísticas que podem ser relacionadas com condicionamentos históricos por que passa um sujeito para que, *finalmente*, estivesse "apto" a ocupar aquele lugar de poder, para que "não colocasse o 'Brasil' em risco".

No próximo excerto, seguem as construções de conciliação entre setores em oposição:

> Hoje, tantas áreas do país estão devidamente ocupadas, as plantações espalham-se a perder de vista, há locais em que alcançamos produtividade maior do que a da Austrália e a dos Estados Unidos. Temos que cuidar bem, muito bem, deste imenso patrimônio produtivo brasileiro. Por outro lado, é absolutamente necessário que o país volte a crescer, gerando empregos e distribuindo renda. Quero reafirmar aqui o meu compromisso com a produção, com os brasileiros e brasileiras, que querem trabalhar e viver dignamente do fruto do seu trabalho. Disse e repito: criar empregos será a minha obsessão. Para repor o Brasil no caminho do crescimento, que gere os postos de trabalho tão necessários, carecemos de um autêntico pacto social pelas mudanças e de uma aliança que entrelace objetivamente o trabalho e o capital produtivo, geradores da riqueza fundamental da Nação, de modo a que o Brasil supere a estagnação atual e volte a navegar no mar aberto do desenvolvimento econômico e social. O pacto social será, igualmente, decisivo para viabilizar as reformas que a sociedade brasileira

reclama e que eu me comprometi a fazer: a reforma da Previdência, a reforma tributária, a reforma política e a da legislação trabalhista, além da própria reforma agrária. Esse conjunto de reformas vai impulsionar um novo ciclo do desenvolvimento nacional. Instrumento fundamental desse pacto pela mudança será o Conselho Nacional de Desenvolvimento Econômico e Social que pretendo instalar já a partir de janeiro, reunindo empresários, trabalhadores e lideranças dos diferentes segmentos da sociedade civil (LULA DA SILVA, Brasília/DF, Congresso Nacional, 2003).

Nesse recorte, as formulações linguísticas podem repercutir *duplos efeitos de sentido* conforme a filiação ideológica do interlocutor. A construção de apaziguamento entre trabalhadores rurais sem terra e latifundiários é delineada em enunciados que contemplam ambos os setores sociais. Assim, a formulação "áreas do país estão *devidamente* ocupadas" pode funcionar tanto para significar:

a. "não foram invadidas", se projetamos uma *formação discursiva* que rejeita acampamentos de trabalhadores rurais sem terra em áreas improdutivas;

b. "não são improdutivas", se projetamos uma *formação discursiva* que desconsidere uma ocupação para o caso de terras produtivas.

O advérbio de modo "devidamente" reforça efeitos de sentido sobre a adequação do uso das terras, que podem funcionar para distintos interlocutores interessados pelo tema da propriedade, ou seja, constrói-se um diálogo que contempla segmentos sociais que se conflitam. Em seguida, por meio da desinência verbal de primeira pessoa do plural, em *temos* (-mos), expande-se uma responsabilidade coletiva em relação às terras, em "Temos que cuidar bem, muito bem, deste imenso patrimônio produtivo brasileiro". Este "nós", marcado no verbo, congrega então o conjunto de interlocutores com o governo. Porém, ao mesmo tempo, enuncia "por outro lado, é absolutamente necessário que o país volte a crescer, gerando empregos e distribuindo renda", reforçando que, assim como contempla a preocupação de agroempresários e latifundiários com a propriedade, também aponta para trabalhadores que não têm onde exercer seu trabalho.

Em "Quero reafirmar aqui o meu compromisso com **a produção**, com os brasileiros e brasileiras, que querem trabalhar e viver dignamente do fruto do seu trabalho", discursos sobre *brasileiros e brasileiras que não querem trabalhar* atravessam a fala do presidente como *interdiscurso* retomado para uma refutação que não se dá apenas uma única vez, de modo que aqui aparece como reafirmação. Nesse caso, a nominalização da "produção" funciona como sintagma que marca o compromisso com sujeitos que não são designados. Em seguida, por meio dos sintagmas "seu trabalho", "o capital produtivo" e "geradores da riqueza", seguidos de definição mais precisa "empresários", "trabalhadores e lideranças dos diferentes segmentos da sociedade civil", o presidente designa os atores que constituiriam o "pacto social". Por fim, quando o presidente enuncia que reunirá "empresários, trabalhadores e lideranças dos diferentes segmentos da sociedade civil", as lideranças funcionam como setores intermediários, *porta-vozes*, na construção do pacto, pois são sujeitos destacados de cada segmento, não os segmentos como um todo.

No seguinte tópico, abordamos como as lideranças constituem as falas do presidente Lula da Silva, de que modo emergem e como são referidas. Estas menções caracterizam o funcionamento discursivo das falas do presidente, assim como as interlocuções com aliados e adversários. Os modos de referir-se aos líderes que partiram ou o modo de não os nomear convergem para aquilo que apontamos como coerções históricas que delimitam o que pode e o que deve ser dito em determinado lugar, por determinado sujeito.

4.1.2. LUTADORES PELO CAMINHO

Nesta próxima discussão, tratamos das construções discursivas do presidente Lula da Silva que traçam um trajeto de uma coletividade de sujeitos que lutaram pelo protagonismo dos trabalhadores nas decisões políticas do país. A seguir, examinamos recortes representativos de tais enunciados:

> **RDL 04**
>
> E eu estou aqui, neste dia sonhado por tantas gerações de lutadores que vieram antes de nós, para reafirmar os meus compromissos mais profundos e essenciais, para reiterar a todo cidadão e cidadã do meu país o significado de cada palavra dita na campanha, para imprimir à mudança um caráter de intensidade prática, para dizer que chegou a hora de transformar o Brasil naquela Nação com a qual a gente sempre sonhou: uma Nação soberana, digna, consciente da própria importância no cenário internacional e, ao mesmo tempo, capaz de abrigar, acolher e tratar com justiça todos os seus filhos (LULA DA SILVA, Brasília/DF, Congresso Nacional, 2003).

Atentamos, inicialmente, para a rede de pessoas discursivas mobilizadas para a construção desse enunciado: "lutadores", "nós", o presidente Lula da Silva (marcado no pronome possessivo "meus") e "todo cidadão e cidadã". Nessa sequência, enreda-se um efeito de consequência entre a luta coletiva, a vitória eleitoral e benefícios derivados de tal conquista. Em seguida, provoca-se um efeito de ruptura com a formulação "chegou a hora de transformar o Brasil naquela Nação com a qual a gente sempre sonhou: uma Nação soberana, digna, consciente da própria importância no cenário internacional e, ao mesmo tempo, capaz de abrigar, acolher e tratar com justiça todos os seus filhos...". Existe uma reverberação de sentidos de descontinuidade com relação ao que havia antes. Se era sonho, pode-se ler que o Brasil "não era soberano, digno, nem consciente da própria importância no cenário internacional"; além disso, "não abrigava, não acolhia e não tratava com justiça todos os seus filhos". Este é um tipo de formulação linguística que aponta a existência de problemas de soberania e de desigualdades sociais existentes no Brasil, sem necessariamente atacar diretamente responsáveis por tais situações. A *posição-sujeito* filiada a um discurso de que o Brasil deve ser soberano confronta *posições* outras cujas pautas se fundam em uma subserviência a países ricos.

Notamos que o presidente não explicita quem ameaça a soberania nacional, assim como no excerto RDL1 "diante das ameaças à soberania nacional", mas pode-se resgatar também uma era de privatizações de empresas estatais que foi levada a cabo pelo governo de Fernando Henrique Cardoso (PSDB), de 1995 ao fim de 2002, seu antecessor na cadeira presidencial. Contudo, não há uma designação direta de agentes responsáveis pela permissividade ou promoção de ameaças à soberania brasileira.

Adiante, delineia-se o sujeito "a gente" que conjuga o verbo sonhar e se alinha a uma "geração de lutadores que vieram antes de nós": seriam brasileiros que compartilhavam das mesmas lutas e dos mesmos ideais do presidente eleito e que, de algum modo, construíram e trilharam com ele o caminho para a presidência da República. A linearidade de tais sentidos é construída por "gerações de lutadores que vieram antes de nós" seguida por "a gente sonhou". Em ambas as construções, ocorre um *nós político* um tanto delimitado. Constitui-se então um efeito de conquista coletiva: "a gente sonhou" não equivale a "eu sonhei" ou "meu projeto" ou "meu plano", "nossos planos para o país". Significa de modo bastante particular, posto que coletivizado, além de que o uso da locução pronominal "a gente" confere também um grau de maior proximidade para com aqueles a quem se dirige e se refere. Seria então uma variação do "nós" que não designa lexicalmente, mas que pode ser resgatado na rede de sentidos como sendo militantes de esquerda, movimentos sociais, partidários mais antigos do presidente e eleitores. Para afirmar o compromisso, o sujeito usa então a primeira pessoa do singular, em "meus compromissos mais profundos", ou seja, certas ações são discursivizadas como coletivas, outras não. A posse é um ato individualizado, porém, a conquista da eleição é discursivizada como coletiva: "neste dia sonhado por tantas gerações de lutadores..." e "a gente sempre sonhou" produzem tal efeito.

No fragmento a seguir, delimita-se ainda mais o sentido constituído para essa coletividade que alicerça a trajetória da ascensão de Lula da Silva à presidência:

RDL 05

Sim, temos uma mensagem a dar ao mundo: temos de colocar **nosso projeto nacional** democraticamente em diálogo aberto como as demais nações do planeta, porque **nós somos o novo, somos a novidade de uma civilização que se desenhou sem temor, porque se desenhou no corpo, na alma e no coração do povo, muitas vezes,** à revelia das elites, das instituições e até mesmo do Estado (LULA DA SILVA, Brasília/DF, Congresso Nacional, 2003).

Aqui, a *memória* resgata um setor da sociedade que se organizou "muitas vezes" em oposição a elites, instituições e Estado. "Muitas vezes" que é mais que "por vezes" ou "vez ou outra", mas é menos que "sempre" ou "invariavelmente". O que confere um caráter material de conflito a essa fala é a locução adverbial "à revelia", que marca uma contraposição de povo *versus* elites, instituições e Estado. O outro das elites, o outro das instituições e o outro do Estado é também uma "civilização". É interessante notar tal denominação, já que, regularmente, os sentidos que predominam para aqueles que estão alheios ou excluídos desses lugares sociais são sentidos de marginalidade. Os sentidos eufóricos da fala do presidente sobre esse povo filiam-se a uma discursividade de valoração positiva para excluídos socialmente, o que é uma constante nas falas de Lula da Silva. Aqui, o "nós" de "nosso projeto nacional", "nós somos o novo", "somos a novidade..." pode ser identificado com o Partido dos Trabalhadores. Existe uma história de emergência que parte da organização política de um povo, que traça um projeto e que tem um caráter de novidade frente a outros partidos políticos já existentes na época de fundação do PT. Como vimos no Capítulo I, a própria composição do partido demarcava uma novidade frente aos outros, porque nascido do seio de movimentos sociais. Essa história está impressa nessa fala.

É interessante notar como o presidente reitera posições discursivas filiadas a uma ideia de democracia, não somente por meio do advérbio de modo "democraticamente", mas pelo anúncio de colocar o Brasil em diálogo com as nações do mundo. Não se dá uma discriminação ou divisão de quem seriam as nações com quem manteria relações ou não, o que reforça os sentidos de que seria um presidente democrata e disposto ao diálogo. "À revelia das elites, das instituições e até mesmo do Estado" também pode demarcar um tempo passado de clandestinidade, uma memória de quando grupos sociais e populares não poderiam organizar-se politicamente, dada uma proibição estatal, respaldada pelas elites econômicas do país. Ainda que não se fale explicitamente, retornam sentidos sobre uma filiação ideológica mais distante, que não tem sua origem com a fundação do PT, mas que se dava em tempos de outros militantes de esquerda que tiveram que se organizar ilegalmente, sem o aval de uma ditadura militar, que seriam o "antes de nós", do RDL 04.

Naquele 1º de janeiro, em outro lugar, no Palácio do Planalto, o presidente reafirma uma luta coletiva por aquele lugar conquistado:

> **RDL 06**
>
> Nós temos uma história construída junto com vocês. A nossa vitória não foi o resultado apenas de uma campanha que começou em junho deste ano e terminou no dia 27 de outubro. Antes de mim, companheiros e companheiras lutaram. Antes do PT, companheiros e companheiras morreram neste país. Eu apenas tive a graça de Deus de, num momento histórico, ser o porta-voz dos anseios de milhões de brasileiros e brasileiras. Eu estou convencido de que hoje não existe, no Brasil, nenhum brasileiro ou brasileira mais conhecedor da realidade e das dificuldades que vamos enfrentar. Mas, ao mesmo tempo, estou convencido e quero afirmar a vocês: não existe, na face da Terra, nenhum homem mais otimista do que eu estou, hoje, e posso afirmar que vamos ajudar este país. Eu não sou o resultado de uma eleição. Eu sou o resultado de uma história. Eu estou concretizando o sonho de gerações e gerações que, antes de mim, tentaram e não conseguiram (LULA DA SILVA, Brasília/DF, Palácio do Planalto, 2003).

No excerto RDL 06, em "temos uma história construída junto com vocês" e "nossa vitória", nota-se um *nós político* referente ao Partido dos Trabalhadores. A desinência verbal de primeira pessoa do plural de "temos" seguida pelo pronome possessivo de mesma pessoa, "nossa", é delimitada pela designação por "vocês", interlocutores não pertencentes a esse *nós político* dito. Em seguida, coloca-se o "antes do PT, companheiros e companheiras morreram neste país", enunciado que, ao reconhecer antecessores, inscreve o partido em uma determinada história de lutas travadas, de derrotas em decorrência de "mortes", cujas causas não são manifestas na formulação, de que falaremos adiante. Por fim, ocorre uma predominância da primeira pessoa do singular; os excessos exclusivistas por meio das formulações "nenhum brasileiro é mais conhecedor" e "nenhum homem é mais otimista do que eu estou"; o encadeamento de autoqualificações "conhecedor", "otimista", "resultado de uma eleição", "concretizando o sonho de gerações".

Duas expressões carregam memórias sobre uma vivência e uma história partilhada por grande parte da população brasileira. Quando enuncia que é "conhecedor da realidade e das dificuldades", os sentidos instaurados aí são resgatados por memórias cristalizadas sobre ser brasileiro e pobre. Não necessariamente, o enunciador precisa apoiar-se no dizer explícito e repetitivo sobre quais são suas origens para resgatar e propagar efeitos de que conhece a fome, a pobreza, a seca, dentre outros problemas sociais, por exemplo. "Conhecedor da realidade e das dificuldades" inscreve o ator político como sujeito em uma memória sobre ter vivenciado tais problemas, não um espectador de uma realidade que lhe seja alheia.

Destacamos como o presidente se posiciona como resultado de um processo coletivo: a história foi construída em conjunto, a vitória é partilhada. A marcação de continuidade dessa história é produzida pelas expressões "antes de mim" e "antes do PT". Ainda que sejam muitas as controvérsias entre cientistas políticos e historiadores sobre a filiação ideológica do partido, a partir de quando toma o poder, quando tomamos *processos discursivos*, que independem de literalidades e fidelidades a teorizações, podemos resgatar uma história construída em um lugar mais remoto de contraposição à ditadura civil-militar brasileira. Assim, mesmo que não se discuta o caráter do partido, sua filiação ideológica de esquerda, quando consideradas certas políticas ou posicionamentos adotados pelo governo Lula, existe uma constituição e formação histórica que não pode ser negada e que repercute nos pronunciamentos de Lula da Silva.

Ademais, um dado relevante é que não se especifica que luta, que mortes foram essas de "companheiros e companheiras". Há de se considerar uma certa *formação discursiva* sobre a História do Brasil para que se identifique aos sentidos implicados nesta formulação. O Partido dos Trabalhadores nasce junto com a redemocratização do país; por essa razão, pode-se circunscrever que "antes do PT" seja no período da ditadura militar. Nesse sentido, "morreram" é uma paráfrase para "foram mortos", não deliberada, mas condicionada historicamente. É importante destacar como as coerções discursivas sobre a sintaxe significam de distintos modos. Considerando que a constituição dos sentidos afeta as formulações linguísticas, pode-se observar, em uma cadeia de possibilidades para essa construção, como a variação de construção linguística pode atenuar a polêmica política em torno de sentidos históricos:

a. "companheiros morreram";
b. "companheiros foram mortos";
c. "a ditadura matou companheiros";
d. "militares mataram nossos companheiros".

O *modo de apresentação dos atores, das ações e dos acontecimentos* (GADET, 2005, p. 62) expressa silenciamentos na reformulação de fatos históricos sob construções frasais mais amenas quanto aos sentidos implicados. Tendo sido enunciada a formulação "a", podendo ter sido "b", "c" ou "d", os efeitos de sentido produzidos não confrontam explicitamente discursos que defendem a ditadura de 1964, embora reconheça vítimas de tal período. Essa produção de atenuação de tal conflito histórico se dá em função da construção sintática que não responsabiliza agentes, não os nomeia ou denuncia. Em 2011, Dilma Rousseff retomaria esses sentidos, em sua posse, no Palácio do Planalto:

> **Não carrego, hoje, nenhum ressentimento nem nenhuma espécie de rancor**. A minha geração veio para a política em busca da liberdade, num tempo de escuridão e medo. Pagamos o preço da nossa ousadia ajudando, entre outros, o país a chegar até aqui. Aos companheiros meus que tombaram nessa caminhada, minha comovida homenagem e minha eterna lembrança (DILMA ROUSSEFF, Palácio do Planalto, Brasília/DF, 2011).

É interessante notar também a palavra pacificada, de que não guarda rancor que, ao mesmo tempo, revela ter razões pelas quais poderia sentir rancor,[98] pela *negação de um pré-construído*, trazido pelos marcadores de negação "não", "nenhum", "nenhuma". Nessa fala, Rousseff delineia por que lutava sua geração (liberdade) e usa uma metáfora para referir-se ao período de ditadura militar no Brasil, "num tempo de escuridão e medo". Aqui, não nomeia, não diz que tempo foi esse, nem em que período, mas uma certa *memória* coletiva basta para que se resgatem os sentidos, memória que tomamos como arena de disputas, já que os mesmos fatos históricos são discursivizados de distintos modos. Pode-se observar que ocorre um processo metafórico entre os ditos "antes do PT", quando "companheiros morreram", enunciados por Lula da Silva e "num tempo de escuridão e medo" enunciado por Dilma Rousseff. No que diz respeito ao enunciado de Dilma Rousseff, instaura-se uma relação de tensão com saberes que circulam sobre o período da ditadura militar. Assim, ainda que não nomeie o tempo histórico, produz sentidos que se opõem a outros, cristalizados, sobre aquela época.

---

[98] A ex-presidenta brasileira Dilma Rousseff foi presa e torturada no período de ditadura civil-militar no Brasil.

Em sua fala, Rousseff marca que aquela geração lutava por democracia, para que se chegasse "até ali". Com relação aos companheiros, mais uma vez, atravessada por silenciamentos sobre esse período que perduram, ela afirma que "tombaram". O que queremos destacar é como esses sujeitos históricos, ainda que naquele lugar social de poder, não falavam abertamente ou explicitamente sobre o que acontecia ou o que aconteceu com aqueles sujeitos que pavimentaram o caminho da democracia no Brasil. É um silêncio que grita nas falas de ambos, sobre coisas que não podem ser ditas. As construções linguísticas do presidente Lula da Silva e da presidenta Dilma Rousseff são marcadas por um silenciamento que perdura em nossa história. Mesmo no auge de uma redemocratização, a fala contida de Lula e a voz embargada de Dilma repercutiam ainda os sentidos do medo daqueles que sobreviveram.

Entendemos que seja importante destacar certos aspectos da fala do presidente Lula que dizem respeito a um silenciamento de quem são os lutadores nacionais brasileiros que se engajaram no combate à ditadura militar (1964-1985) ou na defesa da democracia. Pensamos que se trata de um processo que se manifesta na fala do presidente brasileiro em outros momentos. E tal processo não se restringe à fala de Lula da Silva enquanto indivíduo. Esse silêncio é norteador daquilo que poderia e coube ser dito naquele lugar, com as coerções sociais e históricas que pesaram sobre o sujeito que enunciava naquele momento. E, nesses casos, as formulações linguísticas carregam a presença sedimentada de outros que os antecederam, ainda que sejam anônimos (PÊCHEUX, 1990, p. 18).

Em função disso, colocamos outras questões. Quando e de que modo são nomeadas as pessoas que combateram o regime militar no Brasil? Quais são os dizeres que circulam sobre esse período na sociedade brasileira? Temos uma narrativa histórica consistente que goza de respaldo social e que denuncie os crimes da ditadura militar? Os responsáveis por tais crimes foram julgados? Como poderia sedimentar-se na fala de um presidente sindicalista a memória de lutadores que o precederam em defesa da democracia? E como tal memória se sedimentou coletivamente? Acrescentamos que a não citação dos nomes de quem foram esses lutadores significa. Muitas vezes, os companheiros e as companheiras que morreram foram sequestrados, torturados e mortos pelas mãos de agentes da ditadura militar.

Retornamos a um recorte que dá início ao pronunciamento do presidente Lula da Silva, no Palácio do Planalto:

RDL 07

Meus companheiros e minhas companheiras, Excelentíssimos senhores chefes de Estado presentes nesta solenidade, trabalhadores e trabalhadoras do meu Brasil, Meu querido companheiro José Alencar, meu vice-presidente da República, Minha companheira querida Mariza, esposa do José Alencar, Minha querida esposa Marisa que, juntos, já partilhamos muitas derrotas e, por isso, hoje, estamos realizando um sonho que não é só meu, mas um sonho do povo deste país, que queria mudança. Eu tenho plena consciência das responsabilidades que estou, junto com os meus companheiros, assumindo neste momento histórico da nossa vida republicana (LULA DA SILVA, Brasília/DF, Palácio do Planalto, 2003).

Como dissemos, a disposição da ordem apresentada dos atores sociais envolvidos em um acontecimento significa de distintos modos em função de: que sejam citados, como e em que ordem são citados, que não sejam sequer mencionados. Enfim, toda construção linguística carrega uma história. No recorte RDL 07, tem-se a seguinte ordem:

a. "Meus companheiros e minhas companheiras", sintagma que pode ser lido como a militância e partidários do Partido dos Trabalhadores, a marcação com o pronome possessivo intensifica essa significação (trabalhadores (as) em geral seriam citados posteriormente);
b. "Excelentíssimos senhores chefes de Estado presentes nesta solenidade", nesta formulação já está marcada uma formalidade já esperada em situações de atos cerimoniais de presidência da República, pelo distanciamento na forma de tratamento;
c. "Trabalhadores e trabalhadoras do meu Brasil", este sintagma especifica o segmento privilegiado a quem se dirige, já que os demais são evidentes em função da presença no evento, da participação na equipe de governo ou da filiação partidária;
d. "Meu querido companheiro José Alencar, meu vice-presidente da República, Minha companheira querida Mariza, esposa do José Alencar", com o vice-presidente e esposa retoma uma linguagem afetuosa (querido, querida), porém também marcada pela política implicada na palavra "companheiro" e "companheira". Percebe-se que a proximidade entre presidente e vice é bastante manifesta no trato;
e. "Minha querida esposa Marisa", representando sua família.

Nesta ordem, o presidente cumprimenta militantes, chefes de Estado, trabalhadores (as), vice-presidente e cônjuge, e, por fim, sua própria cônjuge, para dar início a sua fala. No excerto, destacamos dois modos de enunciar sobre a posse que dizem respeito à coletivização da assunção da presidência da República e do "inesperado" como elemento constitutivo da posse de Lula da Silva como presidente. Tais processos discursivos ganham forma por meio da expressão "junto com meus companheiros", já que se tem um efeito de coletivização da atuação no governo, instaurando por meio dessa expressão certa horizontalização entre os membros da equipe de governo. E, com a expressão "momento histórico", que carrega em si uma memória sobre processo de ruptura operado com a posse de um operário como presidente da República.

Naquelas circunstâncias, nada além do que "momento histórico" bastava para que ecoassem lugares de memória sobre a culminação de um trajeto coletivo histórico na eleição de um presidente operário, nordestino, sindicalista, de origem pobre. Diante do parlatório do Palácio do Planalto, a materialidade do próprio *corpo simbólico* do sujeito enunciador dava conta de reverberar sentidos sobre tal jornada. Aqui, o corpo não é dado como mero suporte dotado de atributos físicos ou ornamentos, mas como sujeito constituído e atravessado por uma história que carrega e partilha com outros, um histórico reconhecido em disputa com outras narrativas históricas em circulação em sociedade. A constituição desse sujeito histórico como liderança é permeada pelos modos por meio dos quais se inscreve em uma rede de sentidos que lhe é anterior, tecida, escrita ou apagada por outrem, em contínua atualização. Nesse sentido, Lula da Silva carrega em si mesmo, em sua fala pública, um dos fios de tal história, o que pode ser resgatado em sua enunciação.

No seguinte tópico, são abordadas outras construções que constituem esse sujeito com base nas relações que estabelece com segmentos sociais marginalizados da sociedade brasileira, estabelecendo proximidade, identificação e produções de consensos na sociedade brasileira em torno, sobretudo, do combate ao problema da fome, colocado como ponto de união entre brasileiros(as) de distintos setores sociais. Passemos então a essa discussão.

4.1.3. OLHAR PARA POVO MAIS POBRE, PARTE DO POVO

No primeiro pronunciamento de posse de Lula da Silva, a palavra "fome" é citada oito vezes. Nessa fala, existe uma recorrência sobre o tema de brasileiros pobres, marginalizados, miseráveis, que não têm o que comer, que devem contar com a solidariedade dos demais brasileiros. Essa parte da população constitui aquele segmento mais especificado pelo presidente, que não é tratado de forma genérica ou homogênea, mas apresenta suas necessidades imediatas mais detalhadas. Por vezes, o sujeito enunciador os descreve de modo restrito, fazendo-o em oposição a sujeitos discursivos inanimados, problemas sociais sem agentes. Esse contraste com um outro setor da população que não é designado pode ser colocado com "terras férteis", algumas vezes, que assumem o lugar de agente do problema – não latifundiários, fazendeiros, agroempresários etc. A parcela pobre da população, como vimos, por vezes, é retomada como "quem quer trabalhar" e, de antemão, responde a *discursos transversos* referentes a um estigma socialmente construído no Brasil de que "pobre não gosta ou não quer trabalhar". Esses efeitos de sentido circulam em sociedade sentidos em conflito, podendo ser retomados, reformulados ou atualizados por meio daquele enunciado emergente.

Além desses pontos que anunciamos previamente, distintas são as construções discursivas sobre o povo mais pobre. Examinamos alguns recortes representativos de declarações que colocam no centro da discussão a população mais pobre:

RDL 08

O Brasil é um país imenso, um continente de alta complexidade humana, ecológica e social, com quase 175 milhões de habitantes. Não podemos deixa-lo seguir à deriva, ao sabor dos ventos, carente de um verdadeiro projeto de desenvolvimento nacional e de um planejamento, de fato, estratégico. Se queremos transformá-lo, a fim de vivermos em uma Nação em que **todos possam andar de cabeça erguida**, teremos de exercer cotidianamente duas virtudes: a paciência e a perseverança. Teremos que **manter sob controle as nossas muitas e legítimas ansiedades sociais**, para que elas possam ser atendidas no ritmo adequado e no momento justo (LULA DA SILVA, Congresso Nacional, Brasília/DF, 2003).

"O Brasil" é um sintagma bastante genérico, difuso e recorrente em pronunciamentos políticos, em textos jornalísticos, em propagandas de turismo, nas palavras de qualquer pessoa que evoque o nome do país. Quando se trata de discurso político de um presidente, pode-se delimitar de que Brasil fala o sujeito, partindo da observação das discursividades a que o enunciador se filia, suas *posições-sujeito*. Não existe consenso entre os sentidos de Brasil, algumas dessas noções são opostas pelo vértice. Entre o Brasil verde-amarelo e o Brasil vermelho, existe uma complexidade de cores com distintas nuances ideológicas. Pontualmente, interessa-nos aqui o Brasil que o presidente Lula privilegia em seus pronunciamentos de posse. Por extensão, quem são os brasileiros objeto de sua construção discursiva. Em meio a atenuação de conflitos e produção de consensos, observamos que, muitas vezes, além de se dirigir a certo povo brasileiro, o presidente enuncia a partir de sua formulação como parte desse povo.

Em RDL 08, como tem como meta que "todos possam andar de cabeça erguida" na nação brasileira, o sujeito enunciador desliza de um Brasil de "quase 175 milhões de habitantes", que correspondia à totalidade da população à época, para um Brasil *onde nem todos podem andar de cabeça erguida*. A partir dessa proposição, Lula da Silva segue especificando mais minuciosamente de que povo fala quando enuncia "povo brasileiro". E, no lugar social de presidente, enreda-se em uma notória construção atravessada por uma transição: "Teremos que **manter sob controle as nossas muitas e legítimas ansiedades sociais,** para que elas possam ser atendidas no ritmo adequado e no momento justo". Podemos vislumbrar, aqui, pelo menos, três sujeitos constitutivos do presidente:

a. "manter sob controle..." – resgata a face de um sujeito conciliador, que negocia;
b. "nossas muitas e legítimas ansiedades sociais" – coloca-se esse sujeito como parte da população que vive e anseia pela resolução de problemas sociais (não definidos neste caso específico), posto que se marca com o pronome possessivo como aquele que também reivindica – mazelas que são muitas e cuja reivindicação é justa (legítimas);
c. "para que elas possam ser atendidas no ritmo adequado e no momento justo" coloca o presidente em jogo, mas distancia o agente responsável por atender as reivindicações, quando constrói uma sintaxe na forma passiva. "Para que elas possam ser atendidas..." funciona sintaticamente como atenuante no lugar de "para que eu/nós/o governo possa(mos) atendê-las".

Existe a construção de um povo solidário, generoso, alegre, em suas formulações. Entretanto, pela descrição feita, pode-se notar que, mais uma vez, fala de um povo mais pobre, mais humilde:

> Da Amazônia ao Rio Grande do Sul, em meio a populações praieiras, sertanejas e ribeirinhas, o que vejo em todo lugar é um povo maduro, calejado e otimista. Um povo que não deixa nunca de ser novo e jovem, **um povo que sabe o que é sofrer, mas sabe também o que é alegria**, que confia em si mesmo, em suas próprias forças. Creio num futuro grandioso para o Brasil, **porque a nossa alegria é maior do que a nossa dor, a nossa força é maior do que a nossa miséria, a nossa esperança é maior do que o nosso medo** (LULA DA SILVA, 2003, Brasília/DF, Congresso Nacional).

Esse povo, ora é tratado em terceira pessoa, ora confunde-se com o presidente. As adjetivações atribuídas a esse imaginário de povo brasileiro dão especificidade a um povo "calejado", "que sabe o que é sofrer", "que confia em si mesmo, em suas forças", que passa por "miséria", que sente "dor". Um povo que sofre, que tem necessidade de ser forte, dentre outras caracterizações, não corresponde a um setor mais rico ou de classe média, mas diz respeito à parcela mais pobre da população. Afirmamos que o sujeito presidente se enreda aos problemas do povo quando marca por meio do pronome possessivo "nosso/a" os sintagmas "dor", "força", "miséria", "esperança" e "medo" passando de sujeito narrador a sujeito parte da narrativa. Esse uso linguístico surte efeitos de que partilha dos mesmos problemas, como quem os vivencia ou vivenciou. Não haveria os mesmos efeitos caso se pronunciasse de forma distanciada, ou seja, se desse continuidade a essa fala referindo-se ao povo em terceira pessoa. Essas movências de usos das pessoas produzem efeitos de participação naquela vivência relatada e especificada pelo presidente.

Naquele mesmo dia em que se pronunciara no parlatório do Palácio do Planalto, falara no Congresso Nacional. Vejamos os seguintes recortes:

> **RDL 09**
>
> Num país que conta com **tantas terras férteis** e com **tanta gente que quer trabalhar**, não deveria haver razão alguma para se falar em fome. No entanto, **milhões de brasileiros, no campo e na cidade, nas zonas rurais mais desamparadas e nas periferias urbanas, estão neste momento, sem ter o que comer. Sobrevivem milagrosamente abaixo da linha da pobreza, quando não morrem de miséria, mendigando um pedaço de pão** (LULA DA SILVA, 2003, Brasília/DF, Congresso Nacional).

Como dissemos acima, sobre a abstração referente aos responsáveis por parte dos problemas sociais elencados, esse tipo de formulação pode ser notada em RDL 07, quando o sujeito enunciador contrasta "terras férteis" e "tanta gente que quer trabalhar". Por um lado, um *sujeito inanimado* e impessoal como "terras férteis" não produz um efeito de confronto direto com os proprietários das terras; por outro, "tanta gente que quer trabalhar" lança uma visibilidade em direção a um setor da sociedade que está marginalizado, subempregado, desempregado e não tem oportunidades de trabalho. O sujeito enunciador especifica problemas de uma parcela miserável da população, que não tem o que comer, que morrem na miséria, ou seja, o sujeito enunciador focaliza problemas sociais bastante específicos de um segmento da população que não é somente "mais pobre", mas miserável, completamente destituído de condições de sobrevivência.

Na falas do presidente Lula da Silva, existe uma gradação de formulação linguística quanto à descrição de "brasileiros", considerando que os mais detalhadamente descritos em suas necessidades e problemas enfrentados são os mais pobres, que são mencionados como:

a. quem quer trabalhar;
b. sobrevivem milagrosamente abaixo da linha da pobreza, quando não morrem de miséria, mendigando um pedaço de pão;
c. passam fome;
d. não tomam café da manhã, almoçam ou jantam sempre;
e. padecem o flagelo da fome;
f. sabem o que é sofrer etc.

É de se destacar essa particularidade dos pronunciamentos do presidente Lula da Silva, tendo em vista que, nos usos linguísticos, nas formas e nas formulações dos enunciados, pode-se notar quais são os brasileiros a quem se dirige. Para tanto, toda a construção do pronunciamento é importante, os contrastes entre sujeitos, a caracterização de si mesmo e dos outros, a caracterização dos adversários, dentre outros dados. Com base na observação da estrutura do pronunciamento, pode-se depreender as redes de sentido a que se filia o sujeito, as posições que assume, as questões interditas e as contradições presentes. Seguindo essa linha, o exercício de análise pode apontar como o presidente constrói-se a si mesmo enquanto sujeito que se posiciona discursivamente diante de uma história que o precede e de que se apropria para imprimir consensos e/ou transformações sociais a partir daquele lugar ocupado.

Além de se enredar com os problemas daquele povo de que trata, em outros momentos estabelece uma linguagem afetiva de proximidade, quando os nomeia como "irmão brasileiro" ou "irmã brasileira". A declaração de compromisso com a promessa de campanha faz-se bastante marcada em *desinências verbais e pronomes possessivos de primeira pessoa do singular*, "**defini** de **meu** governo", "como **disse** em **meu** primeiro pronunciamento", "ao final do **meu** mandato", "**terei** cumprido a missão da **minha** vida", com relação ao programa de segurança alimentar Fome Zero. E se dá mais uma ocorrência a respeito de brasileiros que não têm o que comer por meio da formulação "se, ao final do meu mandato, todos os brasileiros tiverem a possibilidade de tomar café da manhã, almoçar e jantar, terei cumprido a missão da minha vida". Esta formulação produz sentidos para a seguinte direção: "nem todos os brasileiros podem tomar café da manhã, almoçar e jantar". Tais brasileiros são o tema privilegiado nas falas do presidente.

Quando conclama os brasileiros a "somar forças", também se volta ao tema "em face dos que padecem o flagelo da fome".

No próximo recorte, observamos alguns efeitos de abstração, que atenuam conflitos:

> **RDL 10**
>
> Essa é uma história antiga. O Brasil conheceu a **riqueza dos engenhos** e das plantações de cana-de-açúcar nos primeiros tempos coloniais, mas não venceu a fome; **proclamou** a independência nacional e **aboliu** a escravidão, mas não venceu a fome; conheceu a **riqueza das jazidas de ouro**, em Minas Gerais, e da **produção de café**, no Vale do Paraíba, mas não venceu a fome; **industrializou-se e forjou um notável e diversificado parque produtivo**, mas não venceu a fome. Isso não pode continuar assim. Enquanto houver **um irmão brasileiro ou uma irmã brasileira passando fome**, teremos motivo de sobra para nos cobrirmos de vergonha. Por isso, defini entre as prioridades de meu Governo um programa de segurança alimentar que leva o nome de Fome Zero. Como disse em meu primeiro pronunciamento após a eleição, se, ao final do meu mandato, **todos os brasileiros tiverem a possibilidade de tomar café da manhã, almoçar e jantar**, terei cumprido a missão da minha vida. ... **Em face dos que padecem o flagelo da fome**, deve prevalecer o imperativo ético de somar forças, capacidades e instrumentos para defender o que é mais sagrado: a dignidade humana (LULA DA SILVA, 2003, Brasília/DF, Congresso Nacional).

A "história antiga" corresponde a uma disputa por narrativa histórica que deve ser enunciada, ou seja, não é da ordem da obviedade ou do consenso. A narrativa de que *Brasil* que *conheceu a riqueza dos engenhos, que aboliu a escravidão, que conheceu a riqueza das jazidas de ouro e da produção de café, que industrializou-se e forjou um parque produtivo* produz efeitos de circunscrição do poderio e das riquezas do país, e não há um confronto direto com os sujeitos que se apropriaram de tais riquezas. Tal Brasil, especificado como rico, é contrastado com os 'irmão brasileiro e irmã brasileira que passam fome'. Esse tipo de funcionamento é recorrente nos pronunciamentos: de modo genérico ou mais abrangente, fala-se sobre as riquezas do país, não por meio de nomeações diretas de agentes, que detêm o poder de decisão e de apropriação dos bens materiais; de modo mais específico, fala-se sobre aqueles que são completamente desprovidos de bens materiais, que não têm sequer o que comer. Portanto, ocorrem distintos modos de designar os segmentos sociais, de modo que não se provoca um efeito de conflito direto entre as partes, mas uma certa atenuação do contraste, considerando que os setores ricos não são designados.

Dando continuidade, quando o presidente Lula da Silva enuncia "se ... todos os brasileiros tiverem a possibilidade de tomar café da manhã, almoçar e jantar", constrói-se esse efeito de constatação de desigualdade entre os brasileiros. Adiante, 'os que padecem o flagelo da fome' são colocados como prioridade e razão pela qual todos devem se unir. Em 'somar forças, capacidades e instrumentos', como não são nomeados os sujeitos que devem se unir em prol do 'imperativo ético' anunciado, provoca-se o efeito de convocação de toda a sociedade, sem distinção de classe social.

No Palácio do Planalto, o presidente Lula da Silva sustenta a fala em consonância com a declaração feita no Congresso Nacional:

RDL 11

E quero propor isso a vocês: amanhã, estaremos começando a primeira campanha contra a fome neste país. É o primeiro dia de combate à fome. E tenho fé em Deus que a gente vai garantir que todo brasileiro e brasileira possa, todo santo dia, tomar café, almoçar e jantar, porque isso não está escrito no meu programa. Isso está escrito na Constituição brasileira, está escrito na Bíblia e está escrito na Declaração Universal dos Direitos Humanos. E isso **nós vamos fazer juntos** (LULA DA SILVA, Brasília/DF, Palácio do Planalto, 2003).

A fome, que pode ser tomada linguisticamente como algo genérico, pode ser tomada discursivamente como um problema social que assolava grande parte da população, sobretudo nas regiões mais pobres do país. A atenção dada ao combate de um problema de um segmento específico – pessoas mais pobres da população – aponta uma particularidade dos pronunciamentos do presidente Lula da Silva. Em meio aos consensos e conflitos materializados em sua fala, o presidente destaca o setor mais vulnerável da população como uma prioridade. Em torno da promessa de campanha, convoca toda a população para que se atinja aquele objetivo. Apesar do uso final de *não-pessoa discursiva*, que *não nomeia lexicalmente os grupos que incorpora* a esse nós, "nós vamos fazer isso juntos" expande para toda a sociedade o compromisso de combate à fome por meio de outra formulação linguística, que consiste em levantar três referências fundamentais na rede de imaginários da sociedade brasileira: a Constituição, a Bíblia e a Declaração Universal de Direitos Humanos. Por meio da designação específica desses referentes, o presidente convoca *metonimicamente* setores que dialogam ou que se sustentam em postulados ditados nesses textos. E, ainda, provoca um efeito de proximidade com possíveis opositores a tal proposta: "porque isso não está escrito no meu programa". Essa construção aproxima adversários, convoca-os igualmente, ao provocar um efeito de distanciamento da pauta apresentada.

No pronunciamento de segunda posse, o presidente seguiria com a temática daqueles que estão à margem do poder político, como no excerto que segue:

> Eu me lembro de que quando fui dirigente sindical, a gente tinha até dificuldade de entrar no Congresso Nacional. Neste Palácio, nem pensar. Hoje, os trabalhadores conquistaram não apenas o direito de fazer acordos salariais melhores do que faziam antes, os trabalhadores conquistaram um aumento de salário mínimo que é o maior dos últimos 30 anos, os trabalhadores conquistaram o direito de entrar nesta Casa como se esta Casa fosse a casa deles, porque não pode ser diferente, o palácio de um governo tem que ser o palácio do povo brasileiro. Eu sinto orgulho, porque normalmente os palácios presidenciais são feitos para um determinado tipo de gente e, na minha concepção, o palácio do Presidente da República precisa receber rainhas, precisa receber reis, precisa receber príncipes, precisa receber empresários, pequenos, grandes e médios, precisa receber deputados, senadores, governadores, mas este Palácio precisa se habituar, a partir do meu governo, a receber aqueles que vivem nas ruas catando o papel que nós jogamos, para reciclar e fazer desse trabalho penoso a sua sobrevivência com dignidade. Este Palácio precisa aprender a receber as minorias marginalizadas deste País. Este Palácio precisa aprender a receber os negros, os índios, as mulheres. E este Palácio precisa aprender a receber aqueles que, muitas vezes, não conseguem nem passar perto do Palácio, quanto mais entrar nele (LULA DA SILVA, Brasília/DF, Palácio do Planalto, 2007).

Nesse fragmento, a memória sobre ter sido dirigente sindical é associada à marginalização política dos trabalhadores: tinham dificuldade de entrar no congresso, no palácio *nem pensar*. Esta memória sobre o distanciamento ou alheamento daquele espaço de poder remete a uma memória coletiva de trabalhadores, não é uma questão individualizada ou desconhecida para aqueles que, naquela mesma condição, tentavam aproximar-se dos centros de poder do país. A formulação linguística sobre "os trabalhadores conquistaram..." constitui uma construção discursiva bastante comum nos registros de linguagem do movimento sindical: *não é um governo que beneficia a população com direitos, mas os trabalhadores que os conquistam*. Constata-se esse efeito, por meio de paráfrases, já que o presidente não diz:

a. o governo concedeu/eu concedi o direito de fazer acordos salariais melhores do que antes;
b. o governo deu/eu dei aumento de salário que é o maior nos últimos 30 anos;
c. o governo deu/eu dei o direito de entrar nesta Casa como se esta casa fosse deles.

Porém diz-se:
a. os trabalhadores conquistaram não apenas o direito de fazer acordos salariais melhores do que faziam antes;
b. os trabalhadores conquistaram um aumento de salário mínimo que é o maior dos últimos 30 anos;
c. os trabalhadores conquistaram o direito de entrar nesta Casa como se esta Casa fosse a casa deles.

Na construção sintática, o sujeito enunciador demarca o protagonismo dos trabalhadores na conquista de direitos, o que é característico de falas de dirigentes sindicais. Conforme dissemos, não se trata de concessões do governo/do presidente; trata-se de conquistas, fruto de trabalho de organização política. Nesse caso, ocorre um distanciamento do lugar de presidente, pela construção de identificação mais direta com quem antes estava marginalizado do centro de poder político. No recorte "Os trabalhadores conquistaram o direito de entrar nesta Casa como se esta Casa fosse a casa deles, porque não pode ser diferente, o palácio de um governo tem que ser o palácio do povo brasileiro", por meio das construções "como se fosse" e "tem que ser", o sujeito diz, de um outro modo, que "a casa do governo não é/não era a casa do povo" ou "o palácio do governo não é/não era a casa do povo". Desse modo, explicita e contrapõe os tipos de gente que podiam e não podiam entrar no palácio. De um lado, "rainhas", "reis", "príncipes", "empresários", "deputados", "senadores", "governadores"; de outro, "aqueles que vivem nas ruas catando o papel que nós jogamos", "minorias marginalizadas deste País", "negros", "índios", "mulheres". Em tal contraste, o sujeito rememora toda uma lógica de exclusão sociopolítica vivenciada pelos grupos que menciona: não poder entrar no palácio evoca não poder estar no centro de poder do país.

A oposição entre dois modos de se fazer política se passa entre "normalmente os palácios presidenciais são feitos para um determinado tipo de gente" e "na minha concepção...". Naquelas circunstâncias, a própria presença e função política de um operário no palácio significava como materialidade discursiva ao que enunciava: *o palácio deveria ser ocupado pelos trabalhadores*. A ruptura com o "normalmente" se dá em "este Palácio precisa se habitar, a partir do meu governo...". *Certo tipo de gente* e "*minorias marginalizadas* não tinham o mesmo acesso ao palácio: certo tipo de gente entra com naturalidade no palácio, "reis, rainhas, príncipes, princesas", mas as "minorias" não podem sequer pensar em adentrar a casa do governo – **nem pen-**

sar. A repetição dessa história, esse jogo de paráfrases e o destaque para certos sintagmas demarcam uma fala fundada naquele lugar outrora ocupado, de quem está à margem do palácio, mas que passou a protagonizar a vida política naquele centro de poder. A vivência socialmente partilhada o autoriza a dizer sobre essa exclusão social de que também foi objeto. No exercício da presidência, evocar aquela memória é um ato político e simbólico sobre a participação política dos trabalhadores nos altos poderes do país. Assim, a "normalidade" é questionada pela fala, pelo ato, pelo corpo, pelo chamado do sujeito para que os trabalhadores ali estejam.

A dívida histórica com o povo brasileiro mais pobre, que herdara a miséria, é evocada nesse mesmo pronunciamento, de segunda posse:

> Eu tenho noção do que significa as coisas que nós fizemos, tenho noção que já fizemos muito. Mas, ao mesmo tempo, tenho noção que diante das **necessidades do povo** e diante da quantidade de **décadas e décadas** de **dívida histórica com o povo brasileiro**, mesmo fazendo muito, nós fizemos muito menos do que aquilo que precisa ser feito para que a gente possa tornar o Brasil um país mais justo, mais equânime, **onde todas as pessoas possam conquistar a cidadania plena, com o direito de trabalhar, de estudar, de ter acesso à cultura, ao lazer, a tomar café da manhã, almoçar, jantar, tirar férias e cuidar da família.** E ter a certeza de que os seus filhos vão estudar **numa escola de qualidade** e que os filhos das pessoas mais pobres deste País têm que sonhar em ter acesso à mesma universidade do filho do mais rico deste País** (LULA DA SILVA, Brasília/DF, Palácio do Planalto, 2007).

Argumentamos anteriormente que, frequentemente, quando o presidente Lula se refere a povo, as redes de sentidos marcadas em sua declaração remetem à parcela mais pobre da população. No recorte acima, toda a construção discursiva que funda a designação povo evoca aqueles que têm necessidades básicas para atendimento, com quem o país tem uma dívida histórica, setor em que nem todos têm cidadania plena e/ou acesso a direitos básicos como alimentar-se, trabalhar e estudar. O sintagma "dívida histórica", especificamente, guarda uma memória de uso das falas de movimentos sociais, sobretudo do movimento negro, com relação a uma herança de abandono, miséria e discriminação deixada pelo período colonial, e mantida na história do país. Ao empregar essa expressão carregada de uma história de luta dos movimentos negros por igualdade de atenção por parte do Estado, o presidente ecoa as vozes das militâncias por justiça social naquele lugar de poder, dando visibilidade a pautas apagadas, invisibilizadas e marginalizadas do centro de poder político do país.

Também pode-se notar como narra a marginalização de uma parte da população quando enuncia: "para que a gente possa tornar o Brasil um país mais justo, mais equânime, onde **todas** as pessoas possam conquistar a cidadania plena, com o direito de trabalhar, de estudar, de ter acesso à cultura, ao lazer, a tomar café da manhã, almoçar, jantar, tirar férias e cuidar da família". Tão somente o uso do pronome indefinido "todas" evoca o efeito de que "nem todas" as pessoas têm tais necessidades básicas garantidas. A palavra de combate ao estado das coisas no que diz respeito às desigualdades sociais, sobretudo quando se refere a uma população mais vulnerável socialmente, é uma constante nas declarações públicas do presidente Lula da Silva.

Na seção que segue, efeitos de proximidade e de pertencimento são analisados com base na materialidade daquilo que fala o presidente sobre si e sobre aqueles que diz representar. Nas análises seguintes, observaremos como as construções discursivas sobre o Brasil, a vivência de certos(as) brasileiros (as) e a vida pessoal do presidente são estabelecidas em uma mesma historicidade manifesta na língua.

4.1.4. SOBRE SI, SOBRE OS SEUS, SOBRE OS BRASILEIROS: EFEITOS DE PERTENCIMENTO, PROXIMIDADE E DE IDENTIDADE REPUBLICANA

Primeiramente, abordamos o que e como o presidente Lula da Silva diz sobre si e sobre os seus, como tal efeito pode ser recuperado quando se realiza o encadeamento entre os enunciados ditos, como processo discursivo de filiação a uma maioria socialmente excluída que luta por melhores condições de vida. Vejamos a sequência abaixo:

> **RDL 12**
> Quando olho a **minha própria vida** de retirante nordestino, de **menino que vendia** amendoim e laranja no cais de Santos, que **se tornou torneiro mecânico e líder sindical**, que um dia **fundou** o Partido dos Trabalhadores e **acreditou** no que estava fazendo, que agora **assume** o posto de Supremo Mandatário da Nação, vejo e sei, com toda a clareza e com toda a convicção, que nós podemos muito mais. E, para isso, **basta acreditar em nós mesmos**, em nossa força, em nossa capacidade de criar e em nossa disposição para fazer (LULA DA SILVA, Brasília/DF , Congresso Nacional, 2003).

A ordem dos acontecimentos vividos pelo presidente Lula é posta de modo progressivo, como uma sucessão de vitórias pessoais que se transpõem para vitórias sociais e políticas: de retirante nordestino, menino que vendia amendoim e laranja, que fundou um partido e chegou a mandatário da nação. O processo de identificação engendrado passa por um efeito de *metonimização* da história vivida, ou seja, grande parte da população pode se reconhecer até certos pontos nesse trajeto de luta por sobrevivência, que se dá desde a infância, nas camadas mais empobrecidas da população. Assim, o presidente brasileiro narra sua trajetória, inicialmente em primeira pessoa do singular, "olho minha própria história", posteriormente em *quarta pessoa discursiva* (INDURSKY, 1997, p. 76), como se fosse um outro: "menino que vendia amendoim, se tornou torneiro mecânico e líder sindical, fundou o Partido dos Trabalhadores e acreditou... agora assume o posto de Supremo Mandatário da Nação...". Após falar como espectador de si mesmo, retoma o pronunciamento em primeira pessoa do singular "vejo e sei" para então expandir a seus interlocutores seu saber e sua experiência a um nós político que inclui a si mesmo e aos interlocutores: "nós podemos muito mais". Existe um jogo discursivo bastante complexo de pessoas discursivas que desencadeiam distintos sentidos referentes ao saber do presidente a partir da pessoa verbal empregada para a construção da memória.

Nessa construção, o papel de *porta-voz* exercido por Lula da Silva (assim como Evo Morales) extrapola a condição de *espectador ocular* (PÊCHEUX, 1990). A vivência da realidade de grande parte dos brasileiros materializa-se nessa discursividade como capital simbólico e político, como razão de legitimidade política perante interlocutores, consequentemente, como fator de autoridade. A narração de experiências vividas por sujeitos políticos data de épocas em que pessoas como Lula da Silva ou Evo Morales não tinham nenhuma possibilidade de ascender a um cargo na presidência da República, mas se encontravam fora da política oficial. Essa fala é constituída por redes de sentido de que os trabalhadores devem tomar as rédeas de suas próprias decisões políticas, o que pode ser encontrado em distintas tradições políticas de resistência a minorias opressoras dominantes.

Nos excertos subsequentes, destacamos esse modo de enunciar acerca de uma autonomia que reverbera sentidos de um governo dos trabalhadores, bem como notamos construções que engendram conciliações entre a classe empresarial e a classe trabalhadora. Desse modo, o presidente Lula da Silva, nas circunstâncias de posse, ainda que faça um pronunciamento mais genérico e republicano, direciona-se mais detidamente a esses dois grandes grupos sociais.

A seguir, apresentamos outros excertos que se direcionam a esses sentidos:

RDL 13

O Brasil precisa fazer, em todos os domínios, **um mergulho para dentro de si mesmo**, de forma a criar forças que lhe permitam ampliar o seu horizonte. Fazer esse mergulho não significa fechar as portas e janelas ao mundo.
(LULA DA SILVA, Brasília/DF, Congresso Nacional, 2003).

RDL 14

O Brasil **pode e deve ter um projeto de desenvolvimento que seja ao mesmo tempo nacional e universalista**. Significa, simplesmente, adquirir **confiança em nós mesmos**, na capacidade de fixar objetivos de curto, médio e longo prazos e de buscar realizá-los. O ponto principal do modelo para o qual queremos caminhar é a ampliação da poupança interna e da nossa capacidade própria de investimento, assim como o Brasil necessita **valorizar o seu capital humano investindo em conhecimento e tecnologia. Sobretudo vamos produzir. A riqueza que conta é aquela gerada por nossas próprias mãos, produzida por nossas máquinas, pela nossa inteligência e pelo nosso suor.**
(LULA DA SILVA, Brasília/DF, Congresso Nacional, 2003).

Em RDL 13, as construções são genéricas sobre o "mergulho para dentro de si mesmo", "em todos os domínios", entretanto, direciona-se para sentidos de construção de uma identidade nacional tomada euforicamente. Nesse excerto, o sentido de *Brasil* é ainda mais amplo, não se restringe apenas ao povo mais pobre ou à parcela mais rica. O *Brasil* é um conjunto mais abrangente, um interlocutor genérico republicano, com quem o presidente dialoga.

Em seguida, em RDL 14, o sentido de *Brasil* desliza para *governo*, que implementaria projetos e medidas de desenvolvimento para o país, valorizando seu capital humano, investindo em ciência e tecnologia. A cada vez que o presidente Lula da Silva enuncia *Brasil*, não está tratando de um único referente. Há de se observar que ele fala para construir sentidos diversos de *Brasil*. À frente, a produção de efeitos de sentidos que focalizamos deriva dessas formas: "nossas próprias mãos", "nossas máquinas", "nossa inteligência" e "nosso suor". Ocorre a marcação da primeira pessoa do plural para demarcar um nós político em todos esses substantivos. Existe um processo de meton**í**mia nessas *nominalizações* empregadas, que abrange trabalhadores (mãos, inteligência, suor) e empresários (máquinas). A referência à riqueza é feita de modo que não contrapõe tais grupos; pelo contrário, promove efeitos de conciliação por uma causa comum.

A construção da identidade republicana genérica regularmente é reverberada com o sintagma "o Brasil", ainda que não se dê em todos os casos de ocorrência da palavra:

RDL 15

O Brasil pode dar muito a si mesmo e ao mundo. Por isso devemos exigir muito de nós mesmos. Devemos exigir até mais do que pensamos, porque ainda não nos expressamos por inteiro na nossa história, porque ainda não cumprimos a grande missão planetária que nos espera. O Brasil, nesta nova empreitada histórica, social, cultural e econômica, terá de contar, sobretudo, consigo mesmo; terá de pensar com a sua cabeça; andar com as suas próprias pernas; ouvir o que diz o seu coração. E todos vamos ter de aprender a amar com intensidade ainda maior o nosso país, amar a nossa Bandeira, amar a nossa luta, amar o nosso povo. Cada um de nós, brasileiros, sabe que o que fizemos até hoje não foi pouco, mas sabe também que podemos fazer muito mais (LULA DA SILVA, Brasília/DF, Congresso Nacional, 2003).

Nesse excerto, o *nós político* referente ao sintagma "o Brasil" é bastante abrangente. O sujeito discursivo congrega sentidos de distintos lugares em sua formulação. Os símbolos republicanos nacionais, como a bandeira, são conjugados com o povo e a luta, de modo que todos estão implicados em uma mesma pessoa. Esse *nós político*, que não distingue pessoas entre classes sociais, gênero, raça ou outro constructo de identificação. O sujeito histórico enreda-se igualmente em uma narrativa em linguagem marcadamente afetiva que diz sobre a soberania do país sem alusões a conflitos, ameaças ou ataques, mas tão somente sobre olhar para si mesmo. Personalizando um *sujeito inanimado*, transforma discursivamente o *Brasil* em uma só pessoa, *que deve pensar com a sua cabeça, andar com as suas próprias pernas e ouvir o que diz seu coração*. Nessa formulação, dá-se um processo de homogeneização de uma pluralidade de sujeitos envoltos por similaridades, mas também por diferenças, conflitos e desigualdades, por meio da construção da pessoa discursiva *Brasil*. Assim, diz-se sobre soberania, sob a égide do apaziguamento social.

A constituição de um sujeito discursivo que dialoga com todos os segmentos da população é dada em usos linguísticos bastante específicos da fala do presidente Lula da Silva:

RDL 16

O **meu** papel, neste instante, com muita humildade, mas também com muita serenidade, é de dizer a **vocês** que **eu** vou fazer o que **acredito** que o Brasil precisa que seja feito nesses quatro anos. Cuidar da educação, da saúde, fazer a reforma agrária, cuidar da Previdência Social e acabar com a fome neste país são compromissos menos programáticos e mais compromissos morais e éticos, que **eu** quero assumir, aqui, nesta tribuna, **na frente do povo, que é o único responsável pela minha vitória e pelo fato de eu estar aqui, hoje, tomando posse**. Como **eu** tenho uma agenda a ser cumprida, eu queria dizer a **todos vocês**: amanhã vai ser o **meu** primeiro dia de Governo e **eu** prometo **a cada** homem, **a cada** mulher, **a cada** criança e **a cada** jovem brasileiro que o **meu** Governo, **o Presidente**, o vice e os ministros trabalharão, se necessário, 24 horas por dia para que **a gente** cumpra aquilo que prometeu a **vocês** que iria cumprir. (LULA DA SILVA, Discurso do Presidente da República, Presidência da República, 2003).

Como dissemos, existem algumas ocorrências de deslizamentos de pessoas discursivas nos pronunciamentos. Não se encontra uma predominância de primeira pessoa do singular, exceto quando para declarar responsabilidades, como acima. Toda a disposição em primeira pessoa do singular diz respeito aos compromissos firmados. Ou seja, as ocorrências em primeira pessoa do plural são frequentemente relacionadas a um projeto de construção coletiva do país, que envolve setores organizados da população e o próprio presidente; mas os usos de primeira pessoa do singular individualizam as atribuições do cargo que ocupa. Além disso, na formulação "no **meu** governo, o presidente…", distancia-se do posto assumido, nomeando-o como uma terceira pessoa. Nessa marcação do pronome de posse de primeira do singular emerge o Lula, em primeira pessoa, que responsabiliza então o "presidente" e sua equipe.

Quanto à identidade republicana genérica, nota-se que os modos de interpelação dos sujeitos são especificados por meio de pronomes indefinidos que individualizam interlocutores ao passo que se estendem a toda a população, em: "**eu** prometo a **cada** homem, a **cada** mulher, a **cada** criança e a **cada** jovem brasileiro que o meu Governo, o Presidente, o vice e os ministros trabalharão, se necessário, 24 horas por dia para que **a gente** cumpra aquilo que prometeu a **vocês** que iria cumprir….". A interpelação se dá por gênero e faixa etária, ou seja, faz-se um diálogo abrangente com sujeitos sociais, sem distinção entre pessoas para quem deve governar. Por fim, uma aproximação entre o "a gente" (*nós político* referente ao governo), um *nós* oficial e mais informal, e o "vocês", que pode se estender a toda a população, sem discriminações ou preferências por segmentos sociais. Como dissemos anteriormente, o sujeito enunciador faz uma descrição mais precisa de brasileiros quando se trata do setor mais pobre da população, de quem fala, como terceira pessoa, convocando aqueles brasileiros a quem se dirige, para uma ação conjunta de combate à fome.

Em outros fragmentos de fala, o presidente delimita que são seus aliados, que correspondem a setores bastante específicos da sociedade, e a quem se soma uma maioria da população:

RDL 17

Estamos em um momento particularmente propício para isso. Um momento raro da vida de um povo. Um momento em que **o Presidente da República tem consigo, ao seu lado, a vontade nacional**. O empresariado, os partidos políticos, as Forças Armadas e os trabalhadores estão unidos. Os homens, as mulheres, os mais velhos, os mais jovens, estão irmanados em um mesmo propósito de contribuir para que o país cumpra o seu destino histórico de prosperidade e justiça. Além do apoio da **imensa maioria das organizações e dos movimentos sociais**, contamos também com a adesão entusiasmada de **milhões de brasileiros e brasileiras** que querem participar dessa cruzada pela retomada pelo crescimento contra a fome, o desemprego e a desigualdade social. Trata-se de uma poderosa energia solidária que a nossa campanha despertou e que não podemos e não vamos desperdiçar. Uma energia ético-política extraordinária que nos empenharemos para que encontre canais de expressão em nosso Governo (LULA DA SILVA, Brasília/DF, Congresso Nacional, 2003).

Nesse recorte, mais uma vez, o sujeito enunciador faz uso do recurso linguístico da *quarta-pessoa discursiva*, tratando a si como se fora um terceiro. "O presidente tem consigo, ao seu lado, a vontade nacional" se difere de "Eu tenho comigo, ao meu lado, a vontade nacional". A propagação de efeitos é distinta. Nesse caso, este tipo de formulação provoca um efeito de distanciamento, no lugar de um efeito de lugar de uma individualização do poder assumido, que poderia ser provocado caso fosse usada a primeira pessoa do singular. O sintagma "vontade nacional" retoma sentidos generalistas de maioria da população, que o legitima naquele lugar para o qual fora eleito.

A seguir, a especificação dos setores aponta para uma autorização de que o sujeito enunciador exerça a função de presidente. A princípio, é bastante marcante para a História do Brasil o anúncio de uma união entre "empresariado", "partidos políticos", "Forças Armadas" e "trabalhadores". Justamente porque não se trata da ordem do óbvio. Naquela conjuntura, estes setores estariam congregados, conciliados, apaziguados na figura de representação de Lula da Silva. Dessa feita, as alianças delimitadas são significativamente amplas: contemplam o contraditório sob uma palavra de consenso, "unidos". A especificação dos setores unidos atribui efeitos de verdade ao dizer do presidente eleito, posto que não se diz desta união de modo genérico ou nebuloso, os atores são referidos nominalmente. Esta designação confere igualmente autoridade e legitimidade ao rito de posse presidencial de Lula da Silva.

Após o anúncio desses aliados, o presidente brasileiro designa setores mais gerais da população: homens, mulheres, mais jovens e mais velhos. A nominalização por gênero e faixa etária torna-se mais abrangente do que poderia ser uma nominalização por região, por exemplo. Nesse sentido, o efeito é de uma atenção generalizada para a população, como presidente de todos e todas. É interessante notar ainda como os adjetivos atribuídos a tal população conferem e produzem igualmente sentidos de consenso, como a adjetivação "irmanados". Esse procedimento de caracterizar a condição comportamental dos interlocutores consiste em um modo de interpelar aos efeitos de sentidos que se produz: cabe ao enunciatário identificar-se ou não com tal interpelação, a depender de suas posições ideológicas.

Adiante, faz referência ao "apoio da **imensa maioria** das organizações e dos movimentos sociais". Por contraste, pode-se observar que fala de "empresariado", "trabalhadores", "Forças Armadas" e "trabalhadores" como se fossem um todo, não há marcação de divisão de tais grupos por meio de uso de pronomes ou adjetivos ou qualquer outra referência de que são parte. Produz-se então um efeito de todo, de não conflito. A menção a sujeitos, grupos e setores distintos produz o efeito de que todos seriam contemplados pelo governo. Contudo, quando enuncia uma maioria no que diz respeito a organizações e movimentos sociais, produz o efeito de que não necessariamente é apoiado por todos os movimentos sociais.

Dando sequência, "a adesão entusiasmada de milhões de brasileiros e brasileiras" corrobora os efeitos de consenso, por meio de um sintagma que alude à nacionalidade de todos (as). Entretanto, dá-se uma quebra de completa homogeneização pela diferença de gênero evidenciada, ou seja, o presidente não se dirige exclusivamente a homens. Como se pode notar em outros fragmentos anteriormente citados, esta marcação de gênero é recorrente nas falas do presidente Lula da Silva. Além disso, ocorre a adjetivação do estado de ânimo dos "brasileiros e brasileiras" que, ao mesmo tempo em que funciona como constatação, funciona como modo de interpelação, de co-construção da narrativa sobre a posse.

Nesse mesmo excerto, os adversários em comum colocados para tais segmentos, tão plurais e distintos entre si, são: a "fome", o "desemprego" e a "desigualdade social". Percebe-se que não há uma incitação de conflitos dos setores entre si, mas uma produção de efeitos de comunhão em torno de objetivos em comum. Os três problemas sociais anunciados, cujas causas históricas não são apontadas, tampouco teriam sujeitos referidos como responsáveis por seu desencadeamento. Esse modo de apresentação dos atores e dos problemas sociais consolida efeitos de uma atmosfera de consenso e apaziguamento social.

Finalmente, a construção narrativa dos fatos atribui sentidos eufóricos um *nós político* mais específico: "Trata-se de uma poderosa energia solidária que a **nossa** campanha despertou e que não **podemos** e não **vamos** desperdiçar. Uma energia ético-política extraordinária que nos **empenharemos** para que encontre canais de expressão em **nosso** Governo". Nesses empregos do *nós*, o sujeito refere-se ao Partido dos Trabalhadores e partidários, especialmente. Ademais, coloca o governo como meio de manifestação da euforia coletiva anunciada.

Os sentidos eufóricos para o "povo brasileiro" são uma constante nos dizeres do presidente Lula da Silva, como se pode observar com o próximo recorte:

RDL 18

O povo brasileiro, tanto em sua história mais antiga, quanto na mais recente, tem dado provas incontestáveis de sua grandeza e generosidade; provas de sua capacidade de mobilizar a energia nacional em grandes momentos cívicos; e eu desejo, antes de qualquer outra coisa, convocar o meu povo, justamente para um grande mutirão cívico, para um mutirão nacional contra a fome (LULA DA SILVA, Brasília/DF, Congresso Nacional, 2003).

Em RDL 18, há um direcionamento dos sentidos de povo para uma responsabilidade cívica que atribui fatores de legitimidade ao próprio povo de quem se fala, considerando que predominantemente os sentidos de cívico convergem para civilidade ou cidadania, algo da esfera oficial, estatal. Outro fator que confere legitimidade ao povo mencionado diz respeito ao modo pelo qual o sujeito se refere a ele: "meu povo". Na marcação do pronome de primeira pessoa do singular, constitui-se uma dupla via de legitimação, uma co-construção de autoridade, entre presidente e povo, no sentido de que o povo confere legitimidade ao presidente e este confere legitimidade ao povo, com base na materialidade discursiva manifesta.

Enfim, estes efeitos de uma relação de plena identificação com os interlocutores privilegiados são minuciosamente dados nas formulações, sobretudo pelas marcações de pronomes, pelo modo como o sujeito se enreda e se distancia de outros sujeitos a respeito de quem fala. EM RDL 19, pode-se destacar mais paráfrases referentes a essa representatividade constituída discursivamente:

RDL 19

O que nós estamos vivendo hoje, neste momento, meus companheiros e minhas companheiras, meus irmãos e minhas irmãs de todo o Brasil, pode ser resumido em poucas palavras: hoje é o dia do reencontro do Brasil consigo mesmo. Agradeço a Deus por chegar até aonde cheguei. Sou agora o servidor público número um do meu país. Peço a Deus sabedoria para governar, discernimento para julgar, serenidade para administrar, coragem para decidir e um coração do tamanho do Brasil para me sentir unido a cada cidadão e cidadã deste país no dia-a-dia dos próximos quatro anos. Viva o povo brasileiro! (LULA DA SILVA, Pronunciamento do Presidente da República, Brasília/DF, Congresso Nacional, 2003).

Nesse último fragmento do pronunciamento de posse no Congresso Nacional, são retomados processos de horizontalização das relações com os interlocutores, pelo modo de tratamento enunciado pelo sujeito aos seus, como: "companheiros", "companheiras", "irmãos", "irmãs". Nesse último *nós* anunciado, a vivência é compartilhada com os enunciatários privilegiados, em tom particularmente eufórico. O reencontro é de um Brasil bastante específico consigo mesmo: um país marginalizado, com uma ampla massa da população esquecida, rechaçada ou relegada ao abandono. A metonímia de Lula da Silva com o Brasil evoca sentidos estritamente relacionados com um povo que resiste, que sobrevive, que foge da fome, que busca possibilidades de ocupar espaços que lhe são negados.[99]

Na fala de Lula da Silva, o *Deus* evocado é genérico, podendo ser o deus de uma maioria. A alusão a esse sujeito abstrato instaura efeitos de comunhão social entre o presidente e o povo, por meio dos sintagmas designados vinculados ao equilíbrio da gestão pública: *sabedoria, discernimento, serenidade, coragem* e *coração*. A formulação do agradecimento e do pedido a *Deus* dizem respeito tão somente ao próprio sujeito que enuncia, à sua própria conduta, à sua fé professada, mas individualizada. Mais redes de interação com o conjunto de brasileiros (as) ocorrem novamente por meio da delimitação específica de "cada cidadão" e "cada cidadã", sem discriminação de qualquer ordem sobre quem seriam tais cidadãos (ãs), individualizando, despolitizando e contemplando cada cidadão (ã) brasileiro (a) em sua fala.

Os apelos ao conjunto da população são recorrentes nas falas do presidente Lula da Silva, e se dão de distintos modos, seja pela interpelação de cada um, seja pela interpelação de todos, sem distinção:

> **RDL 20**
> É por isso que hoje conclamo: vamos acabar com a fome em nosso país. Transformemos o fim da fome em uma grande causa nacional, como foram no passado a criação da Petrobrás e a memorável luta pela redemocratização do país. Essa é uma causa que pode e deve ser de todos, sem distinção de classe, partido, ideologia. Em face do clamor dos que padecem o flagelo da fome, deve prevalecer o imperativo ético de somar forças, capacidades e instrumentos para defender o que é mais sagrado: a dignidade humana (LULA DA SILVA, Discurso do Presidente da República, Presidência da República, Brasília/DF, Congresso Nacional, 2003).

O presidente brasileiro constrói a unidade da nação em torno da proposição de uma causa: o *combate à fome*. Como já dissemos, aqueles

---

99 Nem sempre somos o mesmo Brasil, nem todos falam de um mesmo Brasil.

brasileiros (as) que sofrem com a fome são tomados como terceiros, sujeitos sobre quem se fala, para sujeitos que não compartilham de tal problema. Na primeira posse de Lula da Silva, o tema da "fome" é um objeto privilegiado. Quando se trata desse tema, nas falas do presidente, constitui-se sentidos de solidariedade e união nacional em prol dessa causa. Ao enunciar "sem distinção de classe, partido ou ideologia", apaga qualquer efeito de animosidade entre os sujeitos interpelados, construindo uma identidade republicana que congrega a todos (as) pelo bem comum da nação, especificamente sobre o problema da fome. Nesses termos, a fome é destacada nos pronunciamentos de posse do presidente Lula da Silva, daquele 1º de janeiro de 2003, como metonímia de contemplação daqueles que sentem fome. Estes são tomados como sujeitos de quem se fala, não para quem se fala, porém colocados como sujeitos que ocupam a centralidade da primeira declaração do sujeito político como mandatário da nação.

Para encerrar esta seção, vejamos o recorte abaixo:

RDL 21
Digo a vocês que, com muita humildade, eu não vacilarei em pedir a **cada um de vocês: me ajude a governa**r, porque a responsabilidade não é apenas minha, é nossa, do povo brasileiro, que me colocou aqui. Muito obrigado, meus companheiros, e até amanhã (LULA DA SILVA, Brasília/DF, Palácio do Planalto, 2003).

Tal fragmento corresponde ao pronunciamento de posse, naquele dia 1º de janeiro de 2003, no Palácio do Planalto. A repetição da individualização da interpelação de cada brasileiro (a) se sustenta. Nessa ocorrência, o sujeito se equipara aos atores a quem se dirige pelo pedido de ajuda para governar. Atualizam-se sentidos de horizontalidade e/ou reverência ao eleitorado, o *povo brasileiro*, que *o colocou lá*. A proximidade se intensifica com o uso do pronome possessivo "meu" para definir "companheiros". Tais sentidos rememoram uma rede de formulações cristalizadas que dizem respeito a um tratamento afetuoso e respeitoso entre companheiros de sindicato ou de movimentos sociais, com ideais afins.

Na sequência, abordaremos como se dá o estabelecimento de relação com adversários, traço que também integra a constituição do sujeito discursivo como sujeito histórico, dado que, pela construção discursiva de uma oposição, o sujeito político circunscreve a si mesmo. Nesse casos, o modo de apresentação dos atores sociais diz respeito igualmente ao que pode ser dito naquele lugar e, sobretudo, como pode ser dito em razão do lugar social ocupado.

4.1.5. ADVERSÁRIOS

Para a constituição de um sujeito discursivo político e histórico, modos de dizer sobre si e sobre os seus são fundamentais para a circunscrição de suas filiações discursivas, as redes de enunciados em que se inscreve. Além de processos de identificação dessa natureza, faz-se importante a delimitação de como esse sujeito diz sobre seus adversários, opositores ou sujeitos com os quais não se identifica. O léxico empregado, a enunciação e a sintaxe das formulações linguísticas convergem para a caracterização de quais seriam seus posicionamentos discursivos, e políticos, diante do outro.

Nos dois pronunciamentos da primeira posse do presidente Lula da Silva, a apresentação dos agentes responsáveis por problemas sociais, econômicos e políticos é feita de maneira amena, sem grandes confrontos diretos. Vejamos nas sequências selecionadas quem ou que é tomado por adversário nas falas de Lula da Silva, no lugar de presidente:

> **RDL 22**
>
> O combate à corrupção e a defesa da ética no trato da coisa pública serão objetivos centrais e permanentes do meu governo. É preciso enfrentar com determinação e derrotar a verdadeira cultura da impunidade que prevalece em certos setores da vida pública. Não permitiremos que a corrupção, a sonegação e o desperdício continuem privando a população de recursos que são seus e que tanto poderiam ajudar na sua dura luta pela sobrevivência. Ser honesto é mais do que apenas não roubar e não deixar roubar. É também aplicar com eficiência e transparência, sem desperdícios, os recursos públicos focados em resultados sociais concretos. Estou convencido de que temos, dessa forma, uma chance única de superar os principais entraves ao desenvolvimento sustentado do país. E acreditem, acreditem mesmo, não pretendo desperdiçar essa oportunidade conquistada com a luta de muitos milhões de brasileiros e brasileiras. Sob a minha liderança, o Poder Executivo manterá uma relação construtiva e fraterna com os outros Poderes da República, respeitando exemplarmente a sua independência e o exercício de suas altas funções constitucionais. Eu, que tive a honra de ser parlamentar desta Casa, espero contar com a contribuição do Congresso Nacional no debate criterioso e na viabilização das reformas estruturais que o país demanda de todos nós. Em meu Governo, o Brasil vai estar no centro de todas as atenções (LULA DA SILVA, Brasília/DF, Congresso Nacional, 2003).

Como na análise da RDL 01, no item 4.1.1, sobre atenuação de conflitos, os processos de *nominalizações* que apagam agentes responsáveis por problemas sociais ocorrem com alguma regularidade nas falas do presidente Lula da Silva. Como dissemos, tal modo de apresentação de sujeitos sociais atenuam conflitos e produzem consensos nas falas. Assim como naquele recorte, em que se fala sobre "um modelo" que não deu certo e seus desdobramentos, sem citar explicitamente atores sociais envolvidos, em RDL 22, outras nominalizações emergem de um modo análogo.

Na fala de Lula da Silva, certos sujeitos inanimados são colocados como inimigos da população, como: "corrupção", "cultura da impunidade", "sonegação" e "desperdício". Assim, não se identificam sujeitos responsáveis ou responsabilizados por tais práticas. Condenam-se as práticas, mas não se individualizam ou personificam os adversários. Como já vimos, segmentos aliados ou aqueles para quem se diz governar **são** mais bem delimitados e definidos. Cabe notar que o uso do pronome indefinido "certos" para caracterizar "setores da vida pública" que se beneficiam de uma "cultura da impunidade" afasta uma homogenização pejorativa de toda uma classe política ou sociedade como sendo corrupta, ladra ou qualquer um desses sentidos. Ainda que não especifique sujeitos, atribui um sentido disfórico a uma parcela mais restrita da sociedade.

Ademais, pode-se ver no recorte um efeito de harmonização entre os Poderes da República e mesmo com a totalidade do Congresso Nacional. Em "...espero contar com a contribuição do **Congresso Nacional** no debate criterioso e na viabilização das reformas estruturais que o país demanda de todos nós", apagam-se conflitos, desacordos ou problemas entre congressistas. Na formulação, não ocorrem efeitos de animosidade, disputa ou perseguição política aos (às) congressistas que não são de sua base aliada. Nessa fala, não há qualquer tipo de distinção ou nuance marcada linguisticamente sobre indivíduos com quem se deve dialogar.

No excerto RDL 23, pode-se ver como o presidente rememora injustiças históricas, mas de modo que não aponta sujeitos das ações:

> **RDL 23**
>
> O Brasil é grande. Apesar de todas as crueldades e discriminações, especialmente contra as comunidades indígenas e negras, e de todas as desigualdades e dores que não devemos esquecer jamais, o povo brasileiro realizou uma obra de resistência e construção nacional admirável. Construiu, ao longo dos séculos, uma Nação plural, diversificada, contraditória até, mas que se entende de uma ponta a outra do território. Dos encantados da Amazônia aos orixás da Bahia; do frevo pernambucano às escolas de samba do Rio de Janeiro; dos tambores do Maranhão ao barroco mineiro; da arquitetura de Brasília à música sertaneja. Estendendo o arco de sua multiplicidade nas culturas de São Paulo, do Paraná, de Santa Catarina, do Rio Grande do Sul e da região Centro-Oeste. Esta é

uma Nação que fala a mesma língua, partilha os mesmos valores fundamentais, se sente que é brasileira. Onde a mestiçagem e o sincretismo se impuseram, dando uma contribuição original ao mundo. Onde judeus e árabes conversam sem medo. Onde toda migração é bem-vinda, porque sabemos que, em pouco tempo, pela nossa própria capacidade de assimilação e de bem-querer, cada migrante se transforma em mais um brasileiro. Esta Nação, que se criou sob o céu tropical, tem que dizer a que veio: internamente, fazendo justiça à luta pela sobrevivência em que seus filhos se acham engajados; externamente, afirmando a sua presença soberana e criativa no mundo (LULA DA SILVA, Pronunciamento do Presidente da República, Congresso Nacional, Brasília – DF, 2003).

Por meio do uso da conjunção subordinativa concessiva "apesar" e da preposição "contra", o sujeito declara ações ("crueldades" e "discriminações") e vítimas ("comunidades negras" e "indígenas"). Mais uma vez, ocorre a designação precisa dos segmentos sociais que sofreram com "desigualdades" e "dores". Entretanto, a menção a substantivos como "crueldades" e "discriminações", que são ações ou efeitos de sujeitos, não traz agentes. Desse modo, não há uma contraposição de sujeitos sociais, atores em disputa, mas tão somente a retomada de uma memória de injustiça social. Em contraposição aos efeitos disfóricos dos substantivos citados, o sujeito constrói toda uma narrativa de valoração positiva para o povo brasileiro em sua diversidade. Ao longo da construção, evoca a pluralidade nacional, mas não evoca conflitos. Nesse sentido, "luta pela sobrevivência" constitui uma fórmula que mobiliza uma memória de sofrimento de um povo, sem, entretanto, produzir efeitos de conflitos com adversários políticos internos. De igual maneira, a afirmação da soberania não se dá de forma que faça confronto com quaisquer países. Portanto, toda a construção discursiva de Lula da Silva, na posse como presidente, caracteriza-se como conciliatória, amena, ponderada: não ocorre qualquer manifestação de animosidade com adversários políticos internos ou externos. Não de modo direto.

Adiante, pode-se constatar como o presidente sustenta a causa da soberania nacional, nominalizando problemas diplomáticos de modo impessoal, precisando as situações a que visa combater. O recorte que segue é representativo de uma série de nuances de formulação que apontam conflitos de interesses entre países, e que são tratados de modo propositivo. Vejamos:

RDL 24

Nossa política externa refletirá também os **anseios de mudança** que se expressaram nas ruas. No meu Governo, a ação diplomática do Brasil estará orientada por uma **perspectiva humanista** e será, **antes de tudo**, um instrumento do desenvolvimento nacional. Por meio do comércio exterior, da capacitação de tecnologias avançadas, e da busca de investimentos produtivos, **o relacionamento externo do Brasil deverá contribuir para a melhoria das condições de vida da mulher e do homem brasileiros, elevando os níveis de renda e gerando empregos dignos.** As negociações comerciais são hoje de importância vital. **Em relação à Alca, nos entendimentos entre o Mercosul e a União Européia, na Organização Mundial do Comércio, o Brasil combaterá o protecionismo, lutará pela eliminação e tratará de obter regras mais justas e adequadas à nossa condição de país em desenvolvimento. Buscaremos eliminar os escandalosos subsídios agrícolas dos países desenvolvidos que prejudicam os nossos produtores, privando-os de suas vantagens comparativas. Com igual empenho, esforçarnos-emos para remover os injustificáveis obstáculos às exportações de produtos industriais.** Essencial em todos esses foros é preservar os espaços de flexibilidade para nossas políticas de desenvolvimento nos campos social e regional, de meio ambiente, agrícola, industrial e tecnológico. Não perderemos de vista que o ser humano é o destinatário último do resultado das negociações. **De pouco valerá participarmos de esforço tão amplo e em tantas frentes se daí não decorrerem benefícios diretos para o nosso povo. Estaremos atentos também para que essas negociações, que hoje em dia vão muito além de meras reduções tarifárias e englobam um amplo espectro normativo, não criem restrições inaceitáveis ao direito soberano do povo brasileiro de decidir sobre seu modelo de desenvolvimento.** A grande prioridade da política externa durante o meu Governo será a construção de uma América do Sul politicamente estável, próspera e unida, com base em ideais democráticos e de justiça social. Para isso é essencial uma ação decidida de **revitalização do Mercosul, enfraquecido pelas crises de cada um de seus membros e por visões muitas vezes estreitas e egoístas do significado da integração.** O Mercosul, assim como a integração da América do Sul em seu conjunto, é sobretudo um projeto político. Mas esse projeto repousa em alicerces econômico-comerciais que precisam ser urgentemente reparados e reforçados. Cuidaremos também das dimensões social, cultural e científicotecnológica do processo de integração. Estimularemos empreendimentos conjuntos e fomentaremos um vivo intercâmbio intelectual e artístico entre os países sul-americanos. Apoiaremos os arranjos institucionais necessários, para que possa florescer uma verdadeira identidade do Mercosul e da América do Sul. Vários dos nossos vizinhos vivem, hoje, situações difíceis. Contribuiremos, desde que chamados e na medida de nossas possibilidades, para encontrar soluções pacíficas para tais crises, com base no diálogo, nos preceitos democráticos e nas normas constitucionais de cada país. O mesmo empenho de cooperação concreta e de diálogos substantivos teremos com todos os países da América Latina. **Procuraremos ter com os Estados Unidos da América uma parceria madura, com base no interesse recíproco e no respeito mútuo. Trataremos de fortalecer o entendimento e a cooperação com a**

União Européia e os seus Estados-membros, bem como com outros importantes países desenvolvidos, a exemplo do Japão. Aprofundaremos as relações com grandes nações em desenvolvimento: a China, a Índia, a Rússia, a África do Sul, entre outras. Reafirmamos os laços profundos que nos unem a todo o continente africano e a nossa disposição de contribuir ativamente para que ele desenvolva as suas enormes potencialidades. Visamos não só a explorar os benefícios potenciais de um maior intercâmbio econômico e de uma presença maior do Brasil no mercado internacional, mas também a estimular os incipientes elementos de multipolaridade da vida internacional contemporânea. **A democratização das relações internacionais sem hegemonias de qualquer espécie é tão importante para o futuro da Humanidade quanto a consolidação e o desenvolvimento da democracia no interior de cada estado.** Vamos valorizar as organizações multilaterais, em especial as Nações Unidas, a quem cabe a primazia na preservação da paz e da segurança internacionais. As resoluções do Conselho de Segurança devem ser fielmente cumpridas. **Crises internacionais como a do Oriente Médio devem ser resolvidas por meios pacíficos e pela negociação.** Defenderemos um Conselho de Segurança reformado, representativo da realidade contemporânea com países desenvolvidos e em desenvolvimento das várias regiões do mundo entre os seus membros permanentes. Enfrentaremos os desafios da hora atual, como o terrorismo e o crime organizado, valendo-nos da cooperação internacional e com base nos princípios do multilateralismo e do Direito Internacional. Apoiaremos os esforços para tornar a ONU e suas agências instrumentos ágeis e eficazes da promoção do desenvolvimento social e econômico, do combate à pobreza, às desigualdades e a todas as formas de discriminação, da defesa dos direitos humanos e da preservação do meio ambiente. Sim, temos uma mensagem a dar ao mundo: temos de colocar nosso projeto nacional democraticamente em diálogo aberto como as demais nações do planeta... (LULA DA SILVA, Pronunciamento do Presidente da República, Congresso Nacional, Brasília /DF, 2003).

O referido recorte é bastante significativo de como o presidente Lula da Silva falava sobre problemas externos de grande magnitude de modo propositivo, sem a citação de atores, mas de situações. Os enunciados marcados são selecionados em razão das contendas de relações exteriores que emergem na fala do mandatário. A princípio, retoma os sentidos de mudança, priorizando na ordem de apresentação as necessidades da "mulher e do homem brasileiros". Cabe notar que, quando fala sobre "gerar empregos", adjetiva o substantivo, com "dignos", ou seja, este é um modo de dizer que marca uma contraposição ao que já existe. Na paráfrase, pode-se observar que "gerar empregos" e "gerar empregos dignos" não surtem os mesmos efeitos de sentido. Este é um tipo de formulação que, em alguma medida, interpela setores que geram empregos ou agentes da economia responsáveis pela geração de empregos em um país. Dá-se um dizer que os empregos gerados não seriam dignos apenas pela marcação da adjetivação de "empregos".

Na sequência, a crítica ao "protecionismo", aos **escandalosos** subsídios agrícolas dos países desenvolvidos" e aos "**injustificáveis** obstáculos às exportações de produtos industriais" enredam uma rede de conflitos de interesses entre produtores nacionais e produtores externos, uma disputa por mercado internacional, em que o presidente prioriza os "nossos produtores". Na descrição do problema de relações exteriores, o sujeito enunciador atribui valorações aos entraves, por meio do sufixo "ismo" em protecionismo, dos adjetivos "injustificáveis" e "escandalosos" opera uma crítica direta à Organização Mundial de Comércio (OMC), caracterizando práticas de acordos comerciais entre países desenvolvidos e subdesenvolvidos. Adiante, enuncia, ainda interpelando atores externos:

a. "não criem **restrições inaceitáveis** ao direito soberano do povo brasileiro de decidir sobre seu modelo de desenvolvimento";
b. "A democratização das relações internacionais **sem hegemonias** de qualquer espécie é tão importante para o futuro da Humanidade...";
c. "Crises internacionais como a do Oriente Médio **devem ser** resolvidas por meios pacíficos e pela negociação".

Quando se refere à América do Sul, e em defesa do Mercosul, também destaca problemas entre países vizinhos: "Mercosul, enfraquecido pelas crises de cada um de seus membros e por **visões muitas vezes estreitas e egoístas do significado da integração**". É interessante notar como circunscreve os conflitos, com construção sintática e adjetivação enfáticas, contudo, propõe um apaziguamento, não mais conflitos. Enfim, com tais enunciados, o presidente destaca conflitos entre países, nomeando problemas, fazendo proposições de solução, sem entrar em confronto direto com os sujeitos responsáveis por tais situações, mas convoca-os para uma relação horizontal e pacífica entre países. Portanto, não há uma enunciação de conflitos personificados, individualizados ou de atritos ideológicos com quaisquer países, ocorre uma defesa de soberania e de trato por igual. Esse é um dos modos de constituição desse sujeito político para si, para os seus e para o mundo. Esta é uma das manifestações das ambivalências discursivas de tal pronunciamento, que opera com transformações no que diz respeito à defesa de soberania nacional – trato por igual por grandes nações, mas sem confrontá-las como se fossem adversárias.

***

Conforme nosso marco teórico-metodólogico, não podemos demarcar origens de *processos discursivos*, mas apontar certas filiações históricas dos dizeres por meio de exercícios analíticos. A emergência de sentidos que emanam de palavras depende de contingência histórica, de possibilidades de enunciabilidade, de uma série de *coerções* sobre o dizer, enfim, de *condições de produção* para que o sujeito enunciador diga o que efetivamente é possível naquele lugar, com certas margens de deslocamento e transgressão.

As discursividades que constituem e atravessam as falas do presidente Lula da Silva não se restringem a uma narrativa específica e exclusiva do Partido dos Trabalhadores. Existe uma confluência de saberes históricos de movimentos sociais que ecoam na voz de Lula da Silva naquele lugar, que situam a posição daquele sujeito histórico como ator social que emerge das camadas populares mais organizadas politicamente, que, por um lado, confronta poderes secularmente colocados e naturalizados na presidência da República e, por outro, assume uma posição que condiciona sua fala e seu discurso político. Não podemos mensurar as coerções discursivas que cercearam a fala pública do presidente Lula da Silva, mas, como analistas, podemos afirmar que não há fala sem controle ou cerceamento do que pode e deve ser dito em determinada conjuntura histórica.

Assim como nas posses presidenciais do presidente Evo Morales, o *acontecimento discursivo* reside no ineditismo da ocupação daquele lugar de poder por um sujeito histórico que fora forjado em lutas por protagonismo e representatividade na esfera pública. O *acontecimento* não se reduz ao fato histórico pontual mas justamente a essa convergência de histórias e atualização da *memória* que implica uma reconfiguração do cenário político nas instâncias estatais. Nesse sentido, tanto afirmamos que o sujeito é afetado pela contingência histórica quanto sustentamos que o mesmo também interfere e transforma as estruturas de poder do lugar social que ocupa.

Naquela conjuntura, a *tomada de palavra* por Lula da Silva como presidente da República irrompe e interrompe séculos de silenciamento forçado das camadas mais pobres da população: *falar sobre si* é um modo de poder existir, um modo de legitimar a existência, a sobrevivência e o direito básico de que a parcela mais vulnerável da sociedade pudesse se fazer ouvir, em alguma medida. Não há registro histórico de que outro operário tenha logrado tamanha visibilidade e protagonismo na História do país, sendo reconhecido nacionalmente e internacionalmente em razão de sua atuação política e exercício de fala pública.

Com uma visada histórica mais ampla, pode-se resgatar fios discursivos que não se iniciam na fala de Lula da Silva, mas que constituem sentidos históricos de tempos remotos de luta social dos trabalhadores e trabalhadoras do Brasil. Nesse sentido, o sujeito enunciador constitui e é constituído por aquele lugar que ocupa, reverbera vozes dissonantes e consonantes em seus enunciados, articulando uma discursividade afetada por consensos e conflitos entre distintos setores sociais em disputa política.

CONSIDERAÇÕES FINAIS

> Vamos ocupar o nosso lugar na cidade e na política, ter o que nos é de direito.
> Marielle Franco

> Gente é pra brilhar, não pra morrer de fome.
> Caetano Veloso

Não raras vezes na História, sujeitos históricos provenientes do povo mais pobre foram perseguidos, execrados e expostos em praça pública, de modo que servisse a punição de sua desobediência como exemplo para que outros (as) não ousassem seguir seus passos. Quantos desses mártires não se tornariam criminosos perante a História oficial escrita e resguardada nos palácios de governo? Quem pode tomar a palavra? A quem cabe o silêncio? Quantas vezes somos nomeados e descritos por outros? Quantas vezes fomos falados por outros? As Histórias da Bolívia e do Brasil continuam regidas pelo olhar colonizador que nos assujeitou, condenando-nos à alteridade e ao exotismo. A brasilidade, tantas vezes alardeada, muitas vezes corresponde a uma construção mítica ou folclórica, ditada por terceiros, assim como a "indianidade" de povos que resistiram a séculos de extermínio e dominação na Bolívia. Ambas são frequentemente referidas de modo disfórico.

Para o olhar eurocêntrico, somos *outros*. Somos *outros* diante dos nossos. Somos *outros* diante de nós mesmos. Somos *outros* quando não nos reconhecemos e não compreendemos nossa História, escrita com apagamentos. Em uma visão alheia, que se desencadeia também entre nós, nossa política seria tomada por *paixões*. Nossas massas *latinas, afeminadas,* passíveis de domínio e subjugo.[100] Não por acaso, sujeitos políticos oriundos das camadas populares que emergem, furando o bloqueio das interdições históricas, são lidos como feras *indomáveis*.

A escrita da História e a escrita sobre a escrita da História nos servem não apenas para rememorar, mas para disputar narrativas sobre quem são

---

[100] Ver Courtine, Jean-Jacques. A voz do povo – A fala pública, a multidão e as emoções na aurora da era das massas. In: *História da fala pública: uma arqueologia dos poderes do discurso.* COURTINE, Jean-Jacques; PIOVEZANI, Carlos (orgs.). Petrópolis, RJ: Vozes, 2015.

os nossos e sobre quem não são. Em que nossas subjetividades se tocam e em que elas se confrontam? As conquistas de um povo dependem de sujeitos que ousam romper oficialismos, padronizações, legalidades, construindo caminhos para que outros tantos possam trilhar seus percursos, sem tantos obstáculos, sem tantos entraves. Cabe aos (às) espectadores (as) da História registrar o seu enredo. O registro da existência de tais líderes é um ato político. Com base em seus acertos e erros, outros hão de vir, ocupando lugares para os quais não foram convidados, mas pelos quais lutam e aos quais aqueles que os representam têm pleno direito.

A memória histórica disputada por sujeitos sociais excluídos das esferas públicas de poder confere legitimidade de existência e de resistência para maiorias sociais minorizadas e criminalizadas. A cada vez que um(a) jovem pobre, negro(a), de periferia, ingressa em uma universidade e anuncia "Vai ter filho (a) de empregada doméstica na universidade, sim!", ecoam os sentidos de um dos pronunciamentos de posse de Lula da Silva: "E ter a certeza de que os seus filhos vão estudar numa escola de qualidade e que os filhos das pessoas mais pobres deste País têm que sonhar em ter acesso à mesma universidade do filho do mais rico deste País". Por certo, Lula da Silva não fora o primeiro a proferir tal enunciado, mas atualiza e ressoa demandas históricas de uma população historicamente segregada e marginalizada do país. E, ainda não tendo sido o primeiro, fora o que mais longe chegou para pronunciá-la em alto e bom som, de tal maneira que sua voz ecoasse os anseios de milhões de sujeitos excluídos, relegados a uma miséria herdada de tempos coloniais, abandonados à própria sorte.

Na Bolívia, com a posse de Evo Morales, o orgulho das vestes, da língua e da história tomou o lugar oficial da naturalização do menosprezo e do rechaço sociais. A História boliviana fora tecida com líderes que reivindicavam a existência e a soberania de seus povos, travando confrontos com invasores, fazendo de seus próprios corpos instrumentos de emancipação política. Nesse sentido, quando fala sobre o sofrimento e a humilhação por que passaram seus antepassados nos lugares públicos ou faz uso de vestes de tradição aymara ou formula frases em aymara quando de suas falas públicas, Evo Morales carrega consigo antiquíssimas demandas daquele povo, dando continuidade a um processo histórico de disputas por representação política. Mais uma vez: a defesa da *identidade* para afirmar-se, reverter e ressignificar sentidos históricos sobre quem são, quem foram e suas capacidades de organização política não nasceram com as candidaturas e as vitórias eleitorais de Evo Morales e Lula da Silva.

Portanto, em suas assunções àquele lugar de presidente da República, nas enunciações sobre seus lugares de fala, sobre as histórias de seus povos e sobre os conflitos com adversários históricos, os sujeitos atualizam memórias que operam transformações na própria modalidade de representação nos moldes da democracia representativa. Assim, o direito de ser implica um direito de estar, de participar e de protagonizar a cena política estatal do país. Todas essas diferenças, divergências, conflitos e controvérsias de posicionamentos, que encontram materialidade em suas próprias falas, fazem parte de um processo histórico bastante mais amplo que irrompe no *acontecimento discursivo* de suas respectivas posses presidenciais.

Em comum com os (as) pobres, os (as) negros, os (as) «índios» (as), dentre outros segmentos explorados e marginalizados, têm a língua, têm o corpo, têm a voz e têm a História. De suas atuações como mandatários, de certo outras questões surgem. É possível resistir por dentro do sistema ou aprofundam a credibilidade em um sistema que exclui maiorias? Neste livro, apresentamos questões diversas que convergem para o reconhecimento de conquistas populares e concessões aristocráticas operadas em decorrência da assunção do papel presidencial por sujeitos que tiveram em si mesmos a primeira representação política naquele lugar social de presidentes. Este acontecimento carrega de ineditismo e excepcional o anúncio do *lugar de fala* que confronta silenciamentos construídos historicamente, desestabilizando e reconfigurando estruturas de poder.

A subjetividade outrora desprezada é ressignificada com euforia, as relações hierarquizadas são quebradas na fala, no trato e na menção de classes mais empobrecidas como parte daquele projeto de governo. Aqueles mais vulneráveis socialmente são trazidos para o centro da discussão política, como modo de engendramento de uma reparação histórica. As relações com adversários são parte da construção de si como sujeito antes alheio à centralidade do exercício do poder político e reconfiguram relações conflituosas em sociedade. Em algumas ocorrências, tais *processos discursivos* materializam conciliações entre sujeitos sociais em conflitos aparentes que fogem ao rígido controle do dizer e/ou produzem consensos em torno de pautas construídas como causas sociais em comum. Mártires anônimos ou heróis marginais entram em cena como novos símbolos para a nação: uma outra versão da História oficial entra na disputa por representação. Enfim, são diversos os modos de adequar-se e/ou transgredir a fala pública no lugar de presidente, por meio de identificações, desidentificações, acordos, consensos e conflitos dados na materialidade discursiva, na condição de sujeitos sociais que subverteram a norma tácita de eterna marginalização de suas existências.

Com Yosef Yerushalmi (2017 [1988], p.13), sustentamos que esse é também um trabalho de construção de memória, considerando que mobilizamos enredos históricos em disputa para registro dos confrontos e consensos das discursividades que regem uma certa temporalidade. E, no exercício da pesquisa, empenhamo-nos, como tantos (as),[101] para que não sejam apagados os sujeitos que disputam essa História:

> Se essa é a escolha, que os dados acumulados não cessem de crescer; que cresça o fluxo de obras e monografias, ainda que somente os especialistas se regozijem com elas; que os exemplares jamais lidos ocupem, tanto quanto possível, as prateleiras de inúmeras bibliotecas, de modo que, se alguns desaparecessem ou fossem removidos, restariam sempre outros; de modo que aqueles que necessitem possam encontrar que tal personagem tenha de fato existido, que tais acontecimentos tenham realmente ocorrido, que tal interpretação não tenho sido única (YERUSHALMI, 2017 [1988], p. 28).

Antes de mais nada, com este livro, nos debruçamos sobre construções de memórias históricas por líderes do povo de nossa época, que ousaram disputar os rumos das histórias de seus respectivos países e protagonizar cenas onde sempre foram colocados como coadjuvantes, subrepresentados ou completamente apagados. Nas nossas discussões, tivemos como propósito demonstrar as ambivalências da ocupação do lugar de presidente, como funcionam as interdições históricas nas construções discursivas, como silenciamentos podem ser transgredidos, bem como certos modos de dizer sofrem coerções discursivas em decorrência de uma identidade republicana genérica que congregue e contemple a totalidade da população, desde as classes mais pobres até aqueles cujo domínio oligárquico impera ao longo de gerações.

Partindo de reflexões sobre como se forjaram os segmentos sociais de onde partiram Evo Morales e Lula da Silva na História, reforçamos nosso entendimento de que os sentidos se constituem ao passo que se constituem os sujeitos. Se não há História sem sentidos e silêncios, evidenciamos que o silenciamento é processo e prática que cerceia a livre manifestação daqueles que submete. A *tomada da palavra*, que

---

101 No V Colóquio Internacional de Análise do Discurso, na fala "Assim falou Foucault", Gregolin marca a importância de que o(a) pesquisador(a) se posicione diante das injustiças sociais, mobilizando e desestabilizando sentidos hegemônicos em circulação na sociedade. GREGOLIN, Rosário. Assim falou Foucault: a verdade é historicamente construída e estrategicamente localizada. In: V CIAD, *Discurso e (pós) verdade*: efeitos de real e sentidos de convicção. UFSCar: São Carlos, 2018.

não fora dada por outrem, mas conquistada por séculos de resistência e luta, ampara o *lugar de fala* e o credibiliza como constructo de autoridade política para poder dizer.

Assim como incidem nas falas públicas de Evo Morales e Lula da Silva um acúmulo de experiências de movimentos sociais dos quais eles ascenderam, incidem igualmente um histórico de coerções históricas que cerceiam seus dizeres. Visamos aqui demonstrar como os dizeres de tais sujeitos não são livres de todo, pois uma história de lutas, repressão, perseguições, prisões, assassinatos de trabalhadores que se organizaram e lutaram por protagonismo político, que os antecedem, produzem efeitos em suas falas.

Como *o discurso é algo por que se luta e é um poder do qual é preciso se apoderar,* para exercer seu direito de se fazer ouvir, sujeitos cujas vidas são excluídas e exploradas não têm a fala pública com potencial transformador à sua disposição. É preciso *tomar a palavra*. Feito isso, *o lugar de fala* concorrerá para a legitimidade e para a força performativa do que é dito pelo povo e por seus representantes, porque essas falas têm o fundamento e a consistência da vida e de uma História de lutas.

AGRADECIMENTOS

À Universidade Federal do Maranhão (UFMA), que me concedeu afastamento, fundamental para o desenvolvimento desta pesquisa. Agradeço aos colegas de trabalho, companheiros e amigos, trabalhadores em Educação e professores do Centro de Ciências Humanas/UFMA, José Francisco Gonçalves Bastos, Prof. Francisco de Jesus Silva de Sousa, Prof. Lyndon de Araújo Santos, Clemilton Holanda, Mário Sérgio M. Mendes, Profa. Maura Melo, Profa. Conceição Ramos, Herbeth Santos, Nazaré Fahd, Hermínia Soeiro, Mary Lourdes Gonzaga, Isabel Frazão, Gleyciane Moreira, Egídio Teixeira e toda a equipe técnico-administrativa do CCH, que me deram todo apoio e incentivo para que eu pudesse seguir minha formação acadêmica, na Universidade Federal de São Carlos (UFSCar). E à CAPES, pelo financiamento parcial de meu estágio-sanduíche na École des Hautes Études en Sciences Sociales.

Ao meu orientador, Prof. Carlos Piovezani, pela orientação atenciosa, precisa, paciente e fraterna.

Ao Prof. Yves Cohen, pelas sessões de escuta e orientação, pela gentileza marcante no trato e na voz.

À Profa. Luzmara Curcino, pela discussão contínua sobre o tema deste trabalho, pela simplicidade e generosidade na partilha de saberes.

À Profa. Vanice Sargentini, à Profa. Maria do Rosário Gregolin e ao Prof. Roberto Baronas, por tantas contribuições dadas ao longo da minha formação na pós-graduação em Linguística.

Ao Prof. Sírio Possenti e ao Prof. Mariano Dagatti, por importantes contribuições, sugestões e críticas quando da realização do exame de qualificação deste trabalho.

Ao Prof. Mariano Dagatti, ao Prof. Roberto Baronas, à Profa. Mónica Zoppi-Fontana, à Profa. Maria do Rosário Gregolin, à Profa. Freda Indursky, ao Prof. Israel de Sá e à Profa. Luzmara Curcino, pelo aceite para a leitura e para a composição da Banca Examinadora deste trabalho, agora publicado em livro.

Ao Prof. Lúcio Flávio Rodrigues de Almeida, pelo apoio, pelo incentivo e por me indicar pesquisadores bolivianos para os primeiros passos da pesquisa.

Ao Prof. Pablo Mamani, pela atenciosa conversa em El Alto, e pelas indicações de leitura sobre a História da Bolívia.

À Profa. Silvia Rivera Cusicanqui, por ter me apontado caminhos para a pesquisa, assim como o Prof. Pablo Mamani, em La Paz.

Ao Prof. Jean-Jacques Courtine, pela presteza e pela solicitude para discutir o tema desta pesquisa.

Ao Prof. Yves Cohen, à Profa. Sophie Fisher, ao Prof. Roger Chartier, à Profa. Elvira Arnoux, ao Prof. Georges Vigarello, por contribuições dadas em conferências, cursos, reuniões ou seminários, que muito me auxiliaram no andamento da escrita.

À companheira Suzete de Paiva e ao companheiro Prof. Jean-Jacques Kourliandsky, pelas conversas engajadas e pelas discussões no Instituto Jean Jaurès.

Ao Prof. Lionel Feral, pelas aulas-debate de língua francesa, por me ter me preparado para arguições e debates acadêmicos antes do estágio doutoral.

Aos amigos e companheiros Luzmara Curcino, Carlos Piovezani, Glória França, Jocenilson Ribeiro, Aline Franceschini, Denise Leppos, Virgínia Rubio, Marina Grandolpho, Mónica Guerrero, Rafael Borges, Jorcemara Mattos, Gleice Alcântara, Theciana Silveira, Geraldo Emery, Gabriela Jerônimo, Maurício Neves, Oksana Otrispolka, Manoel Sebastião, pelas palavras brandas, pelas provocações, pelo amor fraterno, pelo apoio e pela paciência, ao longo desse percurso.

Aos colegas e amigos do LABOR, LIRE e PPGL, Jocenilson Ribeiro, Israel de Sá, Denise Leppos, Lívia Falconi, Hulda Gomides, Joseane Bittencourt, Mónica Guerrero, Manoel Sebastião, Roger Antunes, Simone Varella, Eleonora Bottura, Thiago Soares, pelas trocas e escutas ao longo desses anos.

Aos trabalhadores em Educação do PPGL/UFSCar, Junior Assandre e Vanessa Rodrigues, pela atenção e eficiência no atendimento de nossas demandas administrativas.

A David Villegas e família, pelas correrias nas bibliotecas de La Paz e na TV Bolívia, pelas conversas sobre política boliviana, pelo carinho e pelo acolhimento paceños.

Às bibliotecárias do Instituto de Estudios Bolivianos, Susana Grados e Rosángela Llanques, pela atenção com que me receberam, quando da minha primeira busca por bibliografia, em La Paz.

A Thaís Pereira, por ter me auxiliado na reta final de revisão das normas bibliográficas do trabalho.

À Comunidad Sariri, pela hospitalidade com que receberam a mim e ao meu irmão, no Ano Novo Andino-Amazônico de 5524 (2016), em La Paz e Tiwanaku. Meus agradecimentos para Hermano Professor Fernando Huanacuni, Hermana Dunen Izquierdo, Hermana Marta Mollinedo, Hermana Charo, Hermana Alicia Escalante, Hermara Virginia, Hermana Noelia Flores Mamani, Hermana Michele Felipes, Hermana Leslie Mamani e Hermano Giobanny Simbaqueba, que me proporcionaram uma das experiências mais lindas da minha vida.

A Mauricio F. Castillo, por ter construído uma ponte para que eu chegasse até a Comunidad Sariri.

A Christophe Chaudemanche (l'ange-gardien), por ter sido meu porto seguro quando eu não tinha onde firmar os pés.

Ao Mestre Jota-Jota, pelo acolhimento, amizade e atenção, assim que cheguei na França.

A Elisabeth Hascoet, Jean Hascoet e Ivan Hascoet, pela hospitalidade e pelos questionamentos colocados ao meu trabalho sobre a mesa, em Douarnenez.

A Graça Almeida e Geovan Andrade, por acompanhar meus passos desde a graduação, pelo suporte durante todos esses anos.

Aos meus amigos e familiares, Anunciação Ramos, Maria Ozilda Pereira, Marlene Morais, Higo Pereira, Roberta Pereira, Lourdes Pereira, Edson Ramos, Carlos Alberto Costa, Gil Babaçu, Laurinete Cardoso, Clarice Costa, Auxiliadora Mattos, Jorge Cordeiro, Zandra Nina, Kátia Nina, Joelma Baldez, Sarah Valois, Gabriel Humpire, Danielle Ferreira, Luana Cabral, Thiago Gomes, Dorlin Bonilla, Blerta Copa, Sauanne Tavares, Caroline Aragão, Kalina Doihara, Laura Florian, Sarah Croche, Mislene Bezerra, Artêmio Macedo, Eduardo Nascimento, Leandro Fernandes e uma enormidade de pessoas queridas; apesar das minhas longas ausências, sou grata por tê-los presentes.

À calorosa cidade de São Carlos, que me acolheu, com céu azul, sorrisos, afetos e amigos.

Aos meus irmãos, Ricardo A. Pereira e Roberto A. Pereira, pelas leituras críticas dos meus textos desde a alfabetização.

Aos meus padrinhos, Paixão dos Santos e Benedito Costa, pelo amor e cuidado de sempre.

A Gercina Ramos, minha mãe, pelos caminhos que me foram trilhados antes que eu tropeçasse com meus próprios pés.

REFERÊNCIAS

ABC DA greve. Direção: Léon Hirszman. Produção: Carlos Augusto Calil. Roteiro: Léon Hirszman. Brasil: Taba Filmes. 1990. 1 vídeo (75 min), son., preto e branco, 35mm.

ALBUQUERQUE JÚNIOR, Durval Muniz de. *A invenção do Nordeste*. São Paulo: Cortez, 2011.

AKOTIRENE, Carla. *O que é interseccionalidade?* Belo Horizonte: Letramento. 2018.

ANTUNES, Ricardo. *O que é sindicalismo*. Coleção Primeiros Passos. Brasiliense: 1979.

ALBÓ, Xavier. *Pueblos indios en la política*. La Paz: CIPCA, 2002. 246 p. (Cuadernos de Investigación, n. 55).

ALBÓ, Xavier. *Raíces de América*: El mundo Aymara. Madrid: Alianza Editorial, 1988.

ANDRADE, Everaldo de Oliveira. *A Revolução Boliviana*. São Paulo: Editora UNESP, 2007.

BITTENCOURT, Joseane. *Mulher, palavra e poder*: construções discursivas do feminino em campanhas eleitorais para a presidência. 2018. Tese (Doutorado em Linguística) – Universidade Federal de São Carlos, UFSCar, São Carlos, 2018.

BLANCO, Gonzalo. Los desafíos del plurilingüismo en el Estado plurinacional de Bolivia. *In*: ARNOUX, Elvira Narvaja de.; BEIN, Roberto. *Política lingüística y enseñanza de lenguas*. 1. ed. Buenos Aires: Biblos, 2015. p. 75-96.

BRILHA uma estrela. Compositor: Hilton Acioli. [S. l.] Eleição presidencial brasileira de 1989, 1989. (1:27 min).

BOURDIEU, Pierre. *A distinção*: crítica social do julgamento. Porto Alegre: Zouk, 2015.

BOUYSSE-CASSAGNE, Thérèse. *La identidad aymara*. Aproximación histórica (Siglo XV, Siglo XVI). La Paz: HISBOL, 1987.

BOUYSSE-CASSAGNE, Thérèse. *Lluvias y cenizas*: dos Pachacuti en la Historia. La Paz: HISBOL, 1988.

BOUYSSE-CASSAGNE, Thérèse. *Poblaciones humanas antiguas y actuales*. ORSTON, HISBOL, Bolivia, 1991. p. 481-498.

BOUYSSE-CASSAGNE, Thérèse; HARRIS, Olivia. Pacha: en torno al pensamiento aymara. *In*: BOUYSSE-CASSAGNE, Thérèse *et al*. *Tres reflexiones sobre el pensamiento andino*. La Paz: HISBOL, 1987. p.11-59.

CÁRDENAS, Victor Hugo. La lucha de un pueblo. In: ALBÓ, Xavier. *Raíces de América:* El mundo Aymara. Madrid: Alianza Editorial, 1988.

CANCINO, Rita. De la intolerancia lingüística a la revalorización lingüística: la política lingüística de Evo Morales. *In*: BARROS, Diana Luz. (org.). *Preconceito e intolerância*: reflexões linguístico-discursivas. São Paulo: Universidade Presbiteriana Mackenzie, 2011.

CANSECO, María Rostworowski de Diez. *Historia del Tahuantinsuyu*. Lima: IEP/PROMPERÚ, 2012[1999].

CAZARIN, Ercília Ana. A migração de Lula de uma para outra posição-sujeito. *Cadernos de Letras da UFF*, Niterói, RJ, n. 32, p. 11-24, 2006. Disponível em: www.uff.br/cadernosdeletrasuff/32/artigo1. Acesso em: 25 jul. 2012.

CHALHOUB, Sidney.; SILVA, Fernando Teixeira Da. Sujeitos no imaginário acadêmicos: escravos e trabalhadores na historiografia brasileira desde os anos 1980. *Cadernos AEL*, Unicamp. v. 14, n .26, 2009, p. 12-47.

CHICO Buarque e João do Vale – "Carcará" (1982). [S.l. s.n.], 2009. 1 vídeo (2 min). Publicado pelo canal Calulinho. Disponível em: https://www.youtube.com/watch?-v=4L0DInKUnzc. Acesso em: 25 out. 2018.

COCALERO. Direção: Alejandro Landes. Produção: Alejandro Landes e Julia Solomonoff. 2007. 1 vídeo (86 min), son., color.

COHEN, Yves. *Le siècle des chefs*: une histoire transnationale du commandement et de l'autorité. Éditions Amsterdam, 2013.

COULOMB, Marlène. Pensamento sobre o corpo, o corpo pensado: corpo, encarnação e representação política. In: V Seminário de pesquisa do Programa de Pósgraduação em Linguística e ciclo de palestras em linguística. São Carlos, 2011.

COULOMB-GULLY, Marlène. *Président*: Le grand défi. Femmes, politique et médias. Paris: Éditions Payot & Rivages, 2012.

COURTINE, J.J. *Análise do discurso político*: o discurso comunista endereçado aos cristãos. São Carlos: EdUFSCar, 2009 [1981].

COURTINE, J.J; MARANDIN, Jean-Marie. Quel objet pour l'analyse du discours. La répetition dans l'ordre du discours ? In: CONEIN, B. et.al. *Matérialités discursives*. Bernard Conein, Jean-Jacques Courtine, Françoise Gadet, Jean-Marie Marandin, Michel Pêcheux. Colloque des 24, 25, 26 avril 1980. Université Paris X – Nanterre. p. 21-33. Lill : Presses Universitaires de Lille, 1981.

COURTINE, Jean-Jaques.; PIOVEZANI, Carlos (org.). *História da fala pública*: Uma arqueologia dos poderes do discurso. Petrópolis-RJ: Vozes, 2015.

CURCINO, Luzmara. Discursos sobre a leitura na mídia brasileira: uma análise das representações do perfil leitor dos presidentes Fernando Henrique Cardoso, Lula e Dilma Rousseff. In: Institut des Hautes Études de l'Amérique Latine/IHEAL/Université Paris. Paris, 2018.

CURCINO, Luzmara. Divisions sociales de la lecture au Brésil: une analyse discursive des représentations médiatiques des politiciens en tant que lecteurs. In: Associação de Pesquisadores e Estudantes Brasileiros na França/APEB-FR. Paris, 2017.

COURTINE, Jean-Jacques.; HAROCHE, Claudine. Las paradojas del silencio. In: DINOUART, Abate. *El arte de callar*. Siruela, 2011.

COURTINE, Jean-Jacques. A voz do povo: a fala pública, a multidão e as emoções na aurora da era das massas. In: COURTINE, Jean-Jacques.; PIOVEZANI, Carlos (org.). *História da fala pública*: uma arqueologia dos poderes do discurso. Petrópolis: Vozes, 2015.

¿CUÁLES fueron los candidatos mejores vestidos del debate? RPP Noticias, Lima, 4 abril 2016 (On-line). Disponível em: https://rpp.pe/politica/elecciones/cuales--fueron-los-candidatos-mejores-vestidos-del-debate-presidencial-noticia-950717. Acesso em: 20 jun. 2017.

DE CERTEAU, Michel. *La prise de parole.* Paris: Éditions de Seuil, 1994.

DISCURSO de posesión del presidente constituicional de Bolivia Evo Morales. Palácio Quemado, La Paz, 22 enero. 2006. Disponível em: https://www.pagina12.com.ar/diario/especiales/18-62330-2006-01-30.html. Acesso em: 11 out. 2017.

DISCURSO DE posse do presidente Lula (2003). [S. l.: s. n.], 2012. 1 vídeo (44 min). Publicado pelo canal Picilone_. Disponível em: https://www.youtube.com/watch?v=azjU-Sve1cg. Acesso em: 10 jul. 2015.

DISCURSO DE posse do presidente Lula - 2º mandato (2007). [S. l.: s. n.], 2012. 1 vídeo (36 min). Publicado pelo canal Picilone_. Disponível em: *https://www.youtube.com/watch?v=Y60SMmMwFyA.* Acesso em: 10 jul. 2015.

EVARISTO, Conceição. *Olhos D'água.* Rio de Janeiro: Pallas: Fundação Biblioteca Nacional, 2016.

ELES NÃO usam Black-Tie. Direção: Leon Hirszman. Brasil: Embrafilme, 1981. 1 DVD (134 min).

EXPOSITION Le Pérou avant les Incas au Musée de Quai Branly. Nov 2017, Lima. Disponível em: https://issuu.com/jasonfist/docs/perou. Acesso em: 30 nov. 2017.

FELIPE VI me miraba raro, despectivamente. [S. l.: s. n.] 2015. 1 vídeo (5:35 min). Publicado pelo canal Iasexta. Disponível em: https://www.youtube.com/watch?v=ACcbX_ZKlrQ. Acesso em: 18 nov. 17.

GADET, Françoise. As mudanças discursivas no francês atual: pontos de vista da análise de discurso e da sociolinguística. *In:* INDURSKY, Freda.; FERREIRA, Maria Cristina Leandro. *Michel Pêcheux e a análise do discurso:* uma relação de nunca acabar. São Carlos: Claraluz, p. 51-74. 2005.

GALEANO, Eduardo. *El libro de los abrazos.* Buenos Aires: Editorial Siglo XXI, 1989.

GREGOLIN, Rosário. *Assim falou Foucault:* a verdade é historicamente construída e estrategicamente localizada. In: V CIAD, Discurso e (pós) verdade: efeitos de real e sentidos de convicção. UFSCar: São Carlos, 2018.

FOUCAULT, Michel. *A ordem do discurso.* São Paulo: Edições Loyola, 1996.

FOUCAULT, Michel. *A ordem do discurso.* São Paulo: Edições Loyola, 2005 [1970].

GISBERT, Teresa. *Iconografía y mitos indígenas en el Arte.* La Paz: Gisbert & CIA. 1980.

INDURSKY, Freda. *A fala dos quartéis e outras vozes.* Campinas, SP: Ed. Unicamp, 1997.

INDURSKY, Freda. Lula lá: estrutura ou acontecimento. *Organon,* Porto Alegre, v. 17, n. 35, p. 101-121, 2003.

LACERDA, Rosane Freire. *"Volveré, y Seré Millones":* Contribuições Descoloniais dos Movimentos Indígenas Latino Americanos para a Superação do Mito do Estado-Nação. Tese (Doutorado em Direito) - Faculdade de Direito, Universidade de Brasília, UnB, Brasília, 2014. Disponível em: https://www.capes.gov.br/images/stories/download/pct/mencoeshonrosas/227458.pdf. Acesso em: 10 abr. 2018.

LA TORRE, Carlos Wester. *Chornancap*: historia, género y ancestralidad en la cultura Lambayeque. Quingnam 1: 2015. p. 9-34. Disponível em: journal.upao.edu.pe/Quingnam/article/download/216/199. Acesso em: 15 nov. 2018.

LE BRETON, David. *Anthropologie du corps et modernité*. Paris : Presses Universitaires de France, 1990. 1re édition. 2008.

LE BRETON, David. La sociologie du corps. *Corps e culture*, Paris, n. 1, 1992. Presses Universitaires de France, 2017 [1992].

LOS DISCURSOS DE EVO. Especiales. 2006. Transcrição dos pronunciamentos de posse do presidente Juan Evo Morales Ayma. Jornal Página 12, Tiahuanacu, 30 de enero de 2006. (On-line). Disponível em: https://www.pagina12.com.ar/diario/especiales/18-62330-2006-01-30.html. Acesso em: 10 jul. 2015.

MANIFESTAÇÕES em solidariedade a Marielle Franco acontecem no país e no mundo. *Brasil de Fato*, Rio de Janeiro, 30 mar. 2018. (*Online*). Disponível em: https://www.brasildefato.com.br/2018/03/30/manifestacoes-em-solidariedade-a-marielle-franco-acontecem-no-pais-e-no-mundo/. Acesso em: 30 de mar. 2018.

MAMANI, Pablo. *El rugir de las multitudes*: Microgobiernos barriales. La Paz: La mirada salvaje, 2010.

MAMANI, Pablo. *Poder comunal y el levantamiento aymara de Achakachi-Omasuyus (2000-2001)*. La Paz: 2012.

MAMANI, Pablo. *Geopolíticas indígenas*. El Alto: CADES (Centro Andino de Estudios Estratégicos), 2005.

MAMANI, P.; CHOQUE, L.; DELGADO.; A. *Memorias rebeldes*: Reconstitución de Tupaj Katari y Bartolina Sisa. ¡ ¡ ¡ Somos millones!!!. El Alto: Willka, 2010.

MAMANI, Pablo. *et al*. Análisis, pensamiento y acción de los pueblos en lucha. Entornos blancoídes, Rearticulación de las oligarquías y Movimientos indígenas. *Revista Willka*. n. 1, El Alto, Bolivia. La Paz : Centro Andino de Estudios Estratégicos, 2007.

MALÁ, Sárka. El Movimiento "Cocalero" en Bolivia durante los años 80 y 90: sus causas y su desarrollo. *Esboços*: Revista do Programa de Pós-Graduação em História da UFSC, Florianópolis, v. 15, n. 20, p. 101-117, 2008.

MATTOS, Marcelo Badaró. *O sindicalismo brasileiro após 1930*. Rio de Janeiro: Zahar, 2003.

MATTOS, Marcelo Badaró. *Trabalhadores e sindicatos no Brasil*. São Paulo : Expressão Popular, 2009.

MENEGUELLO, Rachel. *PT*: a formação de um partido, 1979-1982. Rio de Janeiro: Paz e Terra, 1989.

MINHA história. Compositores: João do Vale, Raimundo E. Intérprete: João do Vale. [S.l.]: Gravadora CBS, 1981. 1 CD.

MOLINA B., Ramiro.; ALBÓ C., Xavier. *Gama étnica y lingüística de la población boliviana*. La Paz: Sistema de las Naciones Unidas en Bolivia, 2006.

MONTIGLIO, Silvia. Falar em público e ficar em silêncio na Grécia Clássica, de Silvia. In: COURTINE, Jean-Jacques; PIOVEZANI, Carlos (org.). *História da fala pública*: uma arqueologia dos poderes do discurso. Petrópolis, RJ: Vozes, 2015.

NA ASA do vento. Compositores: João do Vale, Luiz Vieira. Intérprete: João do Vale. [S.l.]: Gravadora CBS, 1995. 1 CD.

NEGRO, Antônio Luigi; GOMES, Flávio. Além de senzalas e fábricas : uma história social do trabalho. p. 217-240. *Tempo social*, Revista de sociologia da USP, v. 18, n. 1. 2006.

NORONHA, Raquel. *Discurso de presidente* : a construção de uma imagem de língua política ideal / Raquel Noronha Siqueira. -- Campinas, SP : [s.n.], 2008.

OLIVEIRA, Isabel Ribeiro de. *Trabalho e política*: as origens do Partido dos Trabalhadores. Petropólis: Vozes, 1988.

ORLANDI, Eni. *As formas do silêncio*: no movimento dos sentidos. Ed 6. Campinas-SP: Editora da Unicamp, 2007.

ORLANDI, E. A fala de muitos gumes. In: *A linguagem e seu funcionamento*. As formas do discurso. 4ª edição. Campinas, SP: Pontes, 2003.

ORLANDI, Eni Puccinelli. *Discurso em Análise*: sujeito, sentido, ideologia. Campinas, SP, Pontes, 2016.

ORLANDI, Eni Puccinelli. *Terra à vista:* discurso do confronto: velho e novo mundo. 2. ed. São Paulo: Unicamp, 2008.

OUR brand is crisis. Direção: Rachel Boynton. Estados Unidos. 2005. 1 DVD (87 min), son., color.

PARA MÍ, el avión no es un lujo, es un instrumento de trabajo. [S. l.: s.n.], 2015. 1 vídeo (5:31 min). Publicado pelo canal lasexta. Disponível em: https://www.youtube.com/watch?v=4vvcVmWn0Vo. Acesso em: 12 nov. 17.

PÁTZI PACO, Félix. Las tendencias em el movimento indígena em Bolívia. p. 63-70. *In:* ESCÁRZAGA, Fabiola; GUTIÉRREZ, Raquel (org.). *Movimento indígena em América Latina: resistencia y proyecto alternativo*. La ed. 2005 Edição: BENEMÉRITA UNIVERSIDAD AUTÓNOMA DE PUEBLA, PUEBLA, MÉXICO, 2005.

PÊCHEUX, Michel. Delimitações, inversões, deslocamentos. *Cadernos de Estudos Linguísticos,* Campinas, v. 19. p. 7-24, 1990.

PÊCHEUX, Michel. *Les verités de la palice*. Paris : François Maspero, 1975.

PÊCHEUX, Michel. *O discurso:* estrutura ou acontecimento. Tradução : Eni Puccinelli Orlandi. 5ª edição. Campinas, SP : Pontes Editores, 2008.

PÊCHEUX, Michel. O estranho espelho da Análise do discurso. *In:* COURTINE, J.J. [1981]. *Análise do discurso político:* O discurso comunista endereçado aos cristãos. São Carlos: EdUFSCar, 2009 [1981].

PÊCHEUX, Michel. *Semântica e discurso*. Campinas: Editora Unicamp, 2009 [1975].

PEREIRA, Maísa Ramos. *Do funcionamento discursivo dos pronunciamentos do presidente Lula a trabalhadores* : procedimentos de legitimação do dizer político. Dissertação (Mestrado em Linguística) – Universidade Federal de São Carlos, UFSCar, São Carlos, 2013.

PERIODISTA a Verónika Mendoza: "¿De qué ha venido vestida?". *RPP Noticias*, Lima, 4 abril 2016. (On-line). Disponível em: https://rpp.pe/politica/elecciones/periodista-a-veronika-mendoza-de-que-ha-venido-vestida-noticia-950724. Acesso em: 15 jun. 2016.

PIOVEZANI, Carlos. A voz de Lula na imprensa brasileira: discursos da mídia sobre a fala púbica do expresidente. *Conexão Letras*, v. 12, n. 18, p. 11-26, 2017.

PIOVEZANI, Carlos. *A voz do povo:* uma longa história de discriminações. Petrópolis, RJ: Vozes, 2020.

PLATT. Tristan.; CERECEDA, Veronica. *Tres reflexiones sobre el pensamiento andino.* La Paz: Hisbol. p.65-66. 1987.

PLATT, Tristan. Entre Ch'axwa y Muxsa. Para una historia del pensamiento político aymara. In: BOUYSSE-CASSAGNE, Therèse et al. *Tres reflexiones sobre el pensamiento andino.* La Paz: HISBOL, 1987. p. 61-132.

POSSENTI, Sírio. Notas sobre as relações entre discurso e sintaxe. *In:* Hugo Mari. (Org.). *Fundamentos e dimensões da análise do discurso.* Belo Horizonte: UFMG – Carol Borges, 1999, p. 211-224.

POSSENTI, Sírio. A misoginia como condicionante do golpe de 2016 no Brasil. *Discurso & Sociedade.* v.12 n. 3, 2018, p. 581-593.

POSESIÓN PRESIDENCIAL Discurso del presidente Evo Morales. [S. l.: s. n.], 2015. 1 vídeo (52 min). Publicado pelo canal Bolivia TV. Disponível em: https://www.youtube.com/watch?v=rqfKymQwpdU. Acesso em: 10 jul. 2015.

POSESIÓN PRESIDENCIAL juramento y toma de mando del presidente Evo Morales. [S. l.: s. n.], 2015. 1 vídeo (2 min). Publicado pelo canal Bolivia TV. Disponível em: https://www.youtube.com/watch?v=TPBn2W9vZZ4. Acesso em: 10 jul. 2015.

POSESIÓN DE Evo Morales Ayma como Presidente constitucional de Bolivia. [S. l.: s. n.], 2012. 1 vídeo (2 min). Publicado pelo canal MAS IPSP. Disponível em: https://www.youtube.com/watch?v=NGrClrirBCI. Acesso em: 10 jul. 2015.

PRONUNCIAMENTO do Presidente da República, Luiz Inácio Lula da Silva, na sessão solene de posse no Congresso Nacional Brasília/DF, 01 jan. 2003. Biblioteca presidência da república. Disponível em: http://www.biblioteca.presidencia.gov.br/presidencia/ex-presidentes/luiz-inacio-lula-da-silva/discursos/1o-mandato/2003/01-01-pronunciamento-a-nacao-do-presidente-da-republica-luiz-inacio-lula-da-silva-apos-a-cerimonia-de-posse.pdf/view. Acesso em: 15 mar. 2015.

PRONUNCIAMENTO à nação do Presidente da República, Luiz Inácio Lula da Silva, após a cerimônia de posse Parlatório do Palácio do Planalto. 01 jan. 2003. *Biblioteca da presidência da República.* Disponível em: http://www.biblioteca.presidencia.gov.br/presidencia/ex-presidentes/luiz-inacio-lula-da-silva/discursos/1o-mandato/2003/01-01-pronun-do-presidente-da-republica-luiz-inacio-lula-da-silva-na-sessao-solene-de-posse-no-cn.pdf/view. Acesso em: 15 mar. 2015.

PRONUNCIAMENTO à nação do Presidente da República, Luiz Inácio Lula da Silva, na cerimônia de posse. 01 jan. 2007. *Biblioteca da presidência da República.* Disponível em: http://www.biblioteca.presidencia.gov.br/presidencia/ex-presidentes/luiz-inacio-lula-da-silva/discursos/2o-mandato/2007/01-01-2007-pronunciamento--a-nacao-do-presidente-da-republica-luiz-inacio-lula-da-silva-na-cerimonia-de-posse/view. Acesso em: 15 mar. 2015.

PRONUNCIAMENTO à Nação do Presidente da República, Luiz Inácio Lula da Silva, em cadeia nacional de rádio e TV, por ocasião do final de ano. 23 dez. 2010. *Biblioteca da presidência da República.* Disponível em: http://www.biblioteca.presidencia.gov.br/presidencia/ex-presidentes/luiz-inacio-lula-da-silva/discursos/2o-

-mandato/2010/23-12-2010-pronunciamento-a-nacao-do-presidente-da-republica-luiz-inacio-lula-da-silva-em-cadeia-nacional-de-radio-e-tv-por-ocasiao-do-final-de-ano/view. Acesso em: 15 mar. 2015

PRONUNCIAMENTO à nação da Presidenta da República, Dilma Rousseff, no Parlatório do Palácio do Planalto. *Biblioteca da presidência da República*, Brasília, 01 jan. 2011. (*Online*) Disponível em: http://www.biblioteca.presidencia.gov.br/presidencia/ex-presidentes/dilma-rousseff/discursos/discursos-da-presidenta/pronunciamento-a-nacao-da-presidenta-da-republica-dilma-rousseff-no-parlatorio. Acesso em: 11 out. 2017.

REIS, João José. *Rebelião escrava no Brasil:* a história do levante dos Malês em 1835. São Paulo: Brasiliense, 1986.

REINAGA, Fausto. *La revolución india.* 5 ed. La Paz: La Mirada Salvaje, 2010.

REVISTA DE CIENCIA Y TECNOLOGÍA Nº1/2011. ESTUDIOS LINGÜÍSTICOS El Alto: Dirección de Investigación Ciencia y Tecnología, 2012.

RIBEIRO, Djamila. *O que é lugar de fala.* Belo Horizonte: Letramento, 2017.

RIBEIRO, Darcy. *O povo brasileiro*: a formação e o sentido no Brasil. Global, 2015.

RIVERA CUSICANQUI, Silvia. *Chhixinakax utxiwa.* Una reflexión sobre prácticas y discursos descolonizadores. Buenos Aires : Tinta Limón, 2010.

RIVERA CUSICANQUI, Silvia. *De Túpac Katari a Evo Morales*: política indígena en los Andes. En Bolivia en el inicio del Pachakuti: La larga lucha anticolonial de los pueblos aimara y quechua. Madrid: Ediciones AKAL, 2011, p. 61-112.

RIVERA CUSICANQUI, Silvia. *Oprimidos pero no vencidos*: luchas del campesinado qhichwa y aymara, 1900-1980. 2. ed. La Paz: Hisbol, 1986.

RODRIGUES, Leôncio Martins. *Partidos e sindicatos*: Escritos de Sociologia Política. São Paulo: Ática, 1990.

ROJO, Hugo Boero. *Descubriendo Tiwanaku.* La Paz: Editorial Los Amigos del Libro, 1980.

ROSANVALLON, Pierre. *La legitimidad democrática*: imparcialidad, reflexividad, proximidad. Buenos Aires: Manantial, 2009.

ROSANVALLON, Pierre. *Le peuple introuvable.* Paris : Éditions Gallimard, 2010.

ROSANVALLON, Pierre. *La société des égaux.* Paris : Éditions Points, 2013.

RUBIM, Antonio A. C. As imagens de Lula presidente. In: FAUSTO NETO, Antonio e VERÓN, Eliseo. *Lula presidente*: televisão e política na campanha eleitoral. São Paulo/São Leopoldo: Hacker Editores/Unisinos, 2003. p. 43-64.

SALVADOS (TEMPORADA 1, EP 7). Evo. Série. Direção e produção executiva: Évole, Jordí. Lara, Ramón. 57min14seg. Barcelona: EL TERRAT/ATRESMEDIA TELEVISIÓN, 2008, son., color.

SERRA ataca e diz que país pode virar Venezuela se Lula vencer. *Folha de S. Paulo*, São Paulo, 11 out. 2002. (On-line). Disponível em: https://www1.folha.uol.com.br/folha/brasil/ult96u40275.shtml. Acesso em: 30 abr. 2018.

SINGER, André. *Os sentidos do lulismo*: reforma gradual e pacto conservador. São Paulo: Companhia das Letras, 2012.

SOUZA, Jessé. *A elite do atraso.* Rio de Janeiro: Leya. 2016.

SOUZA, Jessé. *A ralé brasileira:* quem é e como vive. São Paulo: Contracorrente, 2008.

THOMSON, Sinclair. *Cuando sólo reinasen los indios:* la política aymara en la era de la insurgencia. La Paz: Muela del Diablo, 2006.

TIWANAKU DISCURSO del presidente Evo Morales en la ceremonia ancestral. [S. l.: s. n.], 2015. 1 vídeo (26 min) Publicado pelo canal Bolivia TV. Disponível em: https://www.youtube.com/watch?v=gLITyW5DsTE. Acesso em: 12 jul. 2015.

VERÓNIKA MENDOZA: ¿Qué fue lo que le dijo en quechua a Aldo Mariátegui?. *Perú 21,* Lima, 8 fev. 2016. (*Online*). Disponível em: https://peru21.pe/politica/veronika-mendoza-le-dijo-quechua-aldo-mariategui-video-210358. Acesso em: 13 jun. 2016.

VIGARELLO, Georges. In: CORBIN, Alain; COURTINE, Jean-Jacques; VIGARELLO, Georges (orgs.) *História do corpo*: Da Renascença às luzes. Vol. 1. Petrópolis: Vozes, 2005.

YERUSHALMI, Yosef Hayin. *et al.* Usos do esquecimento: Conferências proferidas no Colóquio de Royaumont. Campinas: Ed. Unicamp, 2017.

ZOPPI-FONTANA, Mónica. *Cidadãos modernos:* discurso e representação política. Campinas: Ed. Unicamp, 1997.

ZOPPI-FONTANA, Mónica. "Lugar de fala": enunciação, subjetivação, resistência. *Conexão Letras,* Porto Alegre, v. 12, n. 18, p. 63-71, 2017.

ZOPPI-FONTANA, Mónica.; CESTARI, Mariana. "Cara de empregada doméstica": Discursos sobre os corpos de mulheres negras no Brasil. *RUA,* 20, 167-185, 2015. https://doi.org/10.20396/rua.v20i0.8638265

ANEXO I

TRANSCRIÇÃO DOS PRONUNCIAMENTOS DE POSSE DO PRESIDENTE JUAN EVO MORALES AYMA, REALIZADA PELO JORNAL PÁGINA 12

Tiahuanacu, 21 de enero de 2006

PALABRAS DEL PRESIDENTE ELECTO DE BOLIVIA, EVO MORALES AYMA

Muchísimas gracias por todo el apoyo que me dieron en la campaña, hermanas y hermanos, los aymaras, los quechuas, los mojeños.

Les decía, hermanas y hermanos de las provincias del departamento de La Paz, de los departamentos de Bolivia, de los países de Latinoamérica y de todo el mundo, hoy día empieza un nuevo año para los pueblos originarios del mundo, una nueva vida en que buscamos igualdad y justicia, una nueva era, un nuevo milenio para todos los pueblos del mundo, desde acá Tiahuanacu, desde acá La Paz, Bolivia.

Muy emocionado, convencido que sólo con la fuerza del pueblo, con la unidad del pueblo vamos a acabar con el estado colonial y con el modelo neoliberal.

Este compromiso, en lo más sagrado de Tiahuanacu, este compromiso para defender a los bolivianos, para defender al pueblo indígena originaria, no solamente de Bolivia, como anoche nos dieron la tarea, defender a los pueblos indígenas de América, antes llamada Abayala.

Pero los resultados, el apoyo de todos ustedes, quiero decirles un compromiso serio y responsable, no de Evo Morales, sino por todos los bolivianos, por todos los latinoamericanos, necesitamos la fuerza del pueblo para doblar la mano al imperio.

Pero también quiero decirles, con mucho respeto a nuestras autoridades originarias, a nuestras organizaciones, a nuestros amautas, a controlarme, si no puedo avanzar empújenme ustedes, hermanas y hermanos.

A corregirme permanentemente, es posible que pueda equivocarme, puedo equivocarme, podemos equivocarnos, pero jamás traicionar la lucha del pueblo boliviano y la lucha de la liberación de los pueblos de Latinoamérica.

El triunfo del 18 de diciembre no es el triunfo de Evo Morales, es el triunfo de todos los bolivianos, es el triunfo de la democracia, es el triunfo, como una excepción, de una revolución democrática y cultural en Bolivia.

Pero también quiero decirles, muchos hermanos profesionales, intelectuales, clase media, se incorporaron al instrumento político de la liberación, hoy instrumento político del pueblo.

Quiero decirles que yo, de esa gente, de esos profesionales intelectuales de la clase media me siento orgulloso como aymara, pero también les pido a los hermanos de la clase media, de la clase profesional, intelectual, empresarial, que ustedes también deben sentirse orgullosos de estos pueblos indígenas originarios.

Buscar una unidad de todos los sectores, respetando la diversidad, respetando lo diferente que somos, todos tenemos derecho a la vida, pero si hablamos de Bolivia los pueblos aymaras, quechuas, mojeños, chapacos, vallunos, chiquitanos, yuracarés, chipayas, muratos son dueños absolutos de esta enorme tierra, y a sus dueños, las promesas hay que recordarlas para recordar el problema económico social de nuestra Bolivia.

Hermanas y hermanos, sorprendido de esta gran concentración tan voluntaria, tan espontánea. Ni Evo ni Alvaro no han puesto ni un boliviano para que la gente pueda concentrarse, y ésta es la conciencia del pueblo boliviano.

Y las prebendas en Bolivia ya no van, acá el instrumento político ha puesto en balanza dos poderes: el poder de la prebenda, el poder económico y el poder de la conciencia. Felizmente y gracias a la madre tierra, gracias a nuestro Dios, decir gracias a mis padres, la conciencia ganó las elecciones, y ahora la conciencia del pueblo va a cambiar nuestra historia, hermanas y hermanos.

Por eso, por invitación de ustedes, por iniciativa de nuestras autoridades originarias, un saludo especial revolucionario a los ponchos rojos, a los hermanos jilakatas, a los mallkus, a los jiliri mallkus, a las mamatallas, muchas gracias autoridades originarias por realizar este acto tan originario nuestro, que me invitan a comprometerme para gobernar bien.

Sólo quiero decirles desde este lugar sagrado, con ayuda de ustedes hermanos y hermanas, quechuas, aymaras, guaraníes, queremos enseñar a gobernar con honestidad, con responsabilidad para cambiar la situación económica del pueblo boliviano.

Tenemos ya una responsabilidad cerca, que es la Asamblea Constituyente. Para la prensa internacional, para los invitados de la comunidad internacional, el año 1825 cuando se fundó Bolivia, después de que muchos, o miles o millones de aymaras, de quechuas, de guaraníes participaron en la lucha por la independencia, ellos no participaron en la fundación de Bolivia; se marginó la participación de los pueblos indígenas originarios en la fundación de Bolivia en el año 1825, por eso los pueblos indígenas originarios reclaman refundar Bolivia mediante la Asamblea Constituyente.

Quiero pedirle al nuevo Parlamento Nacional, que hasta los días febrero o marzo debe aprobarse la ley de convocatoria para la Asamblea Constituyente.

Una ley de convocatoria para la Asamblea Constituyente para garantizar la elección de Constituyente el 2 de julio de este año, y el día 6 de agosto en la capital histórica de fundación de Bolivia, Sucre Chuquisaca, instalaremos la Asamblea Constituyente para acabar con el Estado colonial.

Quiero pedirles hermanas y hermanos, unidad, unidad sobre todas las cosas. Ustedes han visto anoche el movimiento indígena de toda América concentrado en Bolivia, saludándonos, emitiendo resoluciones de apoyo, de fortaleza a este movimiento político que quiere cambiar nuestra historia, y no solamente los movimientos sociales de América, o de Europa, o del Asia. Ustedes han visto hermanas y hermanos, este movimiento político levantó en alto a Bolivia, a nuestro país en toda la comunidad internacional.

Han visto también ustedes hermanas y hermanos, no estamos solos a nivel mundial, gobiernos, presidentes apoyan a Bolivia y a este gobierno apoyan. Compañeras y compañeros, no debemos sentirnos solos.

Estamos en tiempos de triunfos, estamos en tiempos de cambio, y por eso reclamo nuevamente, queremos unidad.

Quiero decir con mucho respeto, a los dirigentes, ex dirigentes, al hermano Felipe Quispe, convoco a unirnos todos para seguir avanzando hacia adelante, hermanas y hermanos.

A todos los dirigentes, ex dirigentes, a nombre de nuestros antepasados, comportarnos, unirnos porque llegó la hora de cambiar esa mala historia de saqueo a nuestros recursos naturales, de discriminación, de humillación, de odio, de desprecio. Los aymaras y quechuas no somos rencorosos, y si hemos ganado ahora, no es para vengarse con nadie, no es para someter a alguien, sólo reclamamos unidad, igualdad, hermanas y hermanos.

Hermanas y hermanos, nuevamente quiero decir acá, que esa campaña internacional que empezaron nuestros dirigentes de América, la campaña llamada 500 años de resistencia indígena y popular, el '88, '89, espero no equivocarme, el '92, acaba los 500 años de resistencia de los pueblos indígenas de América contra políticas, contra el colonialismo interno.

Después de reflexionar y escuchar a los hermanos indígenas que se reunieron ayer, y están acá seguramente muchos, a esos hermanos indígenas de América que están presentes, que están allá, un saludo, saludemos con un voto de aplauso a los hermanos indígenas de toda América, que están presentes acá.

Y quiero decirles a ellos, a ustedes hermanas y hermanos: de la resistencia a la toma del poder. Se acabó sólo resistir por resistir. Hemos visto que organizados y unidos con los movimientos sociales de las ciudades, del campo, combinando la conciencia social, con la capacidad intelectual es posible derrotar democráticamente los intereses externos. Eso pasó en Bolivia.

Por eso quiero decirles a los hermanos de América, de todo el mundo: unidos y organizados cambiaremos políticas económicas que no resuelven la situación económica de las mayorías nacionales. A esta altura nos hemos convencido que concentrar el capital en pocas manos no es ninguna solución para la humanidad; el concentrar el capital en pocas manos no es la solución para los pobres del mundo.

Por eso tenemos la obligación de cambiar esos problemas económicos de privatización, de subasta. Eso tiene que terminar, y estamos empezando acá juntos. Todos de América, movimientos sociales, queremos seguir avanzando, avanzando para liberar nuestra Bolivia, liberar nuestra América, esa lucha que nos dejó Túpac Katari sigue, hermanas y hermanos, y continuaremos hasta recuperar el territorio, la lucha que dejó Che Guevara, vamos a cumplir nosotros, hermanas y hermanos, así que podemos recordar de muchos líderes indígenas de la clase media que se organizaron para recuperar los recursos naturales.

Hermanas y hermanos, una emoción, nunca hemos estado acostumbrados a estar en esta clase de concentraciones. Ese momento cuando salí allá entendí que realmente el pueblo va organizándose y va movilizándose.

Esta gran concentración, este lugar, compararía con la Plaza de la Revolución de Cuba. Cuando salí de allá miles de compañeros concentrados; en Bolivia nunca había visto, una cosa son las concentraciones de campaña, otra cosa son actos de apoyo de fortaleza. Esta concentración es totalmente diferente, por eso agradecer, primero, a nombre del Movimiento Al Socialismo, segundo, a nombre de la bancada del MAS, y sobre todo a nombre de los pueblos indígenas originarios.

Muchas gracias hermanas y hermanos; esta lucha no se para, esta lucha no termina, en el mundo gobiernan los ricos o gobiernan los pobres.

Tenemos la obligación y la tarea de crear conciencia en el mundo entero para que las mayoría nacionales, los pobres del mundo, conduzcan su país para cambiar la situación económica de su país, y desde acá impulsaremos que los pobres también tenemos derecho a gobernarnos, y en Bolivia los pueblos indígenas también tenemos derecho a ser presidentes.

Por eso, hermanas y hermanos, gracias al voto de ustedes, primeros en la historia boliviana, aymaras, quechuas, mojeños, somos presidentes, no solamente Evo es el presidente, hermanas y hermanos.

Muchísimas gracias.

ANEXO II

DISCURSO DE POSESIÓN DEL PRESIDENTE CONSTITUCIONAL DE BOLIVIA, EVO MORALES AYMA

La Paz, 22 de enero de 2006

Para recordar a nuestros antepasados por su intermedio señor presidente del Congreso Nacional, pido un minuto de silencio para Manco Inca, Túpac Katari, Túpac Amaru, Bartolina Sisa, Zárate Villca, Atihuaiqui Tumpa, Andrés Ibáñez, Che Guevara, Marcelo Quiroga Santa Cruz, Luis Espinal, a muchos de mis hermanos caídos, cocaleros de la zona del trópico de Cochabamba, por los hermanos caídos en la defensa de la dignidad del pueblo alteño, de los mineros, de miles, de millones de seres humanos que han caído en toda América, por ellos, presidente, pido un minuto de silencio.

¡Gloria a los mártires por la liberación!

Señor presidente del Congreso señor Alvaro García Linera; presidentes Jefes de Estado presentes acá, muchas gracias por su presencia; organismos internacionales; ex presidentes; al Congreso Nacional; a la Corte Suprema de Justicia; a los hermanos y hermanas de los pueblos indígenas de América, muchas gracias por su presencia.

A todo el pueblo boliviano, saludar desde acá, agradecer a la vida por darme la vida, agradecer a mis padres –que en paz descansen–, convencido que siguen conmigo ayudándome; agradecer a Dios, a la Pachamama, por haberme dado esta oportunidad para conducir el país. A todos ellos muchas gracias. Gracias a ellos estoy donde estoy, y gracias al movimiento popular, al movimiento indígena de Bolivia y de América.

Con seguridad estamos en la obligación de hacer una gran reminiscencia sobre el movimiento indígena, sobre la situación de la época colonial, de la época republicana y de la época del neoliberalismo.

Los pueblos indígenas –que son mayoría de la población boliviana–, para la prensa internacional, para que los invitados sepan: de acuerdo al último censo del 2001, el 62,2% de aymaras, de quechuas, de mojeños, de chipayas, de muratos, de guaraníes. Estos pueblos, históricamente hemos sido marginados, humillados, odiados, despreciados, condenados a la extinción. Esa es nuestra historia; a estos pueblos jamás los reconocieron como seres humanos, siendo que estos pueblos son dueños absolutos de esta noble tierra, de sus recursos naturales.

Esta mañana, esta madrugada, con mucha alegría he visto a algunos hermanos y hermanas cantando en la plaza histórica de Murillo, la Plaza Murillo como también la Plaza San Francisco, cuando hace 40, 50 años no teníamos derecho a entrar a la Plaza San Francisco, a la Plaza Murillo. Hace 40, 50 años no tenían nuestros antepasados el derecho de caminar en las aceras. Esa es nuestra historia, esa nuestra vivencia.

Bolivia parece Sudáfrica. Amenazados, condenados al exterminio estamos acá, estamos presentes. Quiero decirles que todavía hay resabios de esa gente que es enemiga de los pueblos indígenas, queremos vivir en igualdad de condiciones con ellos, y por eso estamos acá para cambiar nuestra historia, este movimiento indígena originario no es concesión de nadie; nadie nos ha regalado, es la conciencia de mi pueblo, de nuestropueblo. Quiero decirles, para que sepa la prensa internacional, a los primeros aymaras, quechuas que aprendieron a leer y escribir, les sacaron los ojos, les cortaron las manos para que nunca más aprendan a leer, escribir. Hemos sido sometidos, ahora estamos buscando cómo resolver ese problema histórico, no con venganzas, no somos rencorosos.

Y quiero decirles sobre todo a los hermanos indígenas de América concentrados acá en Bolivia: la campaña de 500 años de resistencia indígena-negro-popular no ha sido en vano; la campaña de 500 años de resistencia indígena popular empezada el año 1988, 1989, no ha sido en vano.

Estamos acá para decir basta a la resistencia. De la resistencia de 500 años a la toma del poder para 500 años, indígenas, obreros, todos los sectores para acabar con esa injusticia, para acabar con esa desigualdad, para acabar sobre todo con la discriminación, opresión donde hemos sido sometidos como aymaras, quechuas, guaraníes.

Respetamos, admiramos muchísimo a todos los sectores, sean profesionales o no profesionales, intelectuales y no intelectuales, empresarios y no empresarios. Todos tenemos derecho a vivir en esta vida, en esta tierra, y este resultado de las elecciones nacionales es, justamente, la combinación de la conciencia social con la capacidad profesional. Ahí pueden ver que el movimiento indígena originario no es excluyente. Ojalá, ojalá otros señores también aprendan de nosotros.

Yo quiero decirles con mucha sinceridad y con mucha humildad, después de que he visto muchos compañeros de la ciudad, hermanos de la ciudad, profesionales, la clase media, intelectuales, hasta empresarios, que se suman al MAS. Muchas gracias, yo me siento orgulloso de ellos, de nuestra clase media, intelectual, profesional, hasta empresarial, pero también les invito a ustedes que se sientan orgullosos de los pueblos indígenas que son la reserva moral de la humanidad.

Podemos seguir hablando de nuestra historia, podemos seguir recordando como nuestros antepasados lucharon: Túpac Katari para restaurar el Tahuantinsuyo, Simón Bolívar que luchó por esa patria grande, Che Guevara que luchó por un nuevo mundo en igualdad.

Esa lucha democrática cultural, esta revolución cultural democrática, es parte de la lucha de nuestros antepasados, es la continuidad de la lucha de Túpac Katari; esa lucha y estos resultados son la continuidad de Che Guevara. Estamos ahí, hermanas y hermanos de Bolivia y de Latinoamérica; vamos a continuar hasta conseguir esa igualdad en nuestro país, no es importante concentrar el capital en pocas manos para que muchos se mueran de hambre, esas políticas tienen que cambiar pero tienen que cambiar en democracia.

No es posible que algunos sigan buscando cómo saquear, explotar, marginar. No sólo nosotros queremos vivir bien, seguramente algunos tienen derecho a vivir mejor, tienen todo el derecho de vivir mejor, pero sin explotar, sin robar, sin humillar, sin someter a la esclavitud. Eso debe cambiar, hermanas y hermanos.

Quiero decirles, a ese movimiento popular, a esa gente andina honesta de las ciudades, especialmente al movimiento indígena originario, para que vean, no estamos solos, ni en los movimientos sociales ni en los gobiernos de América, de Europa de Asia, de Africa, aunque lamentablemente, hasta los últimos días, la guerra sucia, la guerra mentirosa eso no va; eso hay que cambiar, es verdad que duele. En base a la mentira, en base a la calumnia nos quieren humillar.

¿Recuerdan? En marzo del año pasado, en esta Plaza Murillo querían hacer colgar a Evo Morales, querían descuartizar a Evo Morales. Eso no debe ocurrir, eso no puede seguir compañeras y compañeros. Ex presidentes entiendan eso no se hace, no se margina, se lucha; se trabaja para todos y para todas.

No es importante Evo; no estamos en campaña ya, sólo estamos recordando nuestra historia, esa historia negra, esa historia permanente de humillación, esa ofensiva, esas mentiras, de todo nos han dicho. Verdad que duele pero tampoco estamos para seguir llorando por los 500 años; ya no estamos en esa época, estamos en época de triunfo, de alegría, de fiesta. Es por eso, creo que es importante cambiar nuestra historia, cambiar nuestra Bolivia, nuestra Latinoamérica.

Estamos acá en democracia, y quiero que sepan –sobre todo la comunidad internacional–, como nuestro vicepresidente de la República decía en una conferencia: queremos cambiar Bolivia no con bala sino con voto, y esa es la revolución democrática.

¿Y por qué hablamos de cambiar ese estado colonial?, tenemos que acabar con el estado colonial. Imagínense: después de 180 años de la vida democrática republicana recién podemos llegar acá, podemos estar en el Parlamento, podemos estar en la presidencia, en las alcaldías. Antes no teníamos derecho.

Imagínense. El voto universal el año 1952 ha costado sangre. Campesinos y mineros levantados en armas para conseguir el voto universal –que no es ninguna concesión de ningún partido–, se organizaron; esa conquista, esa lucha de los pueblos.

Imagínense, recién en el 2003 se ha podido conseguir con sangre el Referéndum vinculante para que los pueblos, los bolivianos no solamente tengamos derecho que cada cinco años elijamos con nuestro voto quién será alcalde, quién será el concejal, quién es el presidente, vicepresidente, senador o diputado; que también con nuestro voto decidamos el destino del país, nuestro futuro. Y ese Referéndum vinculante también ha costado sangre.

Ahí estaba el Estado colonial, y aún todavía sigue vigente ese Estado colonial. Imagínense, no es posible, no es posible que no haya en el Ejército nacional un general Condori, un general Villca, un general Mamani, un general Ayma. No hay todavía, ahí está el Estado colonial.

Para cambiar ese Estado colonial habrá espacios, debates, diálogos. Estamos en la obligación, como bolivianos, de entendernos para cambiar esta forma de discriminar a los pueblos.

Permanentemente antes se hablaba de la democracia, se lucha por la democracia, se hablaba de pacto por la democracia, pacto por la gobernabilidad. El año 1997, cuando llegué a este Parlamento no he visto personalmente ningún pacto por la democracia ni por la gobernabilidad, sino los pactos de la corrupción, pacto de cómo sacar plata de dónde y cómo, felizmente había tenido límite y se acabó gracias a la conciencia del pueblo boliviano.

Maniobras más maniobras. La forma de cómo engañar al pueblo, la forma de cómo subastar al pueblo. Nos dejaron un país loteado, un Estado loteado, un país subastado. Yo estoy casi convencido: si hubieran sido inteligentes administradores del Estado, si hubieran querido esta patria, amado esta patria y no como algunos sólo quieren a esta patria para saquear y enriquecerse, si realmente hubiera habido gente responsable para manejar amando a esta patria, a su pueblo, Bolivia sería mejor que Suiza.

Suiza, un país desarrollado sin recursos naturales, y Bolivia con semejantes recursos naturales y con semejante pobreza. Eso hay que cambiar, y por eso estamos acá para cambiar juntos estas injusticias, este saqueo permanente a nuestros recursos naturales.

Después de escuchar el informe de las comisiones de transición, he podido ver como el Estado no controla al Estado, sus instituciones. Una dependencia total, como hemos visto en lo económico, un país transnacionalizado. Su pretexto de capitalización sólo ha descapitalizado al país. Su pretexto de capitalización, entiendo que hay que importar el capital en vez de exportar el capital. Sólo se exporta el capital y sólo se exporta ahora como producto de esas políticas de capitalización, al ser humano. No se gobierna así, estimados parlamentarios, no se gobierna así, quienes pasaron por el Palacio de Gobierno y por el Parlamento.

La política significa una ciencia de servicio al pueblo, hay que servir al pueblo no vivir del pueblo, si esa es la política. Hay que vivir para la política y no vivir de la política.

Hermanas y hermanos, nuestras autoridades originarias saben exactamente que cuando uno asume ser autoridad, es para servir al pueblo, y estos temas hay que cambiar pues, y están aquí parlamentarios para servir, si realmente están decididos, a servir los 5 años. Eso quisiéramos, en todo caso hay que tomar ciertas medidas para que el pueblo entienda.

Entiendo que la política es una forma de resolver los problemas económicos del país. Hemos visto, hay mucha gente que seguramente vuelve después de descansar un año, dos años, para seguir viviendo de la política. Hay que cambiar y esperamos con la participación de ustedes cambiar esos temas.

No es posible que se privaticen los servicios básicos. No puedo entender cómo los ex gobernantes privaticen los servicios básicos especialmente el agua. El agua es un recurso natural, sin agua no podemos vivir, por tanto el agua no puede ser de negocio privado, desde el momento que es negocio privado se violan los derechos humanos. El agua debe ser de servicio público.

Las luchas por agua, por coca, por gas natural nos han traído acá, hermanas y hermanos. Hay que reconocer que esas políticas equivocadas, erradas, interesadas, recursos naturales subastados, servicios básicos privatizados, obligó a que haya conciencia del pueblo boliviano. Estamos en la obligación de cambiar estas políticas.

Constitucionalmente es inconstitucional el latifundio. Lamentablemente por intereses de grupos de poder hay latifundio. ¿Como es posible que haya latifundio?, ¿cómo es posible cuando algunos sectores plantean que necesitan 20, 30, 40, 50 hectáreas para criar una vaca?, ¿habría que ser una vaca para tener 50 hectáreas? Eso es parte de un modelo económico.

Hay familias, veamos en Titicaca, en Parotani, le pedimos a nuestro senador por Cochabamba que no se duerma, estamos hablando de Parotani, donde ni siquiera familias tienen 5 hectáreas, ni media hectárea, ni cuarta hectárea, ni siquiera tienen cuarta hectárea, pero en el Oriente boliviano por vaca hay que dar 50 hectáreas. Eso debemos cambiar, estamos aquí, repito, para cambiar esta injusticia, esta desigualdad.

Estas políticas económicas implementadas por instrucciones externas, por recomendaciones externas, ¿qué nos han dejado?: desempleo. Nos dijeron hace unos 10, 15 años o 20 años que aquí la empresa privada va a resolver los problemas de la corrupción y los problemas del desempleo. Pasan tantos años, más desempleo, más corrupción, que por tanto ese modelo económico no es solución para nuestro país, tal vez en algún país europeo o africano puede ser una solución. En Bolivia el modelo neoliberal no va.

Producto de la aplicación de este modelo neoliberal hemos visto de cerca qué pasa. El Estado gasta para que un joven, sea del campo o la ciudad, sea profesional; la familia gasta para que su hijo sea profesional, es profesional, no hay empleo, ese profesional tiene que pensar en Argentina, Estados Unidos o Europa. Hoy en día se va a Europa ese joven que no encuentra trabajo, sea profesional o no profesional. ¿Cuántos familiares de ustedes están, sino es en Argentina, sino es en Estados Unidos, en Europa?, ¿cuántos de nuestros vecinos?, hermanas y hermanos, eso es el producto de la aplicación del modelo neoliberal. Esa es la ley de capitalización, esas son políticas de subasta, de saqueo a nuestros recursos naturales.

¿Y a qué van, a Estados Unidos, a Europa o Argentina o a otros países?. Lamentablemente –hay que decir la verdad–, van de meseros. Esos profesionales van a lavar platos. Duele de verdad, repito otra vez, teniendo tantos recursos naturales, que la gente abandone nuestro país. Creo todavía que tenemos la responsabilidad de cómo saldar ese error social, económico e histórico, que mejor juntos todos podemos cambiar y corregir esos errores implementados por instituciones seguramente extranjeras.

Imagínense, escuelas rurales llamadas seccionales, sin luz. Estamos en el tercer milenio, que me acuerdo donde nací, donde por primera vez he ido a una escuela seccional, hace dos años ha llegado la luz, pero en otras escuelas seccionales como Acunami, Chivo, Rosapata, Arcorcaya, todavía no hay luz. ¿Cómo será en otras comunidades?, no hay camino carretero, el profesor tiene que caminar horas y días para llegar a la escuela seccional. ¿Qué han hecho esos gobernantes? ¿Acaso no sienten lo que sufren las mayorías nacionales, los niños? En vez de juntar plata en los bancos, en vez de ahorrar plata en Estados Unidos, en Europa o en Suiza, ¿por qué esa plata no la han invertido en su país, si son solidarios?

Imagínense ustedes, en el campo sobre todo, la mayor parte de los niños muere y muy pocos se salvan de esa muerte. Estos temas quisiéramos solucionarlos, no solamente con la participación de los bolivianos, sino también de la cooperación internacional. Resolver, no para Evo; no estoy pidiendo participación de la comunidad internacional para Evo, sino para el pueblo boliviano.

Y quisiéramos de verdad, de verdad, que haya una conciencia no sólo nacional sino internacional. Seguramente algunos países también tienen que ponerse la mano al pecho para pensar en las mayorías no sólo bolivianas sino latinoamericanas.

Es verdad que va a ser importante. ¿Cómo buscar mecanismos que permitan reparar los daños de 500 años de saqueo a nuestros recursos naturales? Será otra tarea que vamos a implementar en nuestro gobierno.

Por esa clase de injusticias nace este llamado instrumento político por la soberanía, un instrumento político del pueblo, un instrumento político de la liberación, un instrumento político para buscar la igualdad, la justicia, un instrumento político como el Movimiento Al Socialismo, que busca vivir en paz con justicia social, esa llamada unidad en la diversidad.

Tantas marchas, huelgas, bloqueo de caminos, pidiendo salud, educación, empleo, respeto a nuestros recursos naturales, que nunca han querido entender.

Como no podemos resolver sindicalmente, el movimiento campesino boliviano se atrevió a resolver políticamente, electoralmente, es el Movimiento Al Socialismo, es el instrumento político por la soberanía de los pueblos.

Para información de la comunidad internacional este movimiento no nace de un grupo de politólogos. Este instrumento político, el

Movimiento Al Socialismo no nace de un grupo de profesionales. Aquí están nuestros compañeros dirigentes de la Confederación Sindical Unica de Trabajadores Campesinos de Bolivia, de los compañeros de CONAMAQ (se refiere al Consejo Nacional de Marcas y Ayllus del Llasuyu), de los compañeros de la Federación Nacional de Mujeres Bartolina Sisa, la Confederación Sindical de Colonizadores de Bolivia, estas tres, cuatro fuerzas, algunos hermanos indígenas del Oriente boliviano, el año 1995 empezamos a construir un instrumento político de liberación. Frente a tantos problemas, nos hemos preguntado cuándo se iban a cumplir tantos convenios que firmamos gracias al poder sindical, al poder de la lucha, de la fuerza comunal, que sólo los acuerdos se acababan en papeles.

Debemos tener toneladas de acuerdos firmados en papeles, que nunca han resuelto nuestros problemas, nunca han podido entendernos, y dijimos: hay que pasar de las protestas a las propuestas. Nosotros mismos nos gobernaremos como mayorías nacionales. Ahí felizmente encontramos gente consciente, sana, de las ciudades, profesionales que se suman y el compañero Alvaro García Linera es uno de los intelectuales profesionales de la clase media de la ciudad que se suma para apoyar al movimiento indígena originario. Mi respeto, mi admiración al hermano Linera.

¿Qué hizo el instrumento político?, sólo ha puesto en balanza, como decía el compañero Santos Ramírez, que viene de una comunidad, profesor rural, quechua neto, pasando por la lucha sindical, por la Confederación de Maestros Rurales de Bolivia, y con mucho orgullo los quechuas deben sentirse orgullosos, un quechua presidente de la Cámara de Senadores, gracias al voto del pueblo, gracias a esa gente que se sumó.

Y nos decía, como profesor muy didáctico, que hemos puesto en la balanza dos poderes: el poder de la conciencia y el poder económico de la prebenda. Para que sepan las instituciones internacionales, la prensa internacional: el poder de la conciencia ganó las elecciones nacionales y el MAS es el instrumento político.

Y no solamente un triunfo con simple mayoría. Imagínense, del 100% de inscritos para participar en estas elecciones nacionales, 84% va a las urnas, creo que ni siquiera en Estados Unidos hay esta clase de participación. Esa es la vocación democrática del pueblo boliviano. Inclusive también quiero decirles, pese a la depuración injusta, ilegal depuración que aplicaron desde la Corte Nacional Electoral, señores miembros de la Corte Nacional Electoral, no traten de llevar a un crimen a la democracia. No se hace eso. Acá se trata de fortalecer a la democracia, hay tantos documentos que siguen llegando de cómo ilegalmente se ha depurado. No importa, pese a esas depuraciones el pueblo boliviano ha demostrado que hay una vocación democrática para cambiar en democracia la situación económica, social de nuestro país.

Quiero reconocer a algunos medios de comunicación, profesionales que permanentemente nos recomendaban para aprender, pero también a algunas periodistas mujeres. Permanentemente satanizaron la lucha social, permanentemente la condenaron con mentiras. Estamos sometidos por algunos periodistas y medios de comunicación a un terrorismo mediático, como si fuéramos animales, como si fuéramos salvajes.

Después hablan de seguridad jurídica. Quién no quisiera tener seguridad jurídica, todos apostamos para que haya seguridad jurídica, pero para que haya verdadera seguridad jurídica primero tiene que haber seguridad social y eso se logra resolviendo los problemas sociales de nuestro país, y si hablamos de Bolivia, resolviendo el problema económico, el problema de educación, el problema de empleo, fundamentalmente, para que no hayan protestas sociales.

Estimados parlamentarios, hermanos del pueblo boliviano, las elecciones del 18 de diciembre del año pasado nos han unido a los bolivianos; las elecciones del año pasado han dado esta medida económica en nuestro país.

Estoy muy sorprendido, yo no soy banquero, me he reunido con el sector financiero en La Paz, en Santa Cruz y lo demuestran, hay estabilidad económica, no hay ningún miedo, ni a Evo Morales ni a los movimientos sociales, menos al Movimiento Al Socialismo.

Eran mentiras cuando decían: si Evo es presidente no va haber ayuda económica, si Evo es presidente va haber un bloqueo económico. Quiero agradecer la visita del representante del gobierno de Estados Unidos, señor Shannon. Anoche me visitó a mi humilde vivienda donde vivo en Anticrético para expresarme que debe fortalecerse las relaciones bilaterales, para desearnos éxito en nuestro gobierno.

Hablando del gobierno de Estados Unidos, acabando en el gobierno de Cuba de Fidel Castro, tenemos apoyo internacional, hay solidaridad internacional, y dónde está lo que decían: si Evo es presidente no va a haber apoyo internacional.

Felizmente, el pueblo es sabio. Esa sabiduría del pueblo boliviano hay que reconocerla, hay que respetarla y hay que aplicarla. No se trata de importar políticas económicas o recetas económicas desde arriba o desde afuera, y la comunidad internacional tiene que entender eso: el querer importar políticas a Bolivia y es un error. Las organizaciones sociales, los consejos de amautas que admiro muchísimo, en el Altiplano paceño, esos sindicatos del campo y de la ciudad, esas organizaciones llamadas capitanías en el Oriente boliviano, son el reservorio de conocimientos, el reservorio de conocimientos científicos de la vida para defender a la vida, para salvar a la humanidad. Se trata de coger de esas organizaciones para implementar políticas y no se trata de imponer políticas al servicio de grupos de poder en Bolivia o en el exterior.

Y esos pueblos dieron la victoria en las elecciones del año pasado. Nuestro gran agradecimiento a quienes pensaron para cambiar nuestra Bolivia.

Al momento de dejar este Congreso como parlamentario, quiero expresar mis malos recuerdos como también buenos recuerdos. Recuerdo cuando llegamos 4 parlamentarios acá: Román, Néstor, Félix, presentábamos proyectos de ley, ¿qué decían?, no hay que aprobar la ley o proyecto de ley de Evo Morales, si aprobamos vamos a potenciar a Evo Morales, cómo me bloquearon acá los proyectos de ley que traíamos, entendiendo lo que pensaban nuestros compañeros, sin embargo, protestaban permanentemente, Evo bloqueador, cuando desde acá nos enseñaron a bloquear.

Pero sólo quiero decirles una cosa, los parlamentarios que no son del MAS, los partidos o las agrupaciones, si apuestan por el cambio, bienvenidos. El MAS no margina, el MAS no excluye a nadie. Juntos desde el Parlamento cambiaremos nuestra historia.

Y quiero pedirles a los parlamentarios del MAS: no aprendamos la mala costumbre de bloquear. Si algún parlamentario de UN, de Podemos, del MNR, traen una ley para su sector o para su región, bienvenida, hay que apoyarla, hay que enseñar cómo se aprueba esas leyes sin bloquearlas.

Esta mañana un compañero, Héctor Arce, nuestro abogado, me recordaba, antes de salir acá a esta sesión, y me dice, Evo, un día como hoy, 22 de enero, te expulsaron del Congreso Nacional.

¿Recuerdan algunos compañeros? Que Evo es asesino, Evo es narcotraficante, Evo es terrorista. Yo dije en ese momento, me estarán expulsando pero voy a volver con 30, 40 parlamentarios, si es posible con 70, 80. Lo que dije un día en el 2002 se ha cumplido.

No me arrepiento. Más bien aportaron con esa clase de actitudes para que el pueblo boliviano, el movimiento indígena gane las elecciones del año pasado. Muchas gracias.

Algunos decían en su debate acá para expulsarme: hay que acabar con el radicalismo sindical; ahora nos toca decir, hay que acabar con el radicalismo neoliberal, hermanas y hermanos.

Pero lo vamos a hacer sin expulsar a nadie, no somos vengativos, no somos rencorosos, no vamos a someter a nadie. Acá deben mandar razones, razones por el pueblo, razones por los pobres, razones por los pueblos indígenas que son la mayoría nacional de nuestro país.

No se asusten compañeros parlamentarios electos posesionados de otros partidos que no son del MAS. No haremos lo que ustedes nos han hecho a nosotros, el odio, el desprecio, la expulsión del Congreso Nacional. No se preocupen, no se pongan nerviosos. Tampoco va haber rodillo parlamentario.

Y también recuerdo acá, cuando decíamos con algunos compañeros, ya después del 2002, con nuestro esfuerzo hemos llegado acá, y decíamos ya llegamos acá al Parlamento, al Congreso Nacional, no porque alguien nos ha ayudado, es la conciencia del pueblo, y decíamos, vamos a seguir avanzando porque ya estamos a un paso de llegar al Palacio.

Lo que dijimos, se ha cumplido, muchas gracias a todos los pueblos indígenas originarios de Bolivia. No nos equivocamos.

Como Parlamento tienen una enorme responsabilidad, como Parlamento tienen una tarea que cumplir: el pedido clamoroso del pueblo boliviano, que es la Asamblea Constituyente, una refundación de Bolivia que reclaman los hermanos indígenas de todo el país, el movimiento popular, todos los sectores. Queremos una Asamblea Constituyente de refundación, y no una simple reforma constitucional.

Una Asamblea Constituyente para unir a los bolivianos, una Asamblea Constituyente donde se respete la diversidad. Digo esto porque es verdad que somos diversos.

Decirle al presidente argentino Néstor Kirchner que está presente acá muchas gracias por visitarnos. Hace dos, tres días cuando visitamos Argentina, conversamos bastante algunos temas muy importantes. Gracias por sus recomendaciones, señor presidente.

Pero después de mirar largamente al presidente Néstor Kirchner, veo que no habíamos sido iguales, porque le he mirado de cerca, él había sido loro blanco, yo loro moreno. Esa es nuestra diversidad, somos diversos, y queremos que mediante la Asamblea Constituyente vivir esa llamada unidad de la diversidad. Somos diversos, y por eso tengo mucha confianza que esa Asamblea Constituyente va a ser un espacio, una instancia que permita unir mejor a los bolivianos.

Paralelamente juntos tenemos que garantizar el Referéndum sobre la autonomía. Queremos autonomía, los pueblos indígenas originarios históricamente, antes de la vida republicana de Bolivia lucharon por la autodeterminación. Autonomía no es invento de nadie, es la lucha de los pueblos indígenas de toda América por esa autodeterminación.

Pero queremos autonomía, autonomía con solidaridad, autonomía con reciprocidad, autonomía donde se redistribuyan las riquezas, autonomía para los pueblos indígenas, para las provincias, para las regiones. Buscamos eso, y eso se debe hacer uniendo a Bolivia y eso debe hacerse mediante la Asamblea Constituyente.

Yo estoy convencido; si este nuevo Parlamento que es producto de las luchas sociales responde al pueblo boliviano, este Parlamento será el ejército de la liberación nacional; este Parlamento será el ejército de la lucha por la segunda independencia. Por eso tienen una grande responsabilidad de garantizar las profundas transformaciones, y si no pueden acá, seguirán siendo los movimientos sociales, el movimiento indígena que siga luchando por esa segunda independencia de nuestro país.

Por eso, con mucho respeto, les pido cumplir con ese mandato del pueblo boliviano, con ese Referéndum Autonómico y con esa Asamblea Constituyente. Sueño, ojalá todos soñemos, que el 6 de agosto instalaremos la Asamblea Constituyente en Sucre, capital histórica de la República.

Instalaremos la Asamblea Constituyente con la presencia de muchos gobiernos, de muchos presidentes, anticipadamente les invitamos a instalar nuestra Asamblea Constituyente. Con seguridad muchos gobiernos, muchos presidentes nos van ayudar a orientar esa Asamblea Constituyente.

Qué bueno sería, con la presencia de la comunidad internacional, de los organismos internacionales, de nuestros presidentes presentes y no presentes, realmente refundemos Bolivia, con, como en España dicen, un nuevo pacto social. Tenemos que llegar a eso, eso buscamos mediante la Asamblea Constituyente.

Que de verdad tenemos muchas ganas y muchos deseos de cambiar nuestra Bolivia mediante la Asamblea Constituyente. Yo estoy segurísimo después de que hemos vivido tantos años de confrontación, es importante ahora cambiar esas confrontaciones.

Quiero pedirles a los movimientos sociales, a esas organizaciones sindicales obreras, campesinas, indígenas, de la clase media, a las instituciones colegiadas, a todos y a todas, apostar por ese cambio. Apostemos desde ahora para esa Asamblea Constituyente.

Tengo muchos deseos, estimados parlamentarios, congresistas de Bolivia, que lo más antes posible aprobemos la ley de convocatoria para la Asamblea Constituyente y la ley para el Referéndum Autonómico, y ésa es nuestra tarea. Ojalá juntos, el Poder Legislativo y el Poder Ejecutivo, combinemos para avanzar hacia adelante, para profundizar la democracia donde todos tengamos derecho, no solamente a votar, sino también a vivir bien, cambiando esas políticas económicas.

Con seguridad el movimiento indígena originario, así como nuestros antepasados, soñaron recuperar el territorio y cuando estamos hablando de recuperar el territorio estamos hablando de que todos los recursos naturales pasen a manos del pueblo bolivianos, a manos del Estado boliviano.

Yo estoy segurísimo, hay una gran conciencia del pueblo boliviano para estos cambios. Es verdad que en esta coyuntura necesitamos el apoyo de la comunidad internacional. No quisiéramos un Estado mendigo –lamentablemente nos han convertido en mendigos–, no quisiéramos que Bolivia, su gobierno, sus equipos económicos vayan a pedir limosna de Estados Unidos, de Europa o de Asia. Quisiera que esto se termine, y para que termine eso estamos en la obligación de nacionalizar nuestros recursos naturales. El nuevo régimen económico de nuestra Bolivia deben ser fundamentalmente los recursos naturales. Eso pasará por la Asamblea Constituyente.

Y no solamente nacionalizar por nacionalizar. Sea el gas natural, petróleo, o mineral o forestal, sino que tenemos la obligación de industrializarlos.

¿Cómo es posible? Desde el 6 de agosto del año 1825 ningún recurso natural ha sido industrializado en nuestro país. ¿Cómo es posible que eso sólo haya permitido exportar materia prima?, ¿hasta cuándo Bolivia va seguir siendo exportador de materia prima?, ¿cómo es posible? Esos gobernantes, durante la república nunca han pensado en el país. No se puede creer, no se puede aceptar.

Nuevamente digo, he viajado bastante con muchos temas de carácter social, de la hoja de coca, el tema de la OIT, del derecho de los pueblos indígenas, sobre el neoliberalismo a Suiza. Suiza, pregunto, ¿qué tiene?, no tiene ningún recurso natural, pero vive bien, compran materia prima de los países latinoamericanos, industrializan y nos venden a nosotros, y ¿por qué nosotros no podemos vender productos industrializados a Europa o a otros países?

Por eso un desafío, un deseo, una propuesta a todos, sean militantes del MAS o no sean militantes del MAS, si nos sentimos de esta tierra, de nuestra patria, de nuestra Bolivia, tenemos la obligación de industrializar todos nuestros recursos naturales para salir de la pobreza.

Estoy segurísimo de que la participación de nuestros profesionales, de nuestros expertos, convoco a nuestros expertos, a quienes aprendieron, entiendo, son experimentados sobre estos recursos naturales, si todavía no tenemos expertos en temas energéticos pedimos a los países vecinos, países de Europa, a ayudarnos y a enseñarnos. Estoy entendiendo que parece que no tenemos buenos expertos, tenemos que aprender, tienen que aprender nuestros profesionales, nuestros expertos para industrializar fundamentalmente los recursos naturales como es el gas, el petróleo, y apostaremos a eso recuperando esos recursos naturales.

Hermanos de Bolivia, estimados parlamentarios, a todas las instituciones, a los movimientos sociales, en esta primera etapa vamos a aplicar una fuerte política de austeridad. No es posible que el salario básico sean 450 bolivianos y los parlamentarios ganemos más de 20.000 bolivianos, no es posible que el presidente gane 27.000, 28.000 bolivianos y el salario básico es 450 bolivianos. Por moral, por nuestro país, tenemos la obligación de rebajar el 50% de nuestro salario.

No es posible que en este Parlamento todavía haya ítems fantasmas. Con mucho respeto al compañero Edmundo Novillo, presidente de la Cámara de Diputados, no saben ustedes cómo en su infancia ha vivido, gracias a su esfuerzo y a su familia es profesional, otro presidente de una de las Cámaras como diputado, un quechua, un abogado además de eso.

Quiero pedirles a los dos presidentes de las Cámaras, una profunda investigación, quiénes malversaron la plata desde las presidencias, cómo se manejaron, esos ítems fantasmas tienen que terminar, tampoco pueden seguir esos gastos reservados, sólo para robar y para matar. ¿Cómo es eso, que en un gobierno democrático haya gastos reservados? En todo caso va a terminar, y eso está en mi mano. No tengo ningún miedo para eliminar los gastos reservados.

Los parlamentarios de Podemos, del MNR, están aplaudiendo la política de austeridad, muy bien, muchas gracias. Ojalá sea la resolución de este nuevo Congreso.

También quiero decirles estimados congresistas cómo cambiar esas políticas sobre la tierra. Quiero decirles que tierras productivas o están produciendo o prestan una función social económica se va a respetar, sea 1.000 hectáreas, 2.000 hectáreas, 3.000, o 5.000 hectáreas. Pero esas tierras que sólo sirven para acaparar y para negociar, eso vamos a revertir al Estado para redistribuir la tierra a la gente que no tiene tierra.

Qué mejor sería, apostaría antes de que se reviertan esas tierras, por ley o por decreto, mediante el diálogo, esos que acaparan tierras improductivas que mejor devolver al Estado mediante el diálogo, y de esa manera resolver estos problemas de tierras.

No es posible que haya esclavitud en algunos sectores del latifundio. Tienen que ponerse la mano al pecho quienes esclavizan a nuestros hermanos, especialmente en el Oriente boliviano. No creo que sea mentira lo que nos hemos informado por los medios de comunicación, por la prensa. Ojalá no haya esclavitud, ojalá sea mentira lo que dice la prensa, pero si de verdad hay esclavitud, tenemos que terminar con la esclavitud, que esos esclavos sean dueños de esas tierras en el Oriente boliviano.

Cuando hablamos de temas sociales, imagínense, más del 20% de bolivianas y bolivianos son analfabetos. No se puede permitir que siga el analfabetismo. Como dijimos muchas veces, tenemos muchas ganas, tenemos muchos deseos, no solamente con el apoyo nacional sino también con apoyo internacional, de acabar con el analfabetismo.

Saludamos preacuerdos con el gobierno de Cuba, saludamos preacuerdos con el gobierno de Venezuela, dispuestos para ayudarnos con expertos para acabar con el analfabetismo.

No es posible que haya hermanas y hermanos del campo sin identificación, sin documento personal. En Europa hasta los perros tienen pasaporte, y en nuestro país hay familias, lamentablemente por la ausencia del Estado ni siquiera saben cuándo han nacido, cómo han nacido. Tenemos muchas ganas de que todos y todas las bolivianas y bolivianos tengan documentación, y ahí saludamos la experiencia de Venezuela, cómo empezó a documentar.

Serán políticas inmediatas que debemos hacer para reparar este daño, estas desigualdades en nuestro pueblo.

Perdónenme compañeros, no estoy acostumbrado a hablar tanto, no piensen que Fidel o Chávez me están contagiando, estamos en la obligación de decir la verdad sobre nuestra Bolivia, y para no confundirme por primera vez preparé una chanchulla, me está fallando la chanchulla, perdón.

Saben, estimados parlamentarios, hermanas y hermanos bolivianos, que de verdad haya seguro social, hay algunas veces que hay que reconocer, yo respeto, valoro el Bonosol, pero no creo que solamente debemos acabar en el Bonosol, cómo de acá a poco tiempo, qué mejor lo más antes posible, que nuestras ancianas y ancianos tengan un seguro social universal, para todos este beneficio.

Cómo cambiar por ejemplo el tema de salud, y hay que reconocer también que es un paso importante sobre la Ley SUMI. Respetamos, y apoyamos acá además eso, pero esos temas sociales no pueden ser usados en forma político electoral. Felizmente ya acabó la campaña, y queremos decir –y ahí sí vamos a necesitar la cooperación internacional– para que en vez de que sólo haya hospital de empresas, que haya hospitales móviles para los pueblos.

Lamento mucho mencionar que he entendido y he visto de cerca la tremenda corrupción en el Servicio Nacional de Caminos, como otra aduana. Ojalá por moral algunas autoridades de estas instituciones del Estado ya estén renunciando en este momento para que entre nueva gente, para enseñar cómo se maneja, se administra con honestidad.

Hay empresas que negocian el 15%, el 20%, quincenos, diezmeros, tenemos que terminar con eso, y para eso de verdad, con mucha honestidad, con mucha humildad les pido a los parlamentarios que no son del MAS: ayúdennos, juntos acabaremos. Tienen la gran oportunidad de reivindicarse, ustedes los parlamentarios que seguramente tienen todo el derecho de pasar a la oposición, pero ese tema de corrupción lo debemos acabar juntos. Va a haber una profunda investigación sobre el tema de la corrupción.

No es posible que nuestros gobiernos nos hayan llevado al subcampeonato de la corrupción. ¿Cómo es eso, cómo don Jaime?, No puede hacer eso, ¿qué dice la comunidad internacional? La comunidad internacional dice ojalá gane y me decía todos en coro, rechazan, condenan la corrupción, lamentablemente ésa es la situación, pero no es el boliviano de a pie, no es el boliviano quechua, aymara, trabajador de la ciudad, el corrupto. Saben qué, he escuchado, he visto, estimados parlamentarios, cuando estuve en Argentina, cuando estuve en Europa, Barcelona sobre todo, el boliviano que va allá a buscar trabajo es considerado trabajador y honrado, inclusive no tiene su documentación de residencia, pero el empresario catalán, o el empresario chino en Argentina, con un empresario argentino si se es boliviano tiene trabajo seguro porque es honesto y trabajador. Eso somos los verdaderos bolivianos.

Y por eso quiero ayuda de ustedes de la comunidad internacional, de erradicar la corrupción, porque no podemos que por unas cuántas familias, por algunas familias, Bolivia esté figurando en segundo lugar de la corrupción a nivel latinoamericano o a nivel mundial. Eso tiene que terminar.

Ya empezamos con ese sector de caminos. Ojalá en nuestro gobierno podamos integrar Bolivia con los países vecinos, ese es el pedido del pueblo orureño por ejemplo, camino pavimentado Oruro-Pisiga, gracias a la CAF, a don Enrique García, casi yo diría, tenemos garantizado financiamiento para ese camino Oruro-Pisiga.

Ojalá otros organismos nos ayuden, nos cooperen para conectar Potosí con Villazón. Gracias por la invitación al presidente Kirchner que me invita a inaugurar la construcción del puente La Quiaca-Villazón. Pronto estaremos allá, con usted presidente. Ojalá haya que firmar algunos acuerdos para integrar Bolivia con Argentina, pero para tener el camino pavimentado desde Potosí, desde La Paz hasta Villazón, todavía no tenemos financiamiento. Queremos que los técnicos nos ayuden a estudiar y proponer.

Ojalá ese ansiado proyecto ya esté ejecutándose hacia Brasil, muchas gracias, antes dirigente, ahora presidente compañero Lula, por enseñarme, por orientarme, y por expresar también su apoyo a nuestro gobierno.

Tenemos muchas ganas de conectar La Paz, Beni con Bolpebra, la frontera Brasil y Perú. Es verdad que no tenemos muchos parlamentarios de Beni y Pando. Les pido a los parlamentarios de Beni y Pando juntarnos todos, están saludando, muchas gracias, sin egoísmo, sin individualismo, sin ambiciones de poder o económico. Trabajemos por nuestra región, integremos La Paz con el Oriente boliviano haciendo un buen camino, hermanos, compañeros de Pando y Beni, ese es mi deseo.

Podemos seguir hablando de muchos temas concernientes al desarrollo del pueblo boliviano, pero fundamentalmente va a ser importante potenciar, fortalecer a las micro y pequeñas empresas.

Felizmente, así como el Banco Interamericano de Desarrollo, muchas instituciones, las Naciones Unidas, admiran cómo acá los micro pequeños empresarios generaron fuentes de trabajo, y por eso vamos a cumplir con nuestro compromiso, de crear un banco de fomento para el desarrollo del pueblo boliviano, apoyar a esas empresas comunitarias, apoyar a esas cooperativas, asociaciones de los micro pequeñas empresas.

Después de que he viajado en 10 días a 4 continentes, y visitado a unos 8 presidentes, ocho gobiernos, me he dado cuenta que hay mucha solidaridad, mucho apoyo, y quiero decirles que tenemos la gran oportunidad de aprovechar esa solidaridad, ese apoyo internacional, y eso no es solamente de responsabilidad de Evo Morales, es la responsabilidad de todos nosotros los bolivianos.

Y convocamos para eso, nuevamente quiero decirles a los técnicos que es importante diseñar políticas de desarrollo económico, social de nuestro país.

También queremos decirle a la comunidad internacional: la droga, la cocaína, el narcotráfico no es la cultura andina amazónica. Lamentablemente este mal nos lo han importado, y hay que acabar con el narcotráfico, hay que acabar con la cocaína, no habrá coca cero si apostamos por la cocaína cero, narcotráfico cero.

Aprovecho esta oportunidad para decirle al gobierno o al representante del gobierno de Estados Unidos, hacer una alianza, un acuerdo de lucha efectiva contra el narcotráfico, queremos aliarnos en la lucha contra el narcotráfico.

Sabemos y estamos convencidos que el narcotráfico hace mal a la humanidad, pero que la lucha contra el narcotráfico, que la lucha contra las drogas, que la cocaína no sea una excusa para que el gobierno de Estados Unidos domine o someta a nuestros pueblos. Queremos diálogo de verdad sin sometimiento, sin chantajes, sin condicionamientos.

Y por eso desde acá queremos apostar para acabar ese mal de la humanidad, es importante que los productos de las regiones cocaleras y no cocaleras tenga mercado. Yo estoy muy sorprendido, quiero decir a los agropecuarios de Santa Cruz, tengo dos propuestas de dos gobiernos que quieren comprar azúcar, gobiernos de Asia, especialmente, quieren comprar soya, pero me piden un millón de toneladas año, y hay que producir eso para vender soya al Asia y a otros países vecinos.

Valoro, saludo bastante al presidente de Chile, muchas gracias por la visita. Está acá presente el presidente de Chile.

El movimiento indígena originario empieza a ser historia, y la presencia del presidente de Chile es parte de esa historia, para tocar también temas históricos. Tengo mucha confianza en el pueblo chileno, sus organizaciones sociales, la comprensión de ese estado para saldar o reparar ese tema histórico que tenemos pendiente con Chile.

Necesitamos, como dos países vecinos y hermanos, relaciones. Hasta cuándo podemos seguir viviendo en enemistad con un país vecino, y la presencia del presidente de Chile Ricardo Lagos obedece y genera una esperanza para el pueblo boliviano, y por eso nuestro saludo al presidente de Chile que está presente acá con nosotros.

El movimiento indígena practica la reciprocidad. Frente a la invitación del presidente de Chile para la transmisión de mando en Chile, estaremos allá presentes, no tenemos ningún miedo, que el mejor deseo que vamos a pedir es que les vaya bien a los chilenos, fortalecer los lazos de amistad, fortalecer temas comerciales, de esta manera ir resolviendo problemas históricos.

Es importante hermanas y hermanos de Bolivia, organismos internacionales, estimados parlamentarios, que hay que refundar la COMIBOL para reactivar la minería en nuestro país.

Es importante que Bolivia nuevamente sea un país minero como ha sido por años, quien sabe por milenios, es importante fortalecer a nuestros cooperativistas mineros presentes acá con sus guardatojos, y esa es nuestra Bolivia, y esa es la bancada del MAS, mineros, obreros, intelectuales, todos unidos para resolver un problema social y económico de nuestro país.

En este proceso de cambio, quiero pedirle a la comunidad internacional sobre la deuda externa. Con seguridad los pueblos indígenas no somos responsables de semejante endeudamiento y sin resultados para los pueblos indígenas, eso no significa desconocer esa deuda externa, pero es importante que también la comunidad internacional vea con responsabilidad, con seriedad, y pedimos con todo respeto condonar esa deuda externa que ha hecho tanto daño y causado dependencia a nuestro país.

Felizmente algunos países, felizmente algunos gobiernos, felizmente algunas instituciones ya han demostrado que van a condonar. Decir a nombre del pueblo boliviano, a nombre de esas organizaciones sociales, muchas gracias por esa condonación de la deuda que debe seguir creciendo de esa manera, condonar si es posible toda la deuda externa.

Es importante desarrollar una economía con soberanía, y queremos aprovechar y decir de frente, valorando algunas propuestas de cómo empresas del Estado pueden ejercer, no solamente el derecho de propiedad sobre los recursos naturales, sino cómo entrar en la producción. Valoramos bastante la llamada Petroamérica y a los presidentes de Brasil, de Venezuela, de Argentina, les pedimos no nos excluyan de una política energética. Juntos todos debemos resolver este tema energético, no para Evo sino para el pueblo y los pueblos latinoamericanos.

Es verdad que Bolivia necesita socios, no dueños de nuestros recursos naturales. En nuestro gobierno con seguridad, como ya han anticipado, habrá inversión pública, quiero decir empresas del Estado, sea en América, sea en Europa, o sea en Asia, también habrá inversión privada, socios del Estado, socios de nuestras empresas. Vamos a garantizar esa inversión pero también garantizaremos que las empresas tienen todo el derecho de recuperar lo que han invertido y tener derecho a la ganancia, sólo queremos que esa ganancia sea con principio de equilibrio, que el Estado, el pueblo se beneficie de estos recursos naturales.

Estoy convencido de que sólo produciendo podemos salir de la pobreza, es importante hacer negocios, buenos negocios para Bolivia. En toda esta gira que hice, gracias por las invitaciones, y he aprendido que el presidente del gobierno tiene que hacer buenos negocios para su país.

Nadie me orientó, me he dado cuenta por esas explicaciones, por ese trabajo que hacen, y por eso es importante discutir, analizar profundamente estas políticas de comercio que están vigentes, sea el ALCA, o sea la CAN, Mercosur, el TLC, hay que discutirlas, si son mercados para los micro pequeños empresarios, si hay mercados con los productos que generan o que producen, empresas comunitarias, o asociaciones, o cooperativas, si se garantiza en ese mercado, bienvenido, porque se trata de garantizar evidentemente mercados para los pobres, para esas organizaciones. Y estamos viendo ahí mucho desprendimiento de algunos gobiernos, de algunas instituciones de garantizar mercados con precios justos en estos países. Queremos vender nuestros productos, acá no es un problema de producción, tal vez algunos productos. Hay producción, lo que falta es mercado, aquí no faltan riquezas sobran riquezas, esas riquezas lamentablemente están en manos de poca gente, por tanto esos recursos, esas riquezas deben volver a manos de los bolivianos.

Estoy convencido, como alguien decía, de que en el mundo existen países grandes y países chicos, en el mundo existen países ricos y países pobres, pero en lo que sí somos iguales es en nuestros derechos, a ser dignos y soberanos, y sobre todo valoro un mensaje que daban nuestros antepasados, Túpac Yupanqui, que decía: un pueblo que oprime a otro pueblo no puede ser libre. Acá no necesitamos sometimientos, ni condicionamientos, queremos tener relaciones con todo el mundo, no solamente con gobiernos sino también con los movimientos sociales, ya lo tenemos, queremos profundizar esas relaciones orientadas a resolver nuestros problemas de los países en democracia, buscando justicia, buscando igualdad. Ese es nuestro gran deseo.

Hermanas y hermanos presentes acá, no presentes en el Congreso, después de recibir ese gran voto en esas elecciones nacionales, muy contento, muy alentado, nunca había pensado estar acá, nunca había soñado ser presidente, muchas gracias al pueblo boliviano.

A los presidentes, son mis hermanos mayores, quiero decirles que no me abandonen en mi gobierno para cambiar mi Bolivia y para resolver los problemas sociales con mucho respeto, con mucha humildad.

De verdad con admiración y respeto, a los representantes del gobierno español, al Príncipe, un saludo especial, un saludo especial sobre todo a la Reina, de verdad quiero decirles he recibido mucha solidaridad de la Reina, claro, en este momento en Europa es invierno, ese día que teníamos cita estaba medio resfriado con gripe, la Reina muy solidariamente agarra el teléfono, llama a sus médicos y en minutos más ya estaban tabletas para curarme, de Reina a médica de Evo Morales, muchas gracias.

Quiero decirles también a los organismos internacionales, no soy ningún ladrón, quiero decirles que vamos a garantizar la honestidad en mi gobierno, anticipadamente pedir a quienes conformen el gabinete, cero de nepotismo, cero de corrupción será el lema del nuevo gabinete.

Queremos gobernar con esa ley que nos han dejado nuestros antepasados, el ama sua, ama llulla, ama quella, no robar, no mentir, ni ser flojo, esa es nuestra ley.

De verdad quiero decirles a ustedes parlamentarios, quiero decirle al pueblo boliviano desde el Parlamento Nacional, a la comunidad internacional, como primer presidente que vengo de los pueblos indígenas, quiero ser el mejor presidente de los bolivianos y por qué no decirlo de los latinoamericanos.

Y para eso necesito apoyo de ustedes, de todos y de todas, estoy seguro de que vamos a contar con ese apoyo, con los aplausos ya han aprobado.

Finalmente, para terminar esta mi intervención, mi respeto fundamentalmente al movimiento indígena originario de Bolivia y de América, a los movimientos sociales, a sus dirigentes que apostaron por este movimiento, a los profesionales e intelectuales que se sumaron oportunamente para cambiar nuestra historia.

Saludar a mi tierra de origen, Orinoca, que me acompaña permanentemente, mi tierra Orinoca, Sur Carangas del departamento de Oruro, que me vio nacer y que me educó para ser honesto, muchas gracias a ese pueblo orureño, al pueblo orinoqueño.

Saludar y agradecer al Sindicato San Francisco Bajo de la zona de la Central Villa 14 de septiembre, la Federación del Trópico, las 6 Federaciones del Trópico de Cochabamba. Cochabamba que es el lugar de mi nacimiento en la lucha sindical y en la lucha política, gracias a los cochabambinos por haberme permitido que yo viva en Cochabamba y aprenda mucho de Cochabamba.

Estas dos tierras me enseñaron sobre la vida, con seguridad ahora será Bolivia que me enseñe a manejar bien.

Cumpliré con mi compromiso, como dice el Sub Comandante Marcos, mandar obedeciendo al pueblo, mandaré Bolivia obedeciendo al pueblo boliviano.

Muchísimas gracias.

ANEXO III

PRONUNCIAMENTO DO PRESIDENTE DA REPÚBLICA, LUIZ INÁCIO LULA DA SILVA, NA SESSÃO SOLENE DE POSSE NO CONGRESSO NACIONAL BRASÍLIA – DF

1 de janeiro de 2003

Excelentíssimos senhores chefes de Estado e de Governo; visitantes e chefes das missões especiais estrangeiras; excelentíssimo senhor presidente do Congresso Nacional, Senador Ramez Tebet; Excelentíssimo senhor vice-presidente da República, José Alencar; excelentíssimo senhor presidente da Câmara dos Deputados, deputado Efraim Morais; excelentíssimo senhor presidente do Supremo Tribunal Federal, ministro Marco Aurélio Mendes de Faria Mello; senhoras e senhores ministros e ministras de Estado; senhoras e senhores parlamentares, senhoras e senhores presentes a este ato de posse. "Mudança": esta é a palavra-chave, esta foi a grande mensagem da sociedade brasileira nas eleições de outubro.

A esperança, finalmente, venceu o medo e a sociedade brasileira decidiu que estava na hora de trilhar novos caminhos. Diante do esgotamento de um modelo que, em vez de gerar crescimento, produziu estagnação, desemprego e fome; diante do fracasso de uma cultura do individualismo, do egoísmo, da indiferença perante o próximo, da desintegração das famílias e das comunidades, diante das ameaças à soberania nacional, da precariedade avassaladora da segurança pública, do desrespeito aos mais velhos e do desalento dos mais jovens; diante do impasse econômico, social e moral do país, a sociedade brasileira escolheu mudar e começou, ela mesma, a promover a mudança necessária. Foi para isso que o povo brasileiro me elegeu Presidente da República: para mudar. Este foi o sentido de cada voto dado a mim e ao meu bravo companheiro José Alencar. E eu estou aqui, neste dia sonhado por tantas gerações de lutadores que vieram antes de nós, para reafirmar os meus compromissos mais profundos e essenciais, para reiterar a todo cidadão e cidadã do meu país o significado de cada palavra dita na campanha, para imprimir à mudança um caráter de intensidade prática, para dizer que chegou a hora de transformar o Brasil naquela Nação com a qual a gente sempre sonhou: uma Nação soberana, digna, consciente da própria importância no cenário internacional e, ao mesmo tempo, capaz de abrigar, acolher e tratar com justiça todos os seus filhos. Vamos mudar, sim. Mudar com coragem e cuidado, humildade e ousadia, mudar tendo consciência de que a mudança é um processo gradativo e continuado, não um simples ato de vontade, não um arroubo voluntarista. Mudança por meio do diálogo e da negociação, sem atropelos ou precipitações, para que o resultado seja consistente e duradouro. O Brasil é um país imenso, um continente de alta complexidade humana, ecológica e social, com quase 175 milhões de habitantes. Não podemos deixá-lo seguir à deriva, ao sabor dos ventos, carente de um verdadeiro projeto de desenvolvimento nacional e de um planejamento, de fato, estratégico.

Se queremos transformá-lo, a fim de vivermos em uma Nação em que todos possam andar de cabeça erguida, teremos de exercer quotidianamente duas virtudes: a paciência e a perseverança. Teremos que manter sob controle as nossas muitas e legítimas ansiedades sociais, para que elas possam ser atendidas no ritmo adequado e no momento justo; teremos que pisar na estrada com os olhos abertos e caminhar com os passos pensados, precisos e sólidos, pelo simples motivo de que ninguém pode colher os frutos antes de plantar as árvores. Mas começaremos a mudar já, pois como diz a sabedoria popular, uma longa caminhada começa pelos primeiros passos. Este é um país extraordinário. Da Amazônia ao Rio Grande do Sul, em meio a populações praieiras, sertanejas e ribeirinhas, o que vejo em todo lugar é um povo maduro, calejado e otimista. Um povo que não deixa nunca de ser novo e jovem, um povo que sabe o que é sofrer, mas sabe também o que é alegria, que confia em si mesmo, em suas próprias forças. Creio num futuro grandioso para o Brasil, porque a nossa alegria é maior do que a nossa dor, a nossa força é maior do que a nossa miséria, a nossa esperança é maior do que o nosso medo. O povo brasileiro, tanto em sua história mais antiga, quanto na mais recente, tem dado provas incontestáveis de sua grandeza e generosidade; provas de sua capacidade de mobilizar a energia nacional em grandes momentos cívicos; e eu desejo, antes de qualquer outra coisa, convocar o meu povo, justamente para um grande mutirão cívico, para um mutirão nacional contra a fome. Num país que conta com tantas terras férteis e com tanta gente que quer trabalhar, não deveria haver razão alguma para se falar em fome.

No entanto, milhões de brasileiros, no campo e na cidade, nas zonas rurais mais desamparadas e nas periferias urbanas, estão, neste momento, sem ter o que comer. Sobrevivem milagrosamente abaixo da linha da pobreza, quando não morrem de miséria, mendigando um pedaço de pão. Essa é uma história antiga. O Brasil conheceu a riqueza dos engenhos e das plantações de cana-de-açúcar nos primeiros tempos coloniais, mas não venceu a fome; proclamou a independência nacional e aboliu a escravidão, mas não venceu a fome; conheceu a riqueza das jazidas de ouro, em Minas Gerais, e da produção de café, no Vale do Paraíba, mas não venceu a fome; industrializou-se e forjou um notável e diversificado parque produtivo, mas não venceu a fome. Isso não pode continuar assim. Enquanto houver um irmão brasileiro ou uma irmã brasileira passando fome, teremos motivo de sobra para nos cobrirmos de vergonha. Por isso, defini entre as prioridades de meu Governo um programa de segurança alimentar que leva o nome de Fome Zero. Como disse em meu primeiro pronunciamento após a eleição, se, ao final do meu mandato, todos os brasileiros tiverem a possibilidade de tomar café da manhã, almoçar e jantar, terei cumprido a missão da minha vida. É por isso que hoje conclamo: vamos acabar com a fome em nosso país. Transformemos o fim da fome em uma grande causa nacional, como foram no passado a criação da Petrobrás e a memorável luta pela redemocratização do país. Essa é uma causa que pode e deve ser de todos, sem distinção de classe, partido, ideologia. Em face do clamor dos que padecem o flagelo da fome, deve prevalecer o imperativo ético de somar forças, capacidades e instrumentos para defender o que é mais sagrado: a dignidade humana. Para isso, será também imprescindível fazer uma reforma agrária pacífica, organizada e planejada. Vamos garantir acesso à terra para quem quer trabalhar, não apenas por uma questão de justiça social, mas para que os campos do Brasil produzam mais e tragam mais alimentos para a mesa de todos nós, tragam trigo, soja, farinha, frutos, o nosso feijão com arroz. Para que o homem do campo recupere sua dignidade sabendo que, ao se levantar com o nascer do sol, cada movimento de sua enxada ou do seu trator irá contribuir para o bem-estar dos brasileiros do campo e da cidade, vamos incrementar também a agricultura familiar, o cooperativismo, as formas de economia solidária. Elas são perfeitamente compatíveis com o nosso vigoroso apoio à pecuária e à agricultura empresarial, à agroindústria e ao agronegócio; são, na verdade, complementares tanto na dimensão econômica quanto social. Temos de nos orgulhar de todos esses bens que produzimos e comercializamos. A reforma agrária será feita em terras ociosas, nos milhões de hectares hoje disponíveis para a chegada de famílias e de sementes, que brotarão viçosas, com linhas de crédito e assistência técnica e científica. Faremos isso sem afetar de modo algum as terras que produzem, porque as terras produtivas se justificam por si mesmas e serão estimuladas a produzir sempre mais, a exemplo da gigantesca montanha de grãos que colhemos a cada ano. Hoje, tantas áreas do país estão devidamente ocupadas, as plantações espalham-se a perder de vista, há locais em que alcançamos produtividade maior do que a da Austrália e a dos Estados Unidos. Temos que cuidar bem, muito bem, deste imenso patrimônio produtivo brasileiro. Por outro lado, é absolutamente necessário que o país volte a crescer, gerando empregos e distribuindo renda. Quero reafirmar aqui o meu compromisso com a produção, com os brasileiros e brasileiras, que querem trabalhar e viver dignamente do fruto do seu trabalho. Disse e repito: criar empregos será a minha obsessão.

Vamos dar ênfase especial ao projeto Primeiro Emprego, voltado para criar oportunidades aos jovens, que hoje encontram tremenda dificuldade em se inserir no mercado de trabalho. Nesse sentido, trabalharemos para superar nossas vulnerabilidades atuais e criar condições macroeconômicas favoráveis à retomada do crescimento sustentado, para a qual a estabilidade e a gestão responsável das finanças públicas são valores essenciais. Para avançar nessa direção, além de travar combate implacável à inflação, precisaremos exportar mais, agregando valor aos nossos produtos e atuando, com energia e criatividade, nos solos internacionais do comércio globalizado. Da mesma forma, é necessário incrementar, e muito, o mercado interno, fortalecendo as pequenas e microempresas. É necessário também investir em capacitação tecnológica e infra-estrutura voltada para o escoamento da produção. Para repor o Brasil no caminho do crescimento, que gere os postos de trabalho tão necessários, carecemos de um autêntico pacto social pelas mudanças e de uma aliança que entrelace objetivamente o trabalho e o capital produtivo, geradores da riqueza fundamental da Nação, de modo a que o Brasil supere a estagnação atual e volte a navegar no mar aberto do desenvolvimento econômico e social. O pacto social será, igualmente, decisivo para viabilizar as reformas que a sociedade brasileira reclama e que eu me comprometi a fazer: a reforma da Previdência, a reforma tributária, a reforma política e da legislação trabalhista, além da própria reforma agrária. Esse conjunto de reformas vai impulsionar um novo ciclo do desenvolvimento nacional. Instrumento fundamental desse pacto pela mudança será o Conselho Nacional de Desenvolvimento Econômico e Social que pretendo instalar já a partir de janeiro, reunindo empresários, trabalhadores e lideranças dos diferentes segmentos da sociedade civil. Estamos em um momento particularmente propício para isso. Um momento raro da vida de um povo. Um momento em que o Presidente da República tem consigo, ao seu lado, a vontade nacional.

O empresariado, os partidos políticos, as Forças Armadas e os trabalhadores estão unidos. Os homens, as mulheres, os mais velhos, os mais jovens, estão irmanados em um mesmo propósito de contribuir para que o país cumpra o seu destino histórico de prosperidade e justiça. Além do apoio da imensa maioria das organizações e dos movimentos sociais, contamos também com a adesão entusiasmada de milhões de brasileiros e brasileiras que querem participar dessa cruzada pela retomada pelo crescimento contra a fome, o desemprego e a desigualdade social. Trata-se de uma poderosa energia solidária que a nossa campanha despertou e que não podemos e não vamos desperdiçar. Uma energia ético-política extraordinária que nos empenharemos para que encontre canais de expressão em nosso Governo. Por tudo isso, acredito no pacto social. Com esse mesmo espírito constituí o meu Ministério com alguns dos melhores líderes de cada segmento econômico e social brasileiro.

Trabalharemos em equipe, sem personalismo, pelo bem do Brasil e vamos adotar um novo estilo de Governo, com absoluta transparência e permanente estímulo à participação popular. O combate à corrupção e a defesa da ética no trato da coisa pública serão objetivos centrais e permanentes do meu Governo. É preciso enfrentar com determinação e derrotar a verdadeira cultura da impunidade que prevalece em certos setores da vida pública. Não permitiremos que a corrupção, a sonegação e o desperdício continuem privando a população de recursos que são seus e que tanto poderiam ajudar na sua dura luta pela sobrevivência. Ser honesto é mais do que apenas não roubar e não deixar roubar. É também aplicar com eficiência e transparência, sem desperdícios, os recursos públicos focados em resultados sociais concretos. Estou convencido de que temos, dessa forma, uma chance única de superar os principais entraves ao desenvolvimento sustentado do país. E acreditem, acreditem mesmo, não pretendo desperdiçar essa oportunidade conquistada com a luta de muitos milhões de brasileiros e brasileiras. Sob a minha liderança, o Poder Executivo manterá uma relação construtiva e fraterna com os outros Poderes da República, respeitando exemplarmente a sua independência e o exercício de suas altas funções constitucionais. Eu, que tive a honra de ser parlamentar desta Casa, espero contar com a contribuição do Congresso Nacional no debate criterioso e na viabilização das reformas estruturais que o país demanda de todos nós. Em meu Governo, o Brasil vai estar no centro de todas as atenções. O Brasil precisa fazer, em todos os domínios, um mergulho para dentro de si mesmo, de forma a criar forças que lhe permitam ampliar o seu horizonte. Fazer esse mergulho não significa fechar as portas e janelas ao mundo. O Brasil pode e deve ter um projeto de desenvolvimento que seja ao mesmo tempo nacional e universalista. Significa, simplesmente, adquirir confiança em nós mesmos, na capacidade de fixar objetivos de curto, médio e longo prazos e de buscar realizá-los. O ponto principal do modelo para o qual queremos caminhar é a ampliação da poupança interna e da nossa capacidade própria de investimento, assim como o Brasil necessita valorizar o seu capital humano investindo em conhecimento e tecnologia. Sobretudo vamos produzir. A riqueza que conta é aquela gerada por nossas próprias mãos, produzida por nossas máquinas, pela nossa inteligência e pelo nosso suor. O Brasil é grande. Apesar de todas as crueldades e discriminações, especialmente contra as comunidades indígenas e negras, e de todas as desigualdades e dores que não devemos esquecer jamais, o povo brasileiro realizou uma obra de resistência e construção nacional admirável. Construiu, ao longo dos séculos, uma Nação plural, diversificada, contraditória até, mas que se entende de uma ponta a outra do território. Dos encantados da Amazônia aos orixás da Bahia; do frevo pernambucano às escolas de samba do Rio de Janeiro; dos tambores do Maranhão ao barroco mineiro; da arquitetura de Brasília à música sertaneja. Estendendo o arco de sua multiplicidade nas culturas de São Paulo, do Paraná, de Santa Catarina, do Rio Grande do Sul e da região Centro-Oeste. Esta é uma Nação que fala a mesma língua, partilha os mesmos valores fundamentais, se sente que é brasileira. Onde a mestiçagem e o sincretismo se impuseram, dando uma contribuição original ao mundo. Onde judeus e árabes conversam sem medo.

Onde toda migração é bem-vinda, porque sabemos que, em pouco tempo, pela nossa própria capacidade de assimilação e de bem-querer, cada migrante se transforma em mais um brasileiro. Esta Nação, que se criou sob o céu tropical, tem que dizer a que veio: internamente, fazendo justiça à luta pela sobrevivência em que seus filhos se acham engajados; externamente, afirmando a sua presença soberana e criativa no mundo. Nossa política externa refletirá também os anseios de mudança que se expressaram nas ruas. No meu Governo, a ação diplomática do Brasil estará orientada por uma perspectiva humanista e será, antes de tudo, um instrumento do desenvolvimento nacional. Por meio do comércio exterior, da capacitação de tecnologias avançadas, e da busca de investimentos produtivos, o relacionamento externo do Brasil deverá contribuir para a melhoria das condições de vida da mulher e do homem brasileiros, elevando os níveis de renda e gerando empregos dignos. As negociações comerciais são hoje de importância vital. Em relação à Alca, nos entendimentos entre o Mercosul e a União Européia, na Organização Mundial do Comércio, o Brasil combaterá o protecionismo, lutará pela eliminação e tratará de obter regras mais justas e adequadas à nossa condição de país em desenvolvimento. Buscaremos eliminar os escandalosos subsídios agrícolas dos países desenvolvidos que prejudicam os nossos produtores, privando-os de suas vantagens comparativas. Com igual empenho, esforçarnos-emos para remover os injustificáveis obstáculos às exportações de produtos industriais.

Essencial em todos esses foros é preservar os espaços de flexibilidade para nossas políticas de desenvolvimento nos campos social e regional, de meio ambiente, agrícola, industrial e tecnológico. Não perderemos de vista que o ser humano é o destinatário último do resultado das negociações. De pouco valerá participarmos de esforço tão amplo e em tantas frentes se daí não decorrerem benefícios diretos para o nosso povo. Estaremos atentos também para que essas negociações, que hoje em dia vão muito além de meras reduções tarifárias e englobam um amplo espectro normativo, não criem restrições inaceitáveis ao direito soberano do povo brasileiro de decidir sobre seu modelo de desenvolvimento. A grande prioridade da política externa durante o meu Governo será a construção de uma América do Sul politicamente estável, próspera e unida, com base em ideais democráticos e de justiça social. Para isso é essencial uma ação decidida de revitalização do Mercosul, enfraquecido pelas crises de cada um de seus membros e por visões muitas vezes estreitas e egoístas do significado da integração. O Mercosul, assim como a integração da América do Sul em seu conjunto, é sobretudo um projeto político. Mas esse projeto repousa em alicerces econômico-comerciais que precisam ser urgentemente reparados e reforçados. Cuidaremos também das dimensões social, cultural e científicotecnológica do processo de integração.

Estimularemos empreendimentos conjuntos e fomentaremos um vivo intercâmbio intelectual e artístico entre os países sul-americanos. Apoiaremos os arranjos institucionais necessários, para que possa florescer uma verdadeira identidade do Mercosul e da América do Sul. Vários dos nossos vizinhos vivem, hoje, situações difíceis. Contribuiremos, desde que chamados e na medida de nossas possibilidades, para encontrar soluções pacíficas para tais crises, com base no diálogo, nos preceitos democráticos e nas normas constitucionais de cada país. O mesmo empenho de cooperação concreta e de diálogos substantivos teremos com todos os países da América Latina. Procuraremos ter com os Estados Unidos da América uma parceria madura, com base no interesse recíproco e no respeito mútuo. Trataremos de fortalecer o entendimento e a cooperação com a União Européia e os seus Estados-membros, bem como com outros importantes países desenvolvidos, a exemplo do Japão.

Aprofundaremos as relações com grandes nações em desenvolvimento: a China, a Índia, a Rússia, a África do Sul, entre outras. Reafirmamos os laços profundos que nos unem a todo o continente africano e a nossa disposição de contribuir ativamente para que ele desenvolva as suas enormes potencialidades. Visamos não só a explorar os benefícios potenciais de um maior intercâmbio econômico e de uma presença maior do Brasil no mercado internacional, mas também a estimular os incipientes elementos de multipolaridade da vida internacional contemporânea. A democratização das relações internacionais sem hegemonias de qualquer espécie é tão importante para o futuro da Humanidade quanto a consolidação e o desenvolvimento da democracia no interior de cada estado. Vamos valorizar as organizações multilaterais, em especial as Nações Unidas, a quem cabe a primazia na preservação da paz e da segurança internacionais. As resoluções do Conselho de Segurança devem ser fielmente cumpridas. Crises internacionais como a do Oriente Médio devem ser resolvidas por meios pacíficos e pela negociação. Defenderemos um Conselho de Segurança reformado, representativo da realidade contemporânea com países desenvolvidos e em desenvolvimento das várias regiões do mundo entre os seus membros permanentes.

Enfrentaremos os desafios da hora atual, como o terrorismo e o crime organizado, valendo-nos da cooperação internacional e com base nos princípios do multilateralismo e do Direito Internacional. Apoiaremos os esforços para tornar a ONU e suas agências instrumentos ágeis e eficazes da promoção do desenvolvimento social e econômico, do combate à pobreza, às desigualdades e a todas as formas de discriminação, da defesa dos direitos humanos e da preservação do meio ambiente. Sim, temos uma mensagem a dar ao mundo: temos de colocar nosso projeto nacional democraticamente em diálogo aberto como as demais nações do planeta, porque nós somos o novo, somos a novidade de uma civilização que se desenhou sem temor, porque se desenhou no corpo, na alma e no coração do povo, muitas vezes, à revelia das elites, das instituições e até mesmo do Estado. É verdade que a deterioração dos laços sociais no Brasil nas últimas duas décadas, decorrente de políticas econômicas que não favoreceram o crescimento trouxe uma nuvem ameaçadora ao padrão tolerante da cultura nacional. Crimes hediondos, massacres e linchamentos crisparam o país e fizeram do cotidiano, sobretudo nas grandes cidades, uma experiência próxima da guerra de todos contra todos. Por isso, inicio este mandato com a firme decisão de colocar o governo federal em parceria com os estados, a serviço de uma política de segurança pública muito mais vigorosa e eficiente. Uma política que, combinada com ações de saúde, educação, entre outras, seja capaz de prevenir a violência, reprimir a criminalidade e restabelecer a segurança dos cidadãos e cidadãs. Se conseguirmos voltar a andar em paz em nossas ruas e praças, daremos um extraordinário impulso ao projeto nacional de construir, neste rincão da América, um bastião mundial da tolerância, do pluralismo democrático e do convívio respeitoso com as diferenças.

O Brasil pode dar muito a si mesmo e ao mundo. Por isso devemos exigir muito de nós mesmos. Devemos exigir até mais do que pensamos, porque ainda não nos expressamos por inteiro na nossa história, porque ainda não cumprimos a grande missão planetária que nos espera. O Brasil, nesta nova empreitada histórica, social, cultural e econômica, terá de contar, sobretudo, consigo mesmo; terá de pensar com a sua cabeça; andar com as suas próprias pernas; ouvir o que diz o seu coração. E todos vamos ter de aprender a amar com intensidade ainda maior o nosso país, amar a nossa Bandeira, amar a nossa luta, amar o nosso povo. Cada um de nós, brasileiros, sabe que o que fizemos até hoje não foi pouco, mas sabe também que podemos fazer muito mais. Quando olho a minha própria vida de retirante nordestino, de menino que vendia amendoim e laranja no cais de Santos, que se tornou torneiro mecânico e líder sindical, que um dia fundou o Partido dos Trabalhadores e acreditou no que estava fazendo, que agora assume o posto de Supremo Mandatário da Nação, vejo e sei, com toda a clareza e com toda a convicção, que nós podemos muito mais. E, para isso, basta acreditar em nós mesmos, em nossa força, em nossa capacidade de criar e em nossa disposição para fazer.

Estamos começando hoje um novo capítulo na história do Brasil, não como Nação submissa, abrindo mão de sua soberania, não como Nação injusta, assistindo passivamente ao sofrimento dos mais pobres, mas como Nação altiva, nobre, afirmando-se corajosamente no mundo como Nação de todos, sem distinção de classe, etnia, sexo e crença. Este é um país que pode dar, e vai dar, um verdadeiro salto de qualidade. Este é o país do novo milênio, pela sua potência agrícola, pela sua estrutura urbana e industrial, por sua fantástica biodiversidade, por sua riqueza cultural, por seu amor à natureza, pela sua criatividade, por sua competência intelectual e científica, por seu calor humano, pelo seu amor ao novo e à invenção, mas sobretudo pelos dons e poderes do seu povo. O que nós estamos vivendo hoje, neste momento, meus companheiros e minhas companheiras, meus irmãos e minhas irmãs de todo o Brasil, pode ser resumido em poucas palavras: hoje é o dia do reencontro do Brasil consigo mesmo. Agradeço a Deus por chegar até aonde cheguei. Sou agora o servidor público número um do meu país. Peço a Deus sabedoria para governar, discernimento para julgar, serenidade para administrar, coragem para decidir e um coração do tamanho do Brasil para me sentir unido a cada cidadão e cidadã deste país no dia-a-dia dos próximos quatro anos. Viva o povo brasileiro!

ANEXO IV

PRONUNCIAMENTO À NAÇÃO DO PRESIDENTE DA REPÚBLICA, LUIZ INÁCIO LULA DA SILVA, APÓS A CERIMÔNIA DE POSSE, NO PARLATÓRIO DO PALÁCIO DO PLANALTO

1 de janeiro de 2003

Meus companheiros e minhas companheiras, Excelentíssimos senhores chefes de Estado presentes nesta solenidade, Trabalhadores e trabalhadoras do meu Brasil, Meu querido companheiro José Alencar, meu vice-presidente da República, Minha companheira querida, Dona Mariza, esposa do José Alencar, Minha querida esposa Marisa que, juntos, já partilhamos muitas derrotas e, por isso, hoje, estamos realizando um sonho que não é só meu, mas um sonho do povo deste país, que queria mudança. Eu tenho plena consciência das responsabilidades que estou, junto com os meus companheiros, assumindo neste momento histórico da nossa vida republicana. Mas, ao mesmo tempo, tenho a certeza e a convicção de que nenhum momento difícil, nessa trajetória de quatro anos, irá impedir que eu faça as reformas que o povo brasileiro precisa que sejam feitas. Em nenhum momento vacilarei em cumprir cada palavra que José Alencar e eu assumimos durante a campanha.

Durante a campanha não fizemos nenhuma promessa absurda. O que nós dizíamos – e eu vou repetir agora – é que iremos recuperar a dignidade do povo brasileiro, recuperar a sua auto-estima e gastar cada centavo que tivermos que gastar, na perspectiva de melhorar as condições de vida de mulheres, homens e crianças que necessitam do Estado brasileiro. Nós temos uma história construída junto com vocês. A nossa vitória não foi o resultado apenas de uma campanha que começou em junho deste ano e terminou no dia 27 de outubro. Antes de mim, companheiros e companheiras lutaram. Antes do PT, companheiros e companheiras morreram neste país, lutando para conquistar a democracia e a liberdade. Eu apenas tive a graça de Deus de, num momento histórico, ser o porta-voz dos anseios de milhões de brasileiros e brasileiras. Eu estou convencido de que hoje não existe, no Brasil, nenhum brasileiro ou brasileira mais conhecedor da realidade e das dificuldades que vamos enfrentar.

Mas, ao mesmo tempo, estou convencido e quero afirmar a vocês: não existe, na face da Terra, nenhum homem mais otimista do que eu estou, hoje, e posso afirmar que vamos ajudar este país. Eu não sou o resultado de uma eleição. Eu sou o resultado de uma história.

Eu estou concretizando o sonho de gerações e gerações que, antes de mim, tentaram e não conseguiram. O meu papel, neste instante, com muita humildade, mas também com muita serenidade, é de dizer a vocês que eu vou fazer o que acredito que o Brasil precisa que seja feito nesses quatro anos. Cuidar da educação, da saúde, fazer a reforma agrária, cuidar da Previdência Social e acabar com a fome neste país são compromissos menos programáticos e mais compromissos morais e éticos, que eu quero assumir, aqui, nesta tribuna, na frente do povo, que é o único responsável pela minha vitória e pelo fato de eu estar aqui, hoje, tomando posse. Como eu tenho uma agenda a ser cumprida, eu queria dizer a todos vocês: amanhã vai ser o meu primeiro dia de Governo e eu prometo a cada homem, a cada mulher, a cada criança e a cada jovem brasileiro que o meu Governo, o Presidente, o vice e os ministros trabalharão, se necessário, 24 horas por dia para que a gente cumpra aquilo que prometeu a vocês que iria cumprir. Eu quero terminar agradecendo a esta companheira. Eu quero fazer uma homenagem porque hoje nós estamos aqui, Marisa muito bonita, toda elegante, ao lado do marido dela, com essa faixa com que nós sonhamos tanto tempo. Entretanto, para chegar aqui, nós perdemos quatro eleições: uma para governador e três para Presidente da República. E vocês sabem que a cultura política do Brasil é só homenagem aos vencedores. Quando a gente perde, ninguém dá um telefonema para a gente, para dizer: companheiro, a luta continua. Às vezes, ela e eu decidíamos que a luta ia continuar, porque não havia outra coisa a fazer a não ser continuar a luta para chegar onde nós chegamos. Eu quero dizer a todos vocês que vieram de Roraima, do Acre, do Amapá, do Amazonas, de Rondônia, do Mato Grosso, do Mato Grosso do Sul, do Maranhão, do Piauí, do Ceará, do Rio Grande do Norte, da Paraíba, de Alagoas, de Pernambuco, de Sergipe, companheiros de Brasília, mas também companheiros da Bahia, de Minas Gerais, do Espírito Santo, Rio de Janeiro, São Paulo, Paraná e Santa Catarina; quero dizer inclusive ao povo do Rio Grande do Sul, aos meus irmãos de Caetés, minha grande cidade natal, que se chamava Garanhuns, aos companheiros de Goiás: podem ter a certeza mais absoluta que um ser humano pode ter, quando eu não puder fazer uma coisa, eu não terei nenhuma dúvida de ser honesto com o povo e dizer que não sei fazer, que não posso fazer e que não há condições. Mas eu quero que vocês carreguem também a certeza de que eu, em nenhum momento da minha vida, faltarei com a verdade com vocês, que confiaram na minha pessoa para dirigir este país por quatro anos. Tratarei vocês com o mesmo respeito com que trato os meus filhos e os meus netos, que são as pessoas de quem a gente mais gosta. E quero propor isso a vocês: amanhã, estaremos começando a primeira campanha contra a fome neste país. É o primeiro dia de combate à fome. E tenho fé em Deus que a gente vai garantir que todo brasileiro e brasileira possa, todo santo dia, tomar café, almoçar e jantar, porque isso não está escrito no meu programa. Isso está escrito na Constituição brasileira, está escrito na Bíblia e está escrito na Declaração Universal dos Direitos Humanos. E isso nós vamos fazer juntos. Por isso, meus companheiros e companheiras, um abraço especial aos companheiros e companheiras portadores de deficiência física que estão sentados na frente deste parlatório.

Meus agradecimentos à imprensa, que tanto perturbou a minha tranqüilidade nessa campanha e nesses dois meses, mas sem a qual a gente não iria consolidar a democracia no país. Meu abraço aos deputados, aos senadores. Meu abraço aos convidados estrangeiros. Digo a vocês que, com muita humildade, eu não vacilarei em pedir a cada um de vocês: me ajude a governar, porque a responsabilidade não é apenas minha, é nossa, do povo brasileiro, que me colocou aqui. Muito obrigado, meus companheiros, e até amanhã.

- editoraletramento
- editoraletramento
- grupoletramento
- editoraletramento.com.br
- company/grupoeditorialletramento
- contato@editoraletramento.com.br

- casadodireito.com
- casadodireitoed
- casadodireito

Grupo Editorial
LETRAMENTO